LE GUIDE DE L'URGENCE-STRESS

Couverture

- Conception:
  GAÉTAN FORCILLO

DISTRIBUTEURS EXCLUSIFS:

- Pour le Canada:
  AGENCE DE DISTRIBUTION POPULAIRE INC.*
  955, rue Amherst, Montréal H2L 3K4 (tél.: 514-523-1182)
  *Filiale de Sogides Ltée

- Pour la France et l'Afrique:
  INTER-FORUM
  13, rue de la Glacière, 75013 Paris (tél.: 570-1180)

- Pour la Belgique, la Suisse, le Portugal, les pays de l'Est:
  S.A. VANDER
  Avenue des Volontaires, 321, 1150 Bruxelles (tél.: 02-762-0662)

Dr David Reuben

LE GUIDE DE L'URGENCE-STRESS

Comment faire face aux 25 crises les plus aiguës de la vie quotidienne

Traduit et adapté de l'américain par Éric Cartier

le jour,
éditeur

DOCTEUR DAVID REUBEN

auteur du best-seller mondial

«Tout ce que vous avez toujours voulu savoir sur le sexe sans jamais oser le demander!»

© 1982 par Kasor Investments, N.V.

© 1984 LE JOUR, ÉDITEUR,
DIVISION DE SOGIDES LTÉE

Ce livre a été publié en anglais sous le titre:
Mental first-aid manual
chez Macmillan, U.S.

Bibliothèque nationale du Québec
Dépôt légal — 2e trimestre 1984

ISBN 2-89044-167-9

Table des matières

1
Un manuel de secourisme

Le titre de cet ouvrage se justifie pleinement. En effet, il s'agit d'une sorte de manuel de secourisme permettant instantanément au lecteur ou à la lectrice de faire face aux crises les plus aiguës de l'existence. Vous avez en main le premier livre conçu spécifiquement pour vous dépanner lorsque des crises graves éclatent dans votre vie, avec leur cortège de tensions, d'anxiété, de «déprime».

Je ne connais pas d'ouvrage semblable et ne sais trop pourquoi, car il comble une réelle lacune. Nous savons tous que la vie moderne se déroule à un rythme infernal. La plupart des gens doivent subir davantage de situations stressantes en un mois que nos parents n'en subissaient en une année. Rares sont ceux d'entre nous, rares sont les personnes de notre entourage qui n'ont pas, un jour ou l'autre, à faire face à des problèmes occasionnés par un divorce, l'usage de drogues, le chômage, l'alcoolisme ou la dépression nerveuse. Les victimes de ces fléaux, presque sans exception, souffrent intensément et inutilement parce qu'elles ignorent comment affronter de manière réaliste les problèmes fondamentaux responsables de ces situations de crise et aussi parce que personne ne s'est jamais donné la peine de leur enseigner la technique. Ce livre se veut une réponse à leurs attentes.

Prenons un exemple: supposons que demain, à neuf heures précises, votre vie, jusqu'alors réglée comme du papier à musique, se trouve bouleversée et qu'une tuile vous tombe sur la tête. Qu'allez-vous faire? Qui allez-vous consulter? Jusqu'à maintenant, vous pouviez toujours avoir recours à certains moyens classiques comme:

1. *La psychiatrie:* le traitement est long, coûteux, et son utilité encore controversée. De plus, les traitements psychiatriques se révèlent d'une efficacité douteuse lorsqu'il s'agit d'apporter un réconfort immédiat à la personne qui souffre intensément au plan émotionnel. Il faut des mois, sinon des années pour obtenir des résultats probants et bien peu de gens, surtout ceux qui en ont le plus besoin, peuvent se payer les services prolongés d'un psychiatre ou d'un psychanaliste.

2. *Les médicaments:* il est indéniable que les médicaments, tels les tranquillisants ou les antidépresseurs, n'ont jamais résolu les problèmes d'ordre émotionnel. De manière presque invariable, ils ne font que masquer la solution éventuelle d'un problème donné en ralentissant les facultés d'analyse de la personne en état de choc. L'euphorie éphémère occasionnée par les tranquillisants modernes constitue, en fait, le pire ennemi de la victime.

3. *La religion:* la plupart des Américains (comme la plupart des habitants des pays industrialisés d'ailleurs) ne font guère confiance à la religion lorsqu'il s'agit de se retrouver dans le dédale des conflits et des problèmes émotionnels. Ils estiment que, de plus en

plus, la religion a perdu le contact avec les réalités du quotidien. Aussi, ne faut-il pas se surprendre s'ils mettent les prêtres, les pasteurs et les rabbins dans le même panier et ne considèrent pas ces ministres du culte comme des interlocuteurs valables lorsqu'ils se trouvent en sérieux état de détresse.

4. *Les guides traditionnels:* presque tous ces derniers semblent avoir été publiés selon un gabarit immuable. Ils ne varient de l'un à l'autre que de manière superficielle et exploitent exclusivement le dernier dada à la mode. On peut citer pour mémoire toute cette série de bouquins portant sur les bienfaits de «l'affirmation de soi» et sur les avantages d'intimider ses semblables pour arracher de haute lutte ce que l'on désire. Ces chefs-d'œuvre engendrent ce que j'appelle une arrogance synthétique, qui présente le grand défaut d'être fragile et transitoire. Si ce genre de livre peut quelquefois retarder l'inévitable, lorsque le choc émotionnel survient, il occasionne deux fois plus de dommages à la personnalité que si l'on n'avait rien lu du tout. Il existe aussi un autre groupe d'ouvrages du style «Psychanalysez-vous vous-même», d'un optimisme facile et enfantin. «Adoptez une attitude mentale positive!» «Soyez toujours optimiste et rien ne pourra jamais vous arriver!» vous apprend-on dans ces livres. Malheureusement, dès que survient une véritable crise émotionnelle, les amateurs de ce genre de prose se trouvent réduits à l'état tremblotant de gélatine.

5. *Les remèdes exotiques:* il s'agit d'un véritable fourre-tout. On y trouve des «séminaires intensifs» organisés par d'anciens saxophonistes, des groupes religieux pseudo-orientaux et toute une gamme de propositions commerciales à peine déguisées. Ces

remèdes ne représentent en réalité que des solutions de désespoir pour les personnes qui souffrent.

Elles y ont d'ailleurs recours à regret et savent pertinemment que leur efficacité est plutôt douteuse.

Le pire est qu'aucune de ces solutions discutables n'est vraiment disponible lorsque vous en avez le plus besoin. Lorsqu'un accident survient chez vous, il vous est toujours possible de prendre votre manuel de premiers soins (ou encore votre *Larousse médical*) et de trouver la page qui s'applique au bobo que vous voulez soigner en attendant l'arrivée du médecin. Mais si vous êtes victime de l'un de ces nombreux accidents *émotionnels* qui jalonnent la vie de chacun d'entre nous, aucun manuel de secourisme n'est disponible dans votre bibliothèque.

Ce livre, le voici: *le guide de l'urgence-stress* qui vous permettra de faire face aux aléas psychologiques. Vous y apprendrez de façon claire, précise et documentée, tout ce qui est nécessaire pour reprendre confiance en vous et acquérir la sérénité qui vous permettra de contrer les coups de pied retors de l'existence. Il demeure à portée de la main vingt-quatre heures par jour, sept jours par semaine et se trouve donc disponible au moment où vous en avez le plus besoin. Prenons quelques instants pour passer en revue quelques cas où mon livre peut vraiment vous dépanner.

Vous arrivez chez vous à 18 h, plutôt fatigué — comme de coutume. Une auto, que vous ne connaissez pas, occupe votre entrée de garage et une voiture de police est stationnée devant la maison. Plein d'appréhension, vous pénétrez dans votre salle de séjour où vous apercevez un médecin inconnu en train d'administrer une injection de sédatif à votre femme; vous voyez également deux agents fédéraux assis sur un divan. Ils s'empressent de vous expliquer que votre fils de seize ans vient de se faire abattre au cours d'une opération de l'escouade des stupéfiants. Quelle est donc la *première* chose que vous faites? Quelle est votre *seconde* réaction?

Voilà dix-huit ans que vous travailliez pour la même société. Une belle carrière: vous aviez commencé comme représentant et vous étiez retrouvé l'un des premiers vice-présidents. Seulement voilà: il y a trois mois votre employeur a fusionné avec une multinationale qui a décidé de «dégraisser son organigramme» et de vous licencier. Le temps a passé et vous voilà rendu à votre cent quatre-vingt-unième jour de chômage. Assis dans la cuisine, vous additionnez vos factures, qui s'élèvent en moyenne à 4 500 $ par mois alors que vous n'encaissez péniblement que 912 $ et des poussières pendant le même laps de temps. Vous avez fait parvenir votre curriculum vitae à quelque 1 500 entreprises, vous vous êtes présenté chez une centaine d'employeurs éventuels et l'on ne vous a proposé aucun emploi. Personne ne semble intéressé à retenir les services d'un ex-vice-président de cinquante et un ans. Si cela se poursuit un autre mois, vous allez perdre votre maison et votre voiture. Vous êtes au bout du rouleau et, ce matin-là, vous sentez très nettement que la dépression vous guette. Qu'allez-vous faire?

Vous êtes une femme de quarante-trois ans, mère de trois enfants âgés respectivement de onze, neuf et sept ans. Il est onze heures du matin. Vous êtes assise dans le salon avec tous vos enfants autour de vous. Voilà un an, votre mari a subi un premier infarctus. Il vient d'en subir un second il y a vingt minutes à peine mais, cette fois-ci, il en est mort. Sa première attaque ainsi que l'invalidité qui en a résulté ont balayé vos économies. Vous n'avez pas travaillé depuis vingt ans et ne savez vraiment pas qui pourrait prendre soin des enfants. Vous avez envie de pleurer, mais ne vous en sentez même pas capable... Qu'allez-vous faire?

Vous êtes un avocat qui a brillamment réussi. Vous avez quarante ans et jouissez de tout ce que la vie peut apparemment vous offrir de mieux: une demeure de grand standing dans un quartier chic, une épouse aimante, de charmants enfants et de l'argent en quantité. Vous faites plus de 100 000 $ par an, possédez plusieurs propriétés d'excellent rapport et vous avez plus de clients que vous ne pouvez en rencontrer. Vous avez toujours souhaité devenir juge et, justement, l'occasion s'en présente à brève échéance. Toutefois, il y a un hic: d'un seul coup, vous n'avez plus envie de rien. Votre famille, votre cabinet, vos amis vous semblent n'être que des entités dénuées de toute signification, de tout intérêt. Ce poste de haut magistrat, que vous convoitiez depuis l'âge de onze ans, vous semble maintenant d'une indescriptible vanité. Vous n'avez pas mis le pied au bureau depuis une semaine et, sans aucune raison valable, voilà qu'au cours des derniers jours vous avez plusieurs fois eu l'idée d'en finir avec l'existence. Aujourd'hui, cette éventualité vous apparaît d'ailleurs comme l'unique solution à vos problèmes. Qu'allez-vous faire?

Les décisions à prendre dans chacun des cas que nous venons d'énumérer — et dans beaucoup d'autres — vous les trouverez dans ce livre. Il vous suffit de consulter la table des matières. Vous y découvrirez exactement ce qu'il vous faut pour mettre un terme aux douleurs psychologiques qui vous assaillent. L'information, qui vous est fournie dans les pages qui suivent, s'appuie sur des expériences authentiques vécues par des gens comme vous et moi, et les solutions que je propose ont largement fait leurs preuves.

Avez-vous des idées de suicide? Consultez la section «Suicide»; vous y trouverez les moyens de vous ressaisir dans les meilleurs délais. Avez-vous des problèmes d'alcoolisme? Les seuls moyens efficaces d'envoyer promener la bouteille sont inscrits noir sur blanc dans la rubrique appropriée. Éprouvez-vous de l'anxiété, des problèmes d'ordre financier? Souffrez-vous de dépression, d'une maladie chronique? Vous sentez-vous inutile? Êtes-vous en instance de divorce? Vos enfants vous causent-ils du souci? Vous trouverez des éléments de solution dans ce *guide de l'urgence-stress*, qui traite des pires problèmes auxquels nous pouvons avoir à faire face dans la vie quotidienne, des problèmes que j'évoque de manière réaliste, avec l'expérience que donnent de longues années de pratique.

Je souhaite qu'on lise et relise le présent ouvrage, qu'on le garde à portée de la main et qu'on le fasse lire aux personnes qui nous sont les plus chères.

2
Votre ennemi le plus secret

Pendant que vous êtes en train de lire les lignes qui suivent, vous vous trouvez peut-être dans l'un de ces deux états d'esprit: ou bien vous n'êtes vraiment pas dans votre assiette, vous vous sentez déprimé(e), perplexe, ou en colère; ou bien vous ne souffrez d'aucune de ces angoisses. Si vous pensez que tout va pour le mieux, n'ayez pas peur: ça ne durera pas! «Qu'êtes-vous en train de me raconter là?» direz-vous peut-être. Malheureusement — et je le déplore — c'est rigoureusement exact, car tel est le sort de tous les êtres humains. Une belle journée, nous nous sentons en pleine forme, la vie nous sourit lorsque, soudainement, sans aucun avertissement, voilà que tout semble nous exploser en plein visage. Si vous avez commencé à lire ce chapitre parce que rien ne semble plus aller, vous êtes à la bonne adresse. D'un autre côté, si vous parcourez ces pages par pure curiosité, *vous êtes toujours à la bonne adresse.* Mieux vaut prévenir, n'est-ce pas? Alors, je vous en prie, ne quittez pas!

J'ai déjà dit que ce livre était une sorte de manuel de secourisme psychologique. Dans cet esprit, nous ne perdrons donc point de temps à élaborer des théories complexes ou à discuter de questions philosophiques abstruses. Nous nous contenterons d'analyser ce qui fait vraiment *mal* et de découvrir ensemble les moyens de soulager cette douleur. Commençons avec une expérience banale, mais néanmoins très douloureuse: vous êtes en train d'enfoncer un clou et vous vous assenez un violent coup de marteau sur le pouce. Réfléchissez bien. Nous avons affaire à *deux* sortes de douleur physique. La première est aiguë, intense. Un bon coup de marteau fait très mal, mais cette première douleur s'estompe vite pour faire place à une autre moins intense, mais plus lancinante, qui peut durer quelquefois toute une nuit. Vous en souvenez-vous?

Cependant, un autre genre de douleur ne tarde pas à suivre et c'est la douleur psychologique. Pendant que vous assistez, impuissant(e), à la chute du marteau sur votre pauvre petit pouce, vous êtes très conscient(e) de ce qui se passe, bien que vous ne puissiez rien faire pour enrayer le cours du destin. Vous assistez à l'écrasement d'une parcelle de votre corps et ressentez une légitime crispation en vous disant: «Mon Dieu! mais que suis-je en train de faire là?»

Ce n'est pas toutefois ce qu'il y a de pire. Le pire, c'est la souffrance psychologique qui va de pair avec les douleurs lancinantes qui vous éprouvez dans les heures qui suivent. Vous ne cessez de vous répéter mentalement: «Mais comment ai-je pu commettre pareille erreur? Qu'est-il arrivé? Comment ai-je pu être aussi maladroit(e)?» Je n'exagererai rien en disant que ce genre de douleur peut souvent se révéler beaucoup plus pénible que la douleur physique et, pour illustrer ce fait, permettez-moi de vous fournir un indice assez surprenant: que vous soyez seul(e) ou avec d'autres, l'intensité de la douleur physique demeure constante, mais qu'une seule personne soit témoin de votre malheur et votre souffrance psychologique peut s'en trouver décuplée.

Jusqu'à maintenant, je ne vous ai pas raconté grand-chose que vous ne connaissiez déjà, mais attendez un peu, ça va commencer à se corser. Le premier mot qui nous vient à l'esprit est un énorme «pourquoi»? Il me serait facile de vous expliquer pourquoi vous avez mal au pouce. D'ailleurs, *c'est sans importance.* Ce qu'il vous faut savoir au plus vite, c'est pourquoi vous éprouvez des douleurs *mentales,* pourquoi tout votre être a mal, pourquoi un simple coup sur le pouce peut vous enrager, vous déprimer, vous pousser même à la *violence.* Oh! ne dites pas que vous n'avez jamais jeté le marteau sur le plancher, donné un coup de pied au chien ou grondé les enfants après avoir pris un coup sur les doigts. Ne me racontez pas que vous n'avez jamais dit: «Regarde ce que tu me fais faire!» C'est bien cela, n'est-ce pas? Cela ne vous est arrivé que «quelquefois», dites-vous? D'accord. Poursuivons.

La raison pour laquelle vous vous sentez si mal en vous blessant physiquement est qu'au moment précis où vous vous frappez vous déclenchez une agression psychologique massive contre vous-même! Vous déchaînez un monstre qui sommeille perpétuellement en vous et qui n'attend que l'occasion propice pour vous mettre en pièces. Au moment où le marteau tombe vous pensez: «Imbécile! Tu n'es même pas capable d'enfoncer un clou convenablement...» C'est la première attaque contre *vous-même* et c'est ainsi pour tout le monde. La seconde agression dépend de votre situation particulière. Si vous êtes, par exemple, une secrétaire ou une dactylo, ce qui suit ressemblera peut-être à ceci: «Ce que tu peux être bête! Voilà deux jours de paye en l'air, juste quand tu en avais le plus besoin...»

Si vous êtes père de famille, la seconde agression du monstre aura peut-être l'air de quelque chose de ce genre: «Alors, papa? On se ridiculise une fois de plus devant les enfants?»

Une maîtresse de maison s'exprimera peut-être ainsi: «Évidemment! Il faut que je fasse tout, dans cette sacrée baraque... Même la menuiserie!»

Toutes ces accusations possèdent une chose *en commun* et c'est précisément ce qui va contribuer — bien plus que n'importe quoi d'autre — à nous *immuniser* contre la plupart des souffrances émotionnelles qui affligent toute nature humaine. En effet, toutes ces accusations sortent du même moule et sonnent à l'oreille comme un disque usé. *Tous* les habitants de la Planète bleue, qu'ils soient Pygmée, Inuit, courtier en valeurs mobilières parisien, chauffeur de taxi japonais ou planteur du Mato Grosso réagissent — tout comme vous — de la même manière lorsqu'ils sont placés dans des circonstances similaires à celles que nous avons évoquées. Personne n'aime se blesser; personne n'arbore de grands sourires lorsque son enfant est malade; personne ne se réjouit de ne plus avoir un sou en poche, qu'il s'agisse d'un dollar, d'un franc, d'un yen. Et puis, les insultes que les gens se distribuent généreusement par l'entremise de leur monstre personnel se ressemblent de façon navrante.

Faisons une pause. Je vous entends déjà soulever des objections. «Mais qu'est-ce que c'est que cette histoire de pouce écrasé et de monstre personnel? N'êtes-vous pas censé nous aider à faire face aux souffrances engendrées par les tragédies de la vie quotidienne? Vraiment, Docteur, vous vous égarez... Revenons au problème spécifique qui nous concerne, voulez-vous? D'accord. C'est en fait une excellente idée — si vous voulez continuer à souffrir, bien sûr...

Je m'explique. Le concept qui rend le présent ouvrage si original et si efficace réside dans le fait qu'en comprenant le problème à la base de toute douleur de nature émotionnelle vous parviendrez à résoudre chacune de ses douzaines de variantes. Chaque fois que vous vivrez une expérience psychologique malheureuse, il vous suffira de vous référer à l'accident émotionnel type dont nous parlons actuellement. Me suivez-vous? D'accord.

La première volée de balles vous apprend que vous êtes stupide à manger du foin. *Ce qui est arrivé, c'est de ta faute... Tu es stupide et ce n'est pas étonnant!*

La seconde rafale ne tarde pas à suivre, à quelques microsecondes près: *D'ailleurs, ce n'est pas la première fois... Je t'ai toujours dit que tu étais incapable de faire quoi que ce soit...*

S'il y a des témoins aux alentours, la troisième rafale de haine en provenance de votre Moi négatif peut prendre la forme suivante: *Ah! Ah! je te l'avais dit... Non seulement es-tu toujours perdant(e), mais, par-dessus le marché, voilà des témoins qui confirmeront sans peine ce que je m'acharne à te répéter depuis des années!*

Commencez-vous à saisir? C'est pourquoi, lorsque vous écrasez votre pouce en présence de votre mari ou de votre femme et que ce témoin a le malheur de vous dire: «Ça, ça n'arrive qu'à toi!» la rage ne tarde pas à

nous prendre. Une remarque aussi anodine (enfin...
pas toujours... attention!) confirme exactement ce que
vous entendez dans votre tête. Avez-vous envie de leur
flanquer un coup de marteau pour leur apprendre à
vivre? Je ne vous blâme pas...

Tel est le processus mental qui est au centre des
souffrances d'ordre émotionnel chez les êtres
humains: il suffit en somme d'avoir une mauvaise
expérience dans ce qu'il est convenu d'appeler la
réalité, ce drôle de petit monde dans lequel nous
devons tous nous débrouiller pour vivre. La moindre
chose qui cloche dans votre quotidien se trouve
amplifiée dix fois, mille fois, un million de fois par
votre Moi négatif jusqu'à ce qu'elle vous semble
impossible à maîtriser. C'est alors que vous vous
mettez à souffrir et à souffrir davantage. Votre
subconscient empile désastre imaginaire sur désastre
imaginaire et, en fin de compte, vous vous retrouvez
avec un terrible complexe de culpabilité, une
dépression, de l'anxiété ou ces trois fléaux en même
temps.

Prenons la mésaventure survenue récemment à Sally.
Rien de bien original, en fait; une petite déconvenue
qui peut arriver à toute jeune femme. Laissons-la
nous raconter son histoire.

— Je ne sais pas pourquoi cela me dérange tant,
Docteur, car, dans le fond, ça n'est pas très
important... commença-t-elle.

Elle fit une pause, en profita pour replacer quelques
mèches rebelles afin de dégager son visage poupin,
puis fronça les sourcils.

— Après tout, c'est peut-être plus important que je ne
le pensais... Voici ce qui est arrivé: samedi dernier,

j'avais rendez-vous avec Ken. Il y a à peu près six mois que nous sortons ensemble et nous sommes assez intimes..., dit-elle en rougissant. C'est du moins ce que *je pensais*. Bref, nous devions aller dans l'une de ces super sauteries; vous voyez le genre: résidence princière, gens extra, buffet fantastique, le tout dans Hollywood Hills avec bains tourbillons et piscine de dimension olympique. Je m'étais payé une toilette de 290 $ pour l'occasion et Ken n'est jamais venu me chercher...

— En somme, il vous a «posé un lapin», comme on dit?

— C'est ça, répondit-elle en se mordant la lèvre. À neuf heures, soit une demi-heure après l'heure fixée pour notre rendez-vous, il m'a téléphoné. Une histoire à dormir debout. Il a marmonné qu'il avait un vilain rhume et m'a dit que «je comprendrais sûrement». *Comprendre?* Mais comprendre *quoi,* au juste?

Elle se mit à pleurer.

— Pourquoi tout cela vous énerve-t-il tant?

Elle serra les dents et répondit:

— M'énerve? Mais il y a de quoi, Docteur! Deux cent quatre-vingt-dix dollars jetés par la fenêtre, ma compagne d'appartement qui ne peut plus me regarder en face sans se mettre à rigoler, sans compter que je sais que Ken s'est rendu à cette fameuse surprise-party avec une autre fille! Une amie me l'a confirmé le lendemain. Elle l'a vu! Si tout cela n'a rien pour m'énerver, alors, je ne sais pas...

— C'est vrai, Sally, il y a de quoi être de mauvaise humeur, mais regardons ensemble *pourquoi*...

J'expliquai alors à la jeune fille le triptyque familier dont nous avons déjà parlé.

1. Lorsque Ken ne s'est pas présenté au rendez-vous et qu'il a téléphoné à Sally pour l'annuler, le Moi négatif de l'amoureuse éconduite lui a susurré à l'oreille: «C'est de ta faute!»

Ce message pouvait prendre plusieurs aspects: «Si seulement tu étais plus belle, plus *sexy,* plus intelligente, plus riche, etc.» Dans le cas de Sally, l'accusation se bornait à: «Si seulement tu étais plus sexy...» mais cela suffisait à la faire amplement souffrir.

La suite du triptyque maudit n'a pas tardé à venir.

2. *Ce n'est pas la première fois, d'ailleurs!* Et alors? En voilà une affaire! Malheureusement, les défenses de Sally se trouvaient déjà ébranlées par la première attaque. Elle se trouvait donc en état de vulnérabilité. Voilà pourquoi son affreux petit monstre s'est empressé de lui rappeler toutes les fois où elle avait connu des expériences malheureuses avec le sexe opposé. «Te souviens-tu de Chuck? Tu pensais qu'il allait t'épouser, hein? Quelle idiote tu as été! Et puis il y a eu Bill... Ça n'a pas duré un mois! Ah! oui... Il y a eu Carl aussi. Un beau parti... N'est-ce pas ce que tu racontais à toutes tes amies? etc., etc.»

Peu importe que Sally ait perdu ses soupirants par sa faute ou non. Il s'agissait néanmoins d'échecs; mineurs peut-être, mais d'échecs tout de même.

Et, pour corser le tout, il y a eu la grande finale, la troisième partie du triptyque. Sa compagne d'appartement, qui était loin d'être charitable (Sally l'a remplacée depuis, j'en suis persuadé!) a commencé à glousser comme une dinde en voyant sa déconvenue. Le choc numéro trois n'a pas tardé à se produire.

3. *Non seulement es-tu une perdante chronique, mais c'est connu de tout un chacun! Demande donc à ta copine!* Les gloussements de cette dernière avaient suffi pour rabattre le panneau du piège sur Sally...

Ayant promis d'aider mes lecteurs à faire face aux vingt-cinq problèmes émotionnels les plus courants dont nous pouvons être victimes dans la vie de tous les jours, nous allons découvrir que les souffrances provoquées par chaque désastre d'ordre émotionnel sont, à quelques variantes près, de la même famille que celles que pouvait éprouver Sally. Voilà d'excellentes nouvelles, car si chaque problème de ce type était entièrement différent de celui qui le précède, ce serait comme apprendre à écrire sur une machine chinoise comprenant quelque cinq mille idéogrammes: nous familiariser avec tous les types de réactions prendrait la majorité de notre temps et nous n'en aurions plus pour résoudre les difficultés immédiates auxquelles nous sommes confrontés.

Avant d'aborder d'autres cas plus particuliers, prenons quelques instants pour examiner deux détails infimes, mais néanmoins très importants, dans l'histoire du rendez-vous manqué de notre amie Sally, car ils nous aideront à comprendre le reste du processus. Tout d'abord, disons que les douleurs éprouvées par notre héroïne étaient hors de proportion avec les pertes réelles qu'elle avait subies. Qu'est-ce qu'une soirée ratée dans la vie d'une jolie fille? Et c'est là que nous touchons à l'une des caractéristiques principales de tout désastre émotionnel: *la douleur est hors de proportion avec les pertes réelles subies par la victime.* Quelquefois, la pression s'exerce de manière inversement proportionnelle. Une personne peut, *temporairement,* ne ressentir qu'une douleur très tolérable dans une situation de sérieuse crise. Dans les exemples qui suivent, nous signalerons notamment le chômage et les maladies graves.

Le deuxième détail en importance dans la mésaventure sentimentale de Sally n'en est pas moins très subtil: trois mois après sa déconvenue, elle souffrait autant en la racontant que le soir où tout cela était arrivé! Elle pleurait, fronçait les sourcils, serrait les poings et l'on apercevait même un peu de sueur perler sur sa lèvre supérieure. Après quatre-vingt-dix jours, elle affichait encore les symptômes typiques et pernicieux que l'on peut remarquer sur un être humain en état de stress. Le Moi négatif ne vous laisse jamais oublier! Il vous force à revivre de multiples fois, même un an plus tard, les mêmes souffrances et la même humiliation que celles que vous avez vécues et ce, avec une telle précision que cela vous porterait à penser que l'aventure n'est arrivée qu'hier. Avez-vous déjà entendu des gens vous dire: «Je ne peux pas m'ôter cela de l'esprit...»? Peut-être avez-vous déjà prononcé une telle phrase... Eh bien, c'est précisément ce dont nous allons parler. Avant de poursuivre notre étude de l'antistress, souvenons-nous de ces deux détails, banals au premier abord, mais dont l'importance ne saurait être sous-évaluée.

3
Les problèmes à tiroirs

Les lignes qui suivent peuvent se révéler pour vous d'une importance capitale. Avant d'avoir terminé la lecture du présent chapitre, si vous le voulez bien, vous aurez appris à éviter la plupart des souffrances et des douleurs émotionnelles qui affectent les êtres humains. Trop beau pour être vrai? Attendez un peu.

Il faisait frais dans mon bureau, mais on apercevait des gouttes de transpiration se former sur la lèvre supérieure de Craig.

— Docteur, je ne sais vraiment pas ce qui va m'arriver... Je ne sais pas... Je pense que je vais devenir fou!

Craig était un garçon d'environ trente-cinq ans. Il portait une veste de daim anthracite, une chemise bleu pâle à col ouvert et des lunettes de soleil.

— Que voulez-vous dire, Craig? Quel est votre problème?

Il se frotta la nuque.

— Vous voulez sans doute dire: «Quels sont *vos* problèmes?» En réalité, je ne sais vraiment pas par où commencer...

— Alors, essayons de commencer par le commencement...

Un faible sourire éclaira son visage.

— Voici: tout a commencé à mal aller il y a environ une semaine. Je suis directeur adjoint de l'un des plus importants restaurants de la ville et, la semaine dernière, ma carrière a pris abruptement fin. Je ne peux pas même y croire...

Craig se mit à se tortiller, visiblement mal à l'aise.

— D'abord, il faut que je vous dise. C'était un excellent emploi. Cette boîte fait partie d'une chaîne nationale. J'avais un poste de directeur à la clé et un fauteuil de vice-président en bout de piste. Un avenir splendide, quoi... Seulement voilà tout ça est tombé à l'eau maintenant...

Soudainement, Craig se frappa le front de la paume de la main.

— Quel imbécile ai-je pu être!... Tout cela pour des bêtises...
— Craig, pourriez-vous éclairer un peu ma lanterne?
— O.K., Docteur. Il y a environ deux semaines, j'étais de service pendant le dernier quart. Je dois vous expliquer que le samedi nous ne fermons pas avant trois heures du matin. Voilà qu'arrive ce gros bonhomme en compagnie d'une jeune personne de toute évidence mineure. Nous exploitons — je veux dire la compagnie exploite — un bar dans ce restaurant et l'une de nos responsabilités consiste à faire très attention aux mineurs qui tenteraient de se faire servir des boissons alcoolisées. En effet, les flics peuvent vous cadenasser la boîte en deux temps trois mouvements; ils ne plaisantent pas avec le règlement dans cette ville... On pouvait voir que le gros type

26

avait un coup dans le nez et que sa compagne était, elle aussi, passablement éméchée. Peut-être fonctionnait-elle à coups de pilules... Ce sont des choses qui arrivent. En tout cas, Gladys, notre hôtesse, fit asseoir le couple mais vint tout de suite me mettre au courant. Je m'approchai, m'identifiai et demandai poliment si la jeune femme pouvait me montrer quelque pièce d'identité, son permis de conduire par exemple. Cela fait partie de la routine. Notre laïus ressemble en général à ceci: Excusez-moi, madame; cette démarche n'a rien de personnel mais les règlements municipaux concernant les débits de boissons exigent que nous demandions une preuve d'identité à toutes les personnes que nous pourrions soupçonner d'être mineures. Si vous n'avez pas d'objection, pourriez-vous me montrer votre permis de conduire ou toute autre pièce d'identité du genre?» Je vous le demande, Docteur, y a-t-il moyen d'être plus poli que cela?

— Ça m'a l'air très bien, en effet... Ensuite?

— Là, les choses se sont gâtées. Elle regarde le gros bonhomme qui, très contrarié, m'attrape par le bras et se met à serrer comme un forcené. Même si je n'apprécie guère ce geste, je sais comment traiter la clientèle et conserver mon sang-froid. C'est alors qu'il me dit: «Écoute, espèce de petit rigolo; si tu veux pas finir avec une grosse tête, va voir là-bas si j'y suis...» Je continue à rester «cool» et lui réplique: «Je suis désolé, Monsieur, mais je n'ai pas le choix. Les règlements municipaux sur la vente des boissons alcoolisées sont formels: je dois exiger une pièce d'identité...» C'est alors que c'est arrivé.

— Et quoi au juste?

— Il s'est levé brusquement et m'a donné un coup de poingt...

— Et qu'avez-vous fait?

— J'ai pris sa serviette en papier et l'ai laissée tomber sur le plancher...

— Vous avez laissé tombé quoi? Je ne saisis vraiment pas...

Craig se mit à rire de bon cœur.

— Docteur, je vois que vous n'avez jamais travaillé dans l'hôtellerie. Lorsqu'il faut que j'intervienne quelque part, je préviens toujours nos anges gardiens. Avant que la maison ne fasse partie de la chaîne X, nous les appelions des «videurs». C'est un restaurant de trois cents places, plus cinquante tabourets de bar. Nous avons toujours au moins trois costauds sur les lieux, car on ne sait jamais. Lorsque nous laissons tomber une serviette en papier par terre, cela veut tout simplement dire que nous avons besoin d'un coup de main. Rien de sérieux. Si nous laissons tomber un verre, c'est que la situation s'envenime. Bref, Bennie et Steve se sont approchés. Ensemble, ils doivent faire quelque chose comme 225 kg et quatre mètres de haut...

— Une vraie force de dissuasion à pattes, en effet...

— Ils sont là pour ça. Enfin, j'ai exigé une fois de plus une preuve d'identité, mais dès qu'il a vu mes deux gaillards, le gros type s'est levé et a pris la porte, non sans demander à Gladys comment je m'appelais. Elle lui a donné ce renseignement et je ne peux vraiment lui en vouloir. C'est tout...

— C'est tout? Que voulez-vous dire?

— C'est tout. Lundi, lorsque je me suis présenté au restaurant, ils m'ont dit que j'étais renvoyé. Cet épais soûlard n'était nul autre que le grossiste qui nous approvisionne en viande. Le dimanche, il a appelé le président de la compagnie à son domicile en lui racontant que je l'avais insulté. C'est tout.

Maintenant, me voilà vraiment dans de beaux draps...
— De beaux draps? Et comment donc?

Craig se prit la tête à deux mains.

— Pas de boulot, pas de références... Le chômage au bout de la ligne et tout ça parce que j'ai agi comme un imbécile. Si seulement j'avais fait autrement... J'aurais pu faire semblant de ne rien voir... Au moins, j'aurais encore un emploi et quelque avenir. Cette chaîne hôtelière a tant de ramifications que je ne serai plus jamais capable de me refaire une situation dans cette branche... Et ce n'est pas tout...
— Comment, ce n'est pas tout?
— Non. Après avoir été congédié comme ça, j'étais tellement en rogne que je me suis arrêté dans un bar pour prendre quelques bières et voir venir. Pour comble de malchance, en rentrant à la maison, j'ai accroché une voiture et la police est venue faire le constat. Je n'étais pas vraiment ivre, mais n'en ai pas moins récolté une amende de quatre cents dollars que je ne suis pas en mesure de payer. Ensuite, tout a été de plus en plus mal. Je me suis querellé avec ma femme qui, maintenant, ne veut même plus me parler. Depuis deux semaines, je n'ai pas pris une seule bonne nuit de sommeil et ne suis même plus capable de mettre un peu d'ordre dans mes pensées. Plus crétin que moi... ça ne se peut pas!

La déplorable expérience que Craig a vécue constitue le plus parfait exemple de la manière dont le Moi négatif s'acharne à détruire un être humain. Vous remarquerez que notre restaurateur était en proie au même genre de souffrances que Sally. *La douleur qu'il ressentait était hors de proportion avec les préjudices qu'il avait dû subir.* À bien y penser, il n'avait perdu qu'un emploi — pas un bras, une jambe ou un être cher. De plus, la douleur le lancinait longtemps après la scène pénible qui avait été à l'origine de son renvoi. Des semaines après ce dernier, il souffrait tout autant, sinon plus, qu'il avait souffert le soir de sa rencontre avec l'individu, cause de ses ennuis.

Et qu'aurait pu faire Craig pour éviter les souffrances psychologiques, les tourments et les pertes matérielles ou morales auxquels il s'était exposé? Dès qu'on l'a renvoyé, son monstre personnel a commencé par l'accabler comme il ne l'avait jamais accablé aupararant. Prenons ces accusations et passons-les en revue une par une.

1. *Tout ça, c'est de ta faute!* Aussi bizarre que cela puisse paraître, la manière la plus facile de désamorcer cette accusation est encore de *reconnaître ses torts!* Craig aurait pu rétorquer à son Moi négatif: «D'accord, c'est de ma faute. Je le reconnais. Peut-être aurais-je dû appeler le directeur chez lui pour le mettre au courant du problème, mais, d'une manière ou d'une autre, je suis prêt à prendre tout le blâme...»

Qu'arrive-t-il si vous agissez ainsi? C'est un peu comme si vous aviez pris quelque aspirine psychologique. Vous avez immédiatement l'impression qu'un poids considérable a glissé de vos épaules. L'accusation voulant que tout soit de votre faute perd immédiatement de sa virulence car, en vérité, vous étiez vraiment responsable de tout ce qui est arrivé, tout comme vous êtes le seul artisan de votre malheur lorsque vous vous écrasez le pouce avec votre marteau. *C'est vous qui l'avez fait,* non? Et après? En voilà une affaire! La question n'est pas tant de savoir *qui a fait ceci ou cela* que de *trouver les moyens de résoudre le problème.*

2. *Et ce n'est pas la première fois que ça arrive!* Évidemment que ce n'est pas la première fois que vous avez des problèmes à résoudre. Et alors? À moins d'être un bébé qui vient de naître, la vie comporte une kyrielle de décisions à prendre. Il est également exact que vous créez une foule de problèmes en raison même de votre comportement. Et après? Et qu'y a-t-il de nouveau sous le soleil?

L'astuce consiste à ne pas tomber dans ce piège — piège où tombent la plupart de nos contemporains, qui se mettent à argumenter avec leur Moi négatif pour *tenter de trouver un bouc émissaire de service.* Ce genre de raisonnement ne fait que vous détourner du véritable but que vous voulez atteindre, soit de *régler le problème* qui se présente à vous.

D'autre part, n'est-il pas étonnant de constater que les prises de bec entre les gens ressemblent étrangement aux disputes que vous pouvez avoir avec votre Moi négatif? Lorsque quelque chose va mal, remarquez comment un mari, une femme, un employeur, un enseignant, un compagnon de travail peuvent s'ingénier à vous agresser en ayant recours à d'inusables arguments du genre: «Ça, c'est de ta faute!» suivi de près par «Et ce n'est pas la première fois que ça t'arrive... Votre Moi négatif, ce monstre intérieur, ne fait que paver la route au monstre *extérieur.* Tous les gens qui nous entourent possèdent leur petit monstre intime, qui passe son temps à les accuser et à les agresser. Il n'est donc pas surprenant qu'ils suivent le même plan d'agression et utilisent les mêmes chefs d'accusation que ceux dont leur monstre se sert pour leur causer du tort depuis leur plus tendre enfance. Dès que vous avez compris cela, votre vie s'en trouve singulièrement simplifiée. Vous êtes en mesure de prévoir quel type d'agression les gens de votre entourage vont tenter de mettre en œuvre contre vous lorsque quelque chose commencera à mal aller et, ce qui est le plus important, comment contrecarrer ces noirs desseins.

3. *Tout le monde sait que tu es bête!* Cette accusation particulière n'est dangereuse que si vous avez tenté de nier les accusations numéro un et numéro deux dont nous venons de parler. Toutes ces accusations sont d'ailleurs des généralités que l'on peut utiliser n'importe quand contre tous les êtres humains. Vous souvenez-vous de cette vieille blague concernant un célèbre amateur de canulars qui avait choisi de prendre au hasard six importants hommes d'affaires de sa ville pour leur jouer un tour? Un beau soir, sans aucune raison, il leur envoya à chacun le même télégramme qui se lisait comme suit:

**Quittez la ville immédiatement / Stop /
L'enquête commence demain!**

La légende veut que, le lendemain, à huit heures précises, tous ces V.I.P. se trouvaient à l'aéroport pour prendre le premier avion leur permettant de s'éloigner de chez eux...

Tout le monde est vulnérable à la double accusation voulant que l'on soit dénué d'intelligence et que cet état peu enviable soit connu de tout un chacun. Et après? Souvenez-vous toujours que la vie *n'est pas* un concours de popularité et que votre valeur en tant qu'être humain *ne dépend pas* du nombre de gens qui vous aiment. Si chaque habitant de la Terre vous aimait et si vous n'aviez que cinquante cents en poche, vous n'auriez toujours qu'assez d'argent pour vous payer quelque chose comme une tasse de café...

Mais il y a plus. La troisième accusation de votre Moi négatif est la plus pernicieuse de toutes à cause des dommages qu'elle peut vous causer. Vous pouvez neutraliser les deux premières accusations en vous contentant de reconnaître vos torts. Après tout, ces derniers sont souvent authentiques. De plus, vous ne perdez rien en plaidant coupable, *à condition* de vous y prendre de la façon que je vais vous exposer dans les pages qui suivent. Mais il en va autrement de la troisième accusation...

Le Moi négatif peut vous traiter d'imbécile, de balourd et de crétin à longueur de journée sans que cela vous affecte outre mesure, mais qu'un incident apparemment sans importance survienne et coïncide avec l'accusation en question et vous voilà piégé(e). Voyons un peu comment cela fonctionne.

La scène se passe un jeudi à 18 h. Ted arrive chez lui et ouvre la porte.

Ted   Bonsoir, chérie... Je suis là...

Sandy   (répondant faiblement de la cuisine) Je suis là, Ted! Dans la cuisine...
               (Ted jette sa veste sur le canapé du salon et entre dans la cuisine. Les placards sont grands ouverts. Le comptoir est encombré de poêles et de casseroles; dans un faitout, un rôti calciné achève de se consumer sur la cuisinière. Kim, la fille de Ted, qui a quatre ans, est assise sur le comptoir, près de l'évier. Un

	bandage orne son genou gauche et son visage est égratigné.)
Ted	Mais qu'est-ce que c'est que ce chantier? Qu'est-il arrivé au juste?
Sandy	(Elle essuie quelque tache sur son visage à l'aide d'un chiffon à vaisselle et s'efforce de sourire.) Quelle journée! Ne m'en parle pas... D'abord il y a eu Caruso, le canari, qui s'est sauvé. Kim et moi l'avons poursuivi dans toute la maison. En courant, la petite a glissé et a renversé la lampe dans l'entrée — celle de ta mère. Kim s'est fait une vilaine blessure au genou. Je me suis énervée et j'ai tenté, sans succès, de te rejoindre au bureau. Alors j'ai voulu prendre la voiture, mais n'ai pas trouvé les clefs. J'ai donc décidé de prendre un taxi pour conduire Kim chez le médecin. Seulement voilà, je suis partie tellement rapidement que j'ai oublié de retirer le rôti du four. Résultat: il a brûlé...
Ted	(commençant à se mettre en colère) Et ça a coûté combien cette série de catastrophes?
Sandy	Ben... Il y a eu la lampe...
Ted	Une lampe d'une valeur inestimable!
Sandy	(s'efforçant de ne pas pleurer.) Pour le taxi, ça a coûté sept dollars à l'aller et sept au retour... Quarante-trois dollars pour le médecin... Ça fait cinquante-sept... Ah! oui, il y a eu aussi le rôti: treize dollars. Ça fait quelque chose comme soixante-dix dollars. Oh! Ted, je

	me sens tellement bête! (Elle éclate en sanglots.)
Ted	Ça, tu peux le dire. Combien de fois t'ai-je répété de faire un peu plus attention? À cause de ta saleté d'oiseau me voilà plus pauvre de soixante-dix dollars! C'est du joli!
Sandy	(elle jette le chiffon par terre, de toutes ses forces) Quoi? Après tout ce que j'ai fait pour prendre soin de *ta* fille et tout ce que tu as à me dire, c'est de pleurer sur tes quatre sous, toi qui n'hésites pas à claquer soixante-dix dollars pour te payer tes petites chaussures de golf à la mode? Tu n'es qu'un individu niais et sans cœur!
Ted	Niais? Qui? Moi? Tu peux parler, tiens... Quand la moindre petite chose survient, tu deviens tellement hystérique que tu n'es même pas foutue de faire démarrer la voiture...
Sandy	(Elle balaie systématiquement le comptoir d'un mouvement de l'avant-bras et fait tomber sur le plancher toute la batterie de cuisine. Puis c'est au tour du rôti.) Hystérique, moi? Hystérique? Je vais te montrer, espèce d'imbécile ce qu'hystérique veut dire... (La petite Kim se met à pleurer. La soirée ne s'annonce décidément pas très sereine...)

Cette pénible scène de ménage, qui peut se répéter à des millions d'exemplaires chaque soir, ne fait que confirmer la troisième accusation du Moi négatif. Il a suffi d'une accumulation de petites mésaventures de la vie quotidienne pour que le monstre de la pauvre

Sandy lui souffle à l'oreille: «Tu n'es bonne à rien et tout le monde le sait.» Notre héroïne avait réussi à résister à ces assauts — du moins partiellement — en se répétant que tout cela était faux, qu'elle n'était pas idiote. Elle comptait également sur son mari pour que celui-ci plaide sa cause et réfute une telle affirmation. Ce qui est particulièrement fascinant, c'est que le Moi négatif fonctionne en quelque sorte comme un tribunal personnel (je devrais plutôt dire que les tribunaux fonctionnent comme les monstres personnels). Si vous trouvez quelqu'un pour témoigner en votre faveur, pour affirmer que vous n'êtes *pas coupable,* que vous n'êtes *pas bête,* le monstre doit en quelque sorte se désister. Sandy savait par instinct, et grâce à son expérience, que dès que Ted réfuterait les accusations de son Moi négatif, elle se sentirait tout de suite mieux. Malheureusement, ça ne s'est pas passé ainsi, car non seulement Ted ne les a pas réfutées mais il les a confirmées. Cette attitude a engendré de l'anxiété chez sa femme, qui a immédiatement contre-attaqué de la manière qu'on sait. Cette réaction colérique, à son tour, n'a fait que concrétiser les accusations que le Moi négatif faisait peser sur Ted. Nous avons vu les résultats...

Passons donc cette conversation aux «rayons-X psychologiques» et voyons exactement ce qui est arrivé.

Ted	(Entrant dans la cuisine). Mais qu'est-ce que c'est que ce chantier?
Moi négatif	*Tu vois, Sandy... Je t'avais déjà dit que tout le monde savait combien tu étais idiote! Tiens, Ted peut certainement servir de témoin à charge...*

Ted	(en colère) Et ça a coûté combien cette série de catastrophes?
Moi négatif	*Sandy... Espèce d'imbécile... Tu peux préparer tes abattis... Attends un peu pour voir...*
Ted	La lampe de ma mère! Une lampe d'une valeur inestimable!
Moi négatif	*Prépare-toi, Sandy... Ça va barder! Il va te confirmer ce que je m'échigne à te répéter depuis les cinq dernières heures et ça ne sera pas du gâteau — je te le jure!*
Ted	Tu es stupide! Combien de fois t'ai-je répété de faire un peu plus attention? À cause de ta saleté d'oiseau, me voilà plus pauvre de soixante-dix dollars... C'est du joli!
Moi négatif	*Vas-y, Ted... Dis-lui ses quatre vérités! Elle n'a que ce qu'elle mérite! Quant à toi, Sandy, il ne te reste plus qu'à payer le prix de ta bêtise...*

Jusque-là, Ted a fait le jeu du monstre contre sa femme, mais, maintenant, elle va tenter de retourner la situation à son avantage. Observons comment elle va s'y prendre.

Sandy	(Elle jette le chiffon par terre, de toutes ses forces.) Quoi? Après tout ce que j'ai fait pour prendre soin de *ta* fille, et tout ce que tu as à me dire c'est de pleurer sur tes quatre sous, toi qui n'hésites pas à claquer soixante-dix dollars pour tes petites chaussures de golf à la mode? Tu n'est qu'un individu niais et sans cœur...

Moi négatif   *Entends-tu ça, Teddy? Exactement ce*
               que disait ta mère et ce que je ne cesse
               de te répéter. Voilà au moins quelqu'un
               pour te le confirmer et Dieu sait si elle
               est bien placée pour en savoir quelque
               chose... Oui, tu n'es qu'un minable
               grippe-sous et un grand niais... Que dis-
               tu de cela?

Ted se trouve dans l'impossibilité de riposter contre
son Moi négatif, car il ignore l'existence même du
monstre avec, comme résultat, qu'il s'en prend à la
seule cible à sa portée, soit à la personne qui l'aime le
plus: Sandy.

Ted   Niais? qui? Moi? Tu peux parler...
               Quand la moindre petite chose survient,
               tu deviens tellement hystérique que tu
               n'es même pas foutue de faire démarrer
               la voiture!

Et toc! En plein dans le mille! Sandy en prend pour
son grade... Écoutons un peu son Moi négatif.

Moi négatif   *Tu vois! Tu vois! Tu n'as jamais voulu*
               m'écouter, mais qui donc te connaît
               mieux que Ted, hein? Tu es une
               maladroite, une hystérique et une petite
               dinde... Va donc pleurer et souffrir dans
               ton coin... C'est tout ce que tu mérites,
               après tout...

Pas très drôle tout ça... Chaque fois que Ted donne
une bourrade psychologique à Sandy, son Moi négatif
lui en donne deux. Alors, elle riposte en infligeant le
même traitement à Ted, tandis que le Moi négatif
s'amuse à doubler la punition. Elle passe à l'action en
faisant tomber par terre le rôti brûlé ainsi que tout ce

qui traîne sur le comptoir. Il y a escalade des hostilités et bien malin celui qui pourra dire quand tout cela prendra fin. Si Ted et Sandy ne réussissent pas à neutraliser leurs monstres respectifs, les dernières lignes de l'histoire de leur vie commune pourraient fort bien se retrouver inscrites dans un jugement de divorce. Que peuvent-ils faire alors? Rembobinons le ruban de la cassette et écoutons-la à nouveau, en supposant que Ted et Sandy savaient comment tenir en échec leur Moi négatif.

Sandy	(répondant faiblement, de la cuisine) Je suis là, Ted... Dans la cuisine...
Ted	Eh bien! Qu'est-il arrivé? Ça va, chérie? (Il s'approche et l'embrasse.)
Sandy	(elle se blottit dans ses bras) Oh! Ted! Quelle journée!... Kim s'est blessée au genou; j'ai dû l'amener chez le médecin... Tout a mal été aujourd'hui...
Ted	(jetant un regard circulaire) Je vois... Mais ça n'est pas grave... Tant que Kim est indemne... Elle va bien, n'est-ce pas?
Sandy	(reprenant courage) Oui, ça va. Elle s'est simplement un peu taillardé le genou.
Ted	(voyant le rôti calciné sur la cuisinière) Dis-moi... et si nous allions tous dîner au restaurant?
Sandy	(craintivement) Eh bien! Je ne sais pas... C'est une bonne idée, mais entre le taxi et les frais médicaux, cela m'a coûté cinquante-sept dollars et...et... (Elle regarde Ted d'un air suppliant.)
Ted	(avalant sa salive de travers) Et puis quoi? Je récupérerai ces cinquante-sept dollars grâce à la compagnie d'assurance... Ce rôti brûlé a causé bien

	des dégâts ici. D'ailleurs, nous pouvons simplement aller manger un hamburger. Tout ce que je veux, c'est t'éloigner de ce champ de bataille. Je peux m'imaginer tout ce que tu as enduré aujourd'hui, chérie...
Sandy	(elle lui saute au cou) Ted? Tu es formidable! Je t'aime! (Kim esquisse un sourire.)

Deux choses intéressantes sont à signaler: tout d'abord, la deuxième version de notre histoire n'a pas coûté un sou de plus que la première. Tout était dans le choix des mots (d'une manière ou d'une autre, la petite famille était condamnée à aller manger au restaurant). Toutefois, les effets de cette nouvelle version seront indubitablement plus positifs dans les heures et les années qui suivront cet incident que les effets de la première... Ce qu'a dit Ted dans la version numéro deux de notre histoire contribuera à le rapprocher de sa famille. Ce qu'il a dit dans les lignes précédentes ne fera éventuellement que détruire ce couple.

Dans la version numéro deux, nous remarquons également une autre différence digne de mention: le Moi négatif n'a jamais eu la possibilité de placer un traître mot. Ted s'est toujours arrangé pour étouffer dans l'œuf toute trace d'accusation contre Sandy. Il l'a absoute de tout blâme, a assumé la responsabilité des dépenses occasionnées par cette aventure et a éloigné sa femme de la scène de son humiliation. Il lui a également fait remarquer — à juste titre — que le bien-être de leur fille était autrement plus important qu'une sordide histoire d'argent. Un autre avantage, intangible, mais néanmoins capital, ressort de tout ceci. Ted a montré à Sandy comment il aimerait être traité advenant le cas où il serait victime d'une semblable mésaventure, qu'elle survienne à court ou à long terme. Accordons une note de dix sur dix à Ted, la même note à Sandy et la même encore à leur mariage. Quant au Moi négatif, il ne récolte qu'un zéro.

Mais revenons à Craig. Notre aspirant cadre a été victime de ce que j'appelle l'horrible tryptique: 1. *Tout ça, c'est de ta faute! 2. D'ailleurs, ce n'est pas la première fois que ça t'arrive... 3. Tout le monde sait que tu es un imbécile...*

Dès qu'on l'a remercié de ses services, Craig s'est retrouvé envahi par un sentiment d'indignation et de dépit. Il est devenu agressif et a canalisé cette agression en prenant quelques bières de trop, en conduisant imprudemment et en se retrouvant avec une contravention, ce qui n'a pas arrangé les choses puisque cela l'a amené à se quereller avec sa femme. Il n'est guère amusant de se faire licencier injustement, mais la manière dont il a réagi était autrement dangereuse pour son bien-être mental. Il se retrouvait un peu comme un homme qui marche dans la rue pendant qu'un voyou lui colle un revolver dans les côtes. La victime réagit immédiatement en se donnant mentalement des claques. C'est ce que Craig a fait et c'est ce dont nous avons discuté lorsqu'il est venu me voir pour la première fois. Une semaine plus tard, il revint me consulter.

— Vous avez l'air beaucoup mieux aujourd'hui, Craig...
— Oui, Docteur, je me sens mieux. J'ai commencé à résoudre mon problème le jour même où je vous ai vu. Quelle différence!

— Que voulez-vous dire?

— Eh bien! Le fait de commencer à tirer cette histoire au clair m'a déjà redonné confiance en moi. J'ai fait exactement ce que vous m'aviez conseillé. Je suis allé voir le président de la compagnie et lui ai exposé mon cas. Une chose était certaine: le gros bonhomme du restaurant était vraiment un emmerdeur professionnel!

— Et comment ça?

— Il avait raconté au président que je l'avais insulté et jeté dehors brutalement. Il avait ajouté que je lui avais déchiré sa veste. Bref, il s'était arrangé pour me noircir au maximum...

— Et qu'avez-vous fait alors?

— Ce que je ne devais pas faire, bien sûr, répondit Craig en esquissant un sourire piteux, mais je me suis souvenu de ce que vous m'aviez recommandé et j'ai réalisé que c'était mon Moi négatif qui recommençait à m'asticoter. Alors, c'est simple: je lui ai fermé le bec. J'ai seulement demandé au président d'appeler Gladys chez elle et de vérifier la véracité de ma version de l'histoire. C'est ce qu'il a fait. Elle lui a raconté l'incident en détail et, en fin de compte, le patron a appelé ce malotru de grossiste pour lui demander de me présenter ses excuses en lui précisant que s'il ne le faisait pas, il pouvait aller vendre sa viande ailleurs la prochaine fois. Cela m'a vraiment impressionné.

— Moi aussi...

— Que voulez-vous dire, Docteur?

— Je veux dire que ça prouve exactement ce que je vous ai conseillé, soit qu'il était possible, en combattant son Moi négatif, de résoudre des problèmes en apparence insolubles. Vous venez de m'en donner la preuve!

— Vous aviez certainement raison, ajouta Craig en soupirant. Le président m'a passé l'appareil et le gros type s'est excusé. Une fois à jeun, il n'avait pas l'air d'un mauvais diable, mais je ne me suis pas laissé attendrir. Après tout, il avait raconté suffisamment d'insanités sur mon compte pour me faire renvoyer... Enfin, j'ai retrouvé mon travail. Le président m'a même confié qu'il avait aimé la façon dont j'avais agi dans toute cette histoire. Il m'a déclaré qu'il comptait me bombarder directeur de son prochain restaurant dès que le poste serait vacant. J'ai vraiment eu chaud...

— Je n'en suis pas si sûr, Craig. Il s'agissait, en fait, d'un incident qui aurait pu arriver n'importe quand. En réalité, vous n'avez eu vraiment chaud que lorsque vous avez laissé aller les choses sans répliquer, sans faire valoir vos droits. Et vous ne m'avez pas parlé de vos démêlés avec la police... Où en êtes-vous de ce côté-là?

— Oh! j'ai presque oublié cela, répondit Craig en faisant un signe de tête affirmatif. Au tribunal, j'ai tout expliqué au juge, qui s'est montré compréhensif et a compris que j'avais agi dans un moment d'égarement. Il a décidé de surseoir au prononcé de la sentence et a prescrit une ordonnance de probation d'un an. Si je ne commets pas d'infraction de ce genre durant cette période, il ordonnera un non-lieu.

— Cela constitue un autre exemple de ce que l'on peut accomplir en agissant sur les événements au lieu de les laisser agir sur soi.

— En effet, je m'étais conduit de manière stupide, mais j'ai compris maintenant. Vous savez, Docteur, il y a une leçon à tirer de tout cela...

— Et quelle est-elle?

— J'ai appris que la deuxième chose la plus difficile au monde était de comprendre comment fonctionnent nos processus mentaux...

— Voilà un point de vue intéressant, Craig. Et à votre avis, quelle est la chose la plus difficile au monde?

— D'essayer de vivre sans les comprendre...

Bien entendu, mon client avait raison et, dans les pages qui suivent, vous allez voir comment fonctionnent ces fameux processus mentaux. À vous de décider s'ils doivent fonctionner à *votre* avantage.

4
L'alcool

Aimeriez-vous tester vos connaissances sur l'alcool et l'alcoolisme? Il vous suffira de répondre «vrai» ou «faux» aux énoncés suivants.

1. Pour éviter de devenir alcoolique, le secret consiste à savoir comment boire.

2. L'alcoolisme est en réalité le résultat d'un déséquilibre du métabolisme. De plus, certaines personnes semblent être allergiques à l'alcool.

3. Un whisky par jour vous protège contre les crises cardiaques.

4. Boire modérément constitue un gage de longévité.

5. Il n'y a rien de mauvais en soi dans l'alcool.

C'est fini! Si vous avez répondu «vrai» à un seul de ces énoncés, vous pouvez vous donner un beau zéro. Disons plutôt que vous pouvez décerner cette triste note à tous les articles de journaux et à tous les programmes de télévision qui vous ont bourré le crâne avec de telles bêtises. Dans les paragraphes qui suivent, vous allez lire quelque chose que vous n'avez peut-être jamais lu auparavant: la vérité non édulcorée sur les boissons alcoolisées. Il s'agit de faits de nature scientifique et non point de jugements de nature morale. Lisez ce qui suit et tirez-en vos propres conclusions.

Le mot «alcool» identifie une famille de produits chimiques organiques qui comprennent, entre autres, l'alcool de bois, l'alcool à friction, l'alcool de consommation courante et une douzaine d'autres produits du même genre. L'alcool que les gens boivent se nomme alcool éthylique ou éthanol. Il est le produit de la fermentation de sucres naturels et contient deux atomes de carbone, six atomes d'hydrogène et un atome d'oxygène. Il s'agit d'un liquide limpide, à l'odeur caractéristique.

Lorsque vous absorbez de l'alcool, plusieurs organes de votre corps, appelés organes-cibles, se trouvent affectés. Le plus touché est sans contredit le cerveau, car l'effet de l'éthanol sur ce dernier est progressif et s'accroît selon la dose que l'on absorbe. Jusqu'à maintenant, rien à signaler. Il s'agit simplement de données techniques. Le plus intéressant reste à venir. L'alcool agit sur le cerveau de la même façon, ou presque, que l'éther et autres anesthésiques employés en chirurgie. Au premier stade, qui correspond à deux consommations, vous vous trouvez dans un état de détente et d'euphorie. C'est ce que les opérés ressentaient autrefois après avoir reniflé deux bonnes bouffées d'éther. Deux consommations de plus (ou deux autres bouffées d'éther) et le sujet commence à s'agiter et à montrer des symptômes d'excitation. C'est ce qui se passe lorsque le chef de bureau commence à raconter d'une voix de stentor des blagues ultra-lestes à la sauterie de Noël. Deux autres consommations engendrent un état d'analgésie, un mot qui vient du grec *analgesia* et signifie «abolition de la sensibilité à la douleur». C'est à ce stade-ci que les inhibitions sexuelles battent en retraite et que les grossesses non désirées font leur apparition tambour battant. C'est également à ce stade que le dentiste peut vous arracher cette vilaine dent de sagesse sans vous faire trop de mal. Continuez à boire (ou à renifler de l'éther) et vous atteignez le stade de la relaxation musculaire et du manque de coordination. Vous ne pouvez plus marcher droit et commencez à répandre le contenu de votre verre sur votre plastron. Continuez encore et vous atteindrez finalement le stade de l'anesthésie totale, celui où l'on pourrait vous couper la jambe sans une seule protestation de votre part. D'ailleurs, voilà deux siècles, c'est exactement ainsi que ça se passait. Les chirurgiens de l'époque vous gavaient d'eau de vie et, dès que vous perdiez conscience, faisaient leur office.

L'un des symptômes qui suivent l'absorption massive d'alcool est l'amnésie. À votre réveil, vous ne vous souvenez plus de rien. Cette situation peut se révéler des plus embarrassantes lorsque, par exemple, vous ne vous souvenez plus du nom de la fille que vous avez mise enceinte. Elle est encore plus embarrassante lorsque vous ne vous souvenez plus de celui qui *vous* a mise enceinte... On peut résumer les effets de l'alcool sur le cerveau en ces termes: il neutralise les différentes fonctions du système nerveux selon un processus très précis. Les premières facultés à être atteintes sont les facultés intellectuelles, puis c'est au tour des réactions à la douleur, du raisonnement, des systèmes sensori-moteurs. Finalement, c'est la perte de conscience. Poussé à l'extrême, le processus d'absorption transforme un être humain en une sorte d'amibe gélatineuse, une entité biologique primaire, existant à peine.

D'un point de vue purement scientifique, il est évident que les dommages occasionnés au cerveau par l'absorption de boissons alcoolisées sont de nature cumulative. L'alcool est un produit toxique qui affecte les cellules cérébrales chaque fois qu'elles y sont exposées. Au bout d'une vingtaine d'années d'exposition à des quantités appréciables d'alcool, le cerveau d'un bon buveur peut présenter d'irrémédiables lésions. Dans certains cas, elles peuvent être limitées. Par exemple, un chef d'entreprise peut commencer à éprouver des difficultés à se souvenir du nom de ses clients; un comptable, versé dans le calcul mental, peut commencer à commettre d'impardonnables erreurs. Dans d'autres cas, un mari peut devenir plus irritable et se replier sur lui-même. Une femme, habituellement soignée de sa personne, peut se mettre à négliger complètement son apparence. À l'extrême, le sujet peut se retrouver avec ce que le corps médical appelle le syndrome de Korsakoff. Il s'agit d'une maladie mentale incurable occasionnée par les effets répétés de l'alcool sur le cerveau. Les symptômes de cette maladie comprennent, entre autres, des pertes de mémoire associées à un manque total de motivation et à une polynévrite. De plus le sujet peut, sans aucune raison, avoir des accès d'hilarité subite.

L'alcool affecte également d'autres parties de l'organisme. Comme tout le monde, vous avez dû lire certains de ces articles plus ou moins ineptes qui vous affirment «qu'un ou deux whiskies sont excellents pour le cœur». En fait, c'est exactement le contraire. Il a été prouvé hors de tout doute que l'alcool cause la *constriction*, le resserrement des artères coronaires. Si vous tenez à vous payer un infarctus dans les meilleurs délais, surtout si vous y êtes candidat, n'attendez pas. Il vous suffit de prendre tous les soirs deux verres bien tassés. Un autre conte de fées du genre revient périodiquement dans les journaux. On vous raconte qu'au terme d'une «découverte sensationnelle» il a été prouvé que les bons buveurs vivaient plus longtemps que les autres! Bien sûr... On pourrait tout aussi bien vous raconter qu'ils peuvent marcher sur l'eau ou chanter comme des bengalis. Lorsque je lis de telles inepties, je ne peux m'empêcher de me souvenir de ce cours qui s'appelait «Statistiques 101», que j'eus l'heur de suivre lorsque j'étais à l'université. Notre professeur nous disait: «Les chiffres ne mentent pas, mais les menteurs s'arrangent toujours pour les faire mentir.» Demandez-vous qui a bien pu commanditer les statistiques citées dans les articles dont nous venons de parler... Les réponses pourraient être fort révélatrices. La pure vérité est que l'alcool est un produit toxique qui cause des dommages physiques et mentaux. Il n'a jamais contribué à accroître la longévité de qui que ce soit. Jamais! Vous pouvez en avoir la preuve en vérifiant la durée de vie des personnes appartenant à des groupes religieux abstinents comme les Mormons, les Adventistes du Septième jour, etc. Vous découvrirez comment, même en buvant modérément, vous pouvez écourter votre existence.

Et maintenant, demandons-nous pourquoi les gens boivent. À la base, il existe deux raisons pour cet état de choses. Tout d'abord, les gens boivent parce qu'on leur dit de boire. Si vous voulez vous amuser à compter combien de fois par jour l'homme de la rue se trouve exposé à des annonces de boissons alcoolisées — bières, vins, liqueurs — les résultats vous convaincront. S'il ne se trouve pas exposé à au moins une centaine d'impacts publicitaires (c'est ainsi qu'on appelle ce genre d'agression dans le monde de la «pub»), c'est qu'il vit quelque part au milieu du désert de Gobi. La manière dont on essaie de vous convaincre de consommer de l'alcool est des plus convaincantes. Les annonces vous montrent des créatures de rêve, des jeunes gens virils, des hommes d'âge mûr, archétypes du père digne et d'autres personnages sympathiques pour faire pencher la balance en faveur des distilleries et des brasseries. L'environnement dans lequel ces gens évoluent est toujours raffiné et luxueux et le message avec lequel on vous rebat les oreilles est toujours le même: *Si vous tenez à vivre heureux, à être riche, à être aimé, buvez que diable!*

Vous souvenez-vous, voilà quelques années, de ces annonces de whisky mettant en vedette toute une série «d'hommes de distinction»? On y voyait des gentlemen élégants et manifestement riches, drapés dans ces habits de soirée de grande coupe, dans une bibliothèque lambrissée de boiseries de chêne. Ils sirotaient, bien sûr, un verre de whisky. Le message était simple: si vous désirez être riche et porter un smoking dans une gentilhommière de quatre millions de dollars, il vous suffit de boire telle ou telle sorte de whisky. Ce qu'on ne vous montre jamais, c'est un pauvre ivrogne en guenilles, le visage couvert de croûtes, vautré sur un matelas détrempé de pissat, dans un asile de nuit. L'erreur que cet infortuné a dû commettre, c'est d'avoir sans doute changé de marque de tord-boyau. N'est-ce pas?

La seconde raison pour laquelle les gens boivent est beaucoup plus subtile. Le fait de boire occasionne une lobotomie chimique temporaire que tout être humain peut facilement s'infliger. Un simple verre d'alcool agit brutalement sur la partie la plus sophistiquée du cerveau, les lobes préfrontaux, où prennent forme les sentiments de culpabilité, de loyauté, d'honnêteté, de moralité, de crainte, d'anxiété. Tous ces sentiments sont, en fait, solubles dans l'alcool. Après quelques verres, la plupart des tensions et des soucis occasionnés par ces valeurs, habituellement partagées par les peuples civilisés, s'estompent. C'est l'une des raisons pour lesquelles on peut dire que l'alcool est le seul véritable lubrifiant sexuel. C'est aussi pourquoi, plus vos occupations sont complexes et exigeantes, plus vous anticipez ce «repos du guerrier» qui vous permettra enfin de vous détendre dans votre bar favori afin de dissiper toutes les tensions qui surnagent à la surface de votre mémoire.

Il n'est pas étonnant de constater que les bars et autres lieux publics du genre soient aménagés de manière à être sombres et accueillants. On y crée, en effet, une atmosphère propice à accentuer l'effet de l'alcool sur le cerveau. Les fumeries d'opium, avec leurs nattes et leur quincaillerie orientale, ont été pensées dans le même but. Il en va de même des endroits où l'on fume la marijuana: l'ambiance est «psychédélique» et colorée et se marie merveilleusement au milieu. Tous ces locaux sont conçus pour tirer le maximum d'effets du produit qu'on y sert et pour pousser le client à la consommation. Seule la drogue change.

Abordons maintenant une question plus délicate. Qu'est-ce que l'alcoolisme? Comme dans beaucoup de choses, certains «experts» en médecine se font fort de définir ce terme. Selon eux, un alcoolique «occasionnel» est une personne qui prend une cuite quatre fois par an environ et quelquefois un peu plus.

Un alcoolique «moyen» est quelqu'un qui se soûle plus de douze fois l'an et se retrouve avec «du vent dans les voiles» plus d'une fois par semaine. Quant aux alcooliques graves, je vous laisse le soin de les définir! Hélas! comme toujours, des définitions médicales aussi rigides n'ont pas grand sens.

À toutes fins utiles, un alcoolique est quelqu'un qui boit pour la sensation d'ivresse que l'alcool lui procure et qui a recours à cette boisson pour obtenir un effet tranquillisant. Cela ne veut pas dire qu'un alcoolique soit nécessairement un hurluberlu qui titube et se ridiculise en public: il s'agit tout simplement d'une personne qui utilise l'alcool comme une béquille psychologique et cela peut varier d'un individu à un autre. Quelquefois, une personne timide prendra quelques verres pour se donner du courage et affronter ceux avec qui il doit transiger. Plus d'un représentant de commerce n'hésite pas à s'envoyer quelques verres «derrière la cravate» avant de rencontrer un client coriace. On voit fréquemment des administrateurs surmenés se détendre avec un ou deux doubles scotches après une dure journée passée dans le panier de crabes des bureaux de direction. Dès que les chaînes de montage s'arrêtent, une foule d'ouvriers s'empressent d'oublier leur dur labeur en se précipitant vers les pompes à bière pour en prendre «une ou deux», un euphémisme qui peut souvent signifier six, voire douze ou plus...

Ces gens sont-il des alcooliques? Bien sûr! Oh! je sais... il ne s'agit certes pas de pitoyables ivrognes, mais ils utilisent l'alcool pour les effets psychologiques qu'il peut leur procurer et pour insensibiliser leur cerveau contre les effets abrasifs et les tensions de la vie quotidienne. Doivent-ils s'arrêter de boire? Voilà une question fort personnelle. Il faut d'abord comparer les avantages et les inconvénients de cette drogue qui s'appelle l'alcool.

1. L'alcool est un léger tranquillisant.

2. Il est l'une des deux drogues psychotropes dont l'usage est toléré dans nos sociétés (l'autre étant le tabac).

3. L'alcool est une drogue *légale*.

4. Même lorsqu'on en prend modérément, il endommage lentement mais sûrement l'organisme.

Voyons l'autre côté de la médaille, c'est-à-dire les désavantages de l'alcool éthylique.

1. L'alcool est cher. Même en buvant modérément, vous pouvez dépenser jusqu'à dix pour cent de vos revenus pour sacrifier sur l'autel de votre habitude. Si vous êtes gros buveur ou si vous vous payez des boissons de fantaisie, ce pourcentage peut tripler, voire quadrupler.

2. L'alcool est la cause de graves problèmes sociaux. Quatre-vingt-dix pour cent des accidents d'auto mortels surviennent lorsque les conducteurs ont leurs facultés affaiblies par l'alcool. Quatre-vingt pour cent des actes criminels violents sont perpétrés par des individus se trouvant sous l'influence de boissons alcoolisées tandis que soixante-quinze pour cent des suicides sont commis par des désespérés ayant absorbé des quantités appréciables de liquides enivrants. Enfin, plus de la moitié des incendies résidentiels sont imputables à des causes que l'on peut relier à des drames de l'alcoolisme.

3. Médicalement parlant, l'alcool est une drogue qui cause une accoutumance. Un sevrage brutal produit

des symptômes de privation. Ces derniers sont tolérables chez le buveur léger. Il n'en va pas de même pour le gros buveur chez qui ils se manifestent de manière particulièrement tragiques (qui n'a pas entendu parler du délirium tremens?) pouvant aller jusqu'à la mort.

4. L'alcool peut engendrer de sérieux troubles d'ordre physique. La cirrhose du foie, les gastrites chroniques, les affections rénales, l'obésité, les troubles neurologiques et autres maladies peuvent fort bien, après quelques années, être le résultat de l'absorption de boissons alcoolisées, même de façon dite «modérée».

Après ce bilan, une question demeure: devriez-vous continuer à boire? Il s'agit, évidemment, d'une décision personnelle, mais il faut aussi prendre certains facteurs en considération.

1. *N'ayez pas peur de cesser de boire.* D'une manière ou d'une autre, vous ne devriez aucunement vous laisser influencer par les fortes pressions de votre entourage. Si après avoir mûrement réfléchi, pesé le pour et le contre, vous avez décidé de mettre un terme à votre habitude, c'est votre décision qui devrait primer et non celle des autres. Les compagnons de beuveries, que vous risquez de perdre en faisant preuve d'abstinence, ne sont certainement pas de vrais amis et vous avez là l'occasion de vous en débarrasser à bon compte. En effet, s'ils ne respectent pas la décision que vous venez de prendre, ils ne méritent probablement pas la belle appellation d'«amis».

2. *Ne vous laissez pas influencer par la propagande pro-alcoolique.* Nous avons tous lu de ces articles affirmant que la prohibition s'était révélée un

véritable échec aux États-Unis. Il est intéressant de revenir à cette époque, car les statistiques en disent long. Rappelons qu'en 1920 le gouvernement américain prohiba toute vente et toute consommation de boissons alcoolisées. Pendant treize années, un immense pays s'est mis à réduire sa consommation de boissons alcoolisées dans une proportion de 90 pour cent. Que s'est-il alors passé? Jugez-en plutôt.

a) Au cours des treize années que dura la prohibition, le taux de mortalité de la population baissa de 18 pour cent!
b) Dès que l'alcool fut à nouveau légalisé, en 1934, ce même taux de mortalité fit un bon et augmenta de 80 pour cent la première année seulement! Il poursuivit son ascension jusqu'en 1941, lorsque les antibiotiques commencèrent à être popularisés. Le taux de mortalité occasionnée par les infections baissa alors de 90 pour cent, ce qui éclipsa facilement les pertes de vies occasionnées par l'alcoolisme.
c) On constata, après treize ans d'abstinence, que le nombre de divorces avait diminué dans les proportions jamais atteintes jusqu'alors. Dès que les boissons alcoolisées furent de nouveau en vente libre, les divorces se mirent à augmenter en flèche. Devons-nous porter un toast pour célébrer cet événement?

Si la prohibition était si salutaire pour le pays, comment se fait-il qu'on décida d'y mettre un terme? La réponse est simple et constitue un hommage discutable au cynisme des politiciens. En 1933, les États-Unis subissaient la pire crise économique de leur histoire. L'un des financiers qui avaient soutenu le plus ardemment le parti politique au pouvoir possédait de nombreux intérêts dans des distilleries et la prohibition lui occasionnait des pertes de plusieurs millions de dollars. Son candidat remporta les élections et l'alcool fut de nouveau en vente libre. L'excuse que l'on donna à l'époque fut maquillée afin de la rendre acceptable à l'Américain moyen. On raconta que la légalisation des boissons alcoolisées allait créer de l'emploi! C'était comme si l'on avait soutenu que légaliser le meurtre permettrait de donner du travail aux fossoyeurs et aux employés des pompes funèbres...

Si quelqu'un vous affirme encore que la prohibition n'a été qu'un échec, répondez qu'il n'y a aucun doute à ce propos, surtout si l'on envisage la question d'un point de vue financier dans l'optique des distilleries et des brasseries. Cependant, si l'on considère la prohibition d'un point de vue humain, on peut dire qu'elle constitua un indéniable succès.

3. *Ne craignez pas de faire face à la réalité.* Je n'oublierai jamais ce que me disait mon professeur de pharmacologie, voilà vingt-cinq ans. Il nous affirmait *qu'il valait mieux être héroïnomane qu'alcoolique.* Une fois que nous nous trouvions ébranlés par une aussi singulière affirmation, il corrigeait le tir et nous expliquait qu'un héroïnomane pouvait continuer à travailler, demeurait relativement en bonne santé et pouvait même mener une vie de famille assez normale. En effet, l'héroïne n'occasionne pas les lésions cérébrales, l'impotence ou la paranoïa qui vont de pair avec l'alcoolisme. Que l'on me comprenne bien: ce brave professeur ne recommandait à personne de devenir adepte de cette terrible drogue qu'est l'héroïne. *Moi non plus d'ailleurs*! Que l'on me comprenne bien: je ne recommande pas davantage l'usage de la cocaïne, de la marijuana ou de la

méthadone. Tout ce que mon bon «prof» voulait souligner — et je suis toujours d'accord avec lui — c'est que ces autres drogues psychotropes sont, toutes proportions gardées, moins dommageables pour la santé physique et mentale que l'alcool. Toutes les drogues sont dangereuses — n'y touchons surtout pas! — mais, contrairement à une opinion très répandue, c'est encore l'alcool qui cause le plus de méfaits.

4. *Le meilleur moyen pour cesser de boire est encore de vous fixer un objectif.* Si vous buvez modérément , c'est-à-dire si vous prenez de deux à quatre consommations par jour, vous pouvez vous arrêter d'un seul coup. Vous ressentirez d'abord de légers symptômes de privation: un peu de faiblesse, des bouffées de chaleur, des maux d'estomac, mais ils ne dureront guère longtemps — trois jours au plus — et vous serez débarrassé de votre mauvaise habitude. Si vous êtes gros buveur, le sevrage comporte des risques qui valent la peine d'être courus, car ils sont bien moindre que ceux auxquels vous vous exposez en continuant à boire. Consultez un médecin spécialisé dans le traitement de l'alcoolisme et faites-lui confiance. Il est impérieux de consulter un (ou une) spécialiste, car le traitement des symptômes de privation exige une grande expérience. Grâce à ses soins, vous pourrez vous débarrasser rapidement de votre néfaste habitude et ce, avec un minimum de douleurs.

5. *Soyez honnête envers vous-même.* Dans votre for intérieur, vous savez probablement que l'alcool vous occasionne des problèmes. N'attendez pas de perdre votre emploi, de détruire votre mariage, de tuer quelqu'un sur la route ou d'être la cause d'une de ces milliers de tragédies dues à l'alcoolisme pour vous décider. Faites preuve d'honnêteté envers vous-même et prenez

la décision que vous jugerez la meilleure pour vous et votre famille.

6. *Si vous fléchissez, n'hésitez pas à demander de l'aide.* Se débarrasser de l'emprise d'une drogue aussi pernicieuse que l'alcool n'est pas aussi facile que de se décider dans un libre-service. Il est souvent nécessaire de se faire donner un coup de pouce par des gens qui ont connu les mêmes tourments que vous et parlent en connaissance de cause. En général, il n'y a pas d'association mieux habilitée pour vous aider que celle qui est connue sous le nom d'Alcooliques Anonymes. Je sais, les méthodes des A.A., comme on les surnomme, ne sont peut-être pas parfaites, mais qui peut se vanter d'être parfait en ce bas monde? Une chose est certaine: les A.A. ne se font aucune illusion lorsqu'on leur affirme qu'on peut «apprendre à boire» et qu'un petit verre «ne peut pas nous faire du mal». Il en ont trop vu. Il existe peut-être un cercle antialcoolique dans votre milieu de travail, au sein de votre syndicat ou de votre régiment, si vous êtes militaire. Retenez ceci: *n'hésitez pas à demander de l'aide. Après tout, c'est une affaire de vie ou de mort.*

Vous me direz peut-être que vous ne vous sentez pas visé(e) parce que vous ne consommez pas d'alcool. Vous me direz peut-être que cela concerne votre mari, votre femme, votre père, votre mère, votre fils, votre fille. Je suis désolé de vous contredire, mais vous vous trouvez tout de même en première ligne. En effet, si un être cher a des problèmes d'alcoolisme, cela vous regarde, du moins je l'espère. Ne craignez pas de mettre en œuvre la sensibilité, les connaissances que vous avez de la personne afin de l'aider avec affection, avec compassion, mais néanmoins avec toute la fermeté souhaitable. Lorsqu'elle aura terrassé le démon qui la mine, elle ne pourra que vous témoigner de la gratitude.

5
L'anxiété

Si quelqu'un vous demandait quelle est la maladie qui inflige le plus de souffrances à l'espèce humaine, que répondriez-vous? Le cancer? Les affections cardio-vasculaires? Erreur. Tout au long de l'histoire de l'humanité, la maladie que l'on peut tenir pour responsable du plus grand nombre de souffrances n'est nulle autre que l'*anxiété*.

Et pourquoi donc? La réponse est facile. Tout d'abord, le cancer et toutes les maladies redoutables qui nous causent tant d'angoisses n'affectent qu'un pourcentage relativement limité de la population. L'anxiété, par contre, se manifeste chez la *totalité* des habitants de la planète Terre. Il n'existe pas une seule personne — homme, femme ou enfant — qui n'ait eu à souffrir des tourments de cette affection universelle. Deuxièmement, il n'existe aucun médicament, aucun traitement chirurgical capable de soulager cette maladie qui gâche ou a gâché la vie de milliards d'êtres humains. Cela ne veut pas dire que l'on n'a pas tenté d'y mettre un terme par des moyens prétendument magiques. Les millions et millions de litres de boissons alcoolisées que l'on consomme chaque jour à travers le monde constituent de vaines tentatives de dissoudre l'anxiété dans l'éthanol. Il y a aussi les tonnes de tranquillisants que l'on consomme dans le même but. Et puis il y a les drogues comme la marijuana, la cocaïne, l'héroïne et toute la panoplie des produits chimiques que l'on absorde au cours de ce combat, futile et perpétuel, contre l'anxiété. Le seul problème est que ces tentatives d'élimination de l'anxiété ne servent à rien. Des milliards d'individus ingurgitent chaque jour une quantité phénoménale de boissons alcoolisées, de pilules, de stupéfiants. Malgré cela, l'anxiété ne fait que croître.

Faut-il en conclure qu'il n'existe aucun remède, aucun espoir?

Heureusement, il n'en est pas ainsi. Il existe *très peu* de remèdes pour guérir cette malédiction mais, heureusement, il existe un bon moyen de lui faire échec. Voulez-vous le connaître? Lisez ce qui suit.

Si vous désirez éliminer l'anxiété de votre vie, et de manière permanente, la première chose à faire est de tenter de comprendre quelles sont ses parties constituantes.

Tout cela n'a pas l'air très facile, mais écoutons plutôt comment Nancy nous expose son problème.

— Docteur, je sais ce que vous allez me dire... Mais je ne veux rien savoir!

Je ne pus m'empêcher de sourire.

— D'accord, Nancy, je ne vous dirai rien...

Elle prit un air déçu.

— Alors, Nancy... Qu'est-ce que vous ne voulez pas savoir?

Elle se redressa sur sa chaise et se pencha vers moi.

— Ne me dites surtout pas d'arrêter de me tripoter les doigts!

— Je ne vous ai pas demandé d'arrêter. En fait, je vous demande même de continuer. Cela vous donnera une contenance et puis, vous m'avez vraiment l'air de vivre sur des charbons ardents...

Elle s'appuya au dossier de sa chaise.

— Docteur, je ne sais vraiment pas quoi faire. Voilà trois nuits que je ne dors pas... Je me fais un sang d'encre...

— Et quel est votre problème, au juste?

— C'est justement cela, Docteur: il n'y a aucun problème... Je veux dire que ces problèmes ne sont pas aussi graves que cela. En fait, tout semble me déranger. Ou encore, ce qui ne me dérangeait pas auparavant prend maintenant des proportions insoutenables. Vous voyez? Tout ça n'a aucun sens! Que puis-je faire?

Les larmes se mirent à couler sur ses joues ravissantes.

— La première chose à faire serait d'essayer de vous détendre. Oh! ne me faites pas dire ce que je n'ai pas dit. Vous pouvez continuer à jouer avec vos doigts tout en essayant de relaxer un peu pendant ce temps...

Elle réprima un sanglot et se mit à rire.

— Oh! Docteur... Je suis vraiment confuse... Veuillez me pardonner. Je ne voulais vraiment pas me donner en spectacle en arrivant ici, mais tout ça fait partie de mes embêtements. J'ai les nerfs en boule et je m'irrite pour des bêtises... Je vous en prie, pardonnez-moi...

— Vous n'avez rien à vous faire pardonner, mais vous êtes pardonnée tout de même! Maintenant, dites-moi quelles sont les trois choses qui vous causent le plus de souci?

— Tout d'abord, il y a mon boulot. Je suis thérapeute dans un grand hôpital et je crains qu'ils ne suppriment mon poste. Vous savez, ils coupent partout... Et puis il y a la mère de Mike — Mike, c'est mon mari — et elle projette de venir s'établir dans la ville où nous vivons. Elle ne restera pas toujours sous notre toit, mais je préfère vraiment la voir de loin et surtout pas dans la même ville! Et puis il y a le coût de la vie. Nous arrivons tout juste avec nos deux salaires. Si l'inflation se poursuit, je ne sais vraiment pas ce que nous allons faire!

— Et vous vous faites du mauvais sang pour *ça*?

Nancy prit un air ennuyé.

— Ça ne vous suffit pas? Ne pensez-vous pas que ça fait déjà beaucoup de soucis?

— Cela ne fait aucun doute: ces soucis sont suffisants pour vous empêcher de dormir, mais si nous les examinons soigneusement, nous nous apercevrons qu'il ne s'agit, en réalité, que de «soucis-veilleuses».

— Des «soucis-veilleuses»? Mais qu'est-ce que c'est? demanda-t-elle d'un ton incrédule.

— Vous savez probablement comment fonctionnent les appareils à gaz. Qu'il s'agisse d'une cuisinière ou d'un chauffe-eau, ils comportent en général ce qu'on appelle une veilleuse. Il s'agit d'une flamme minuscule qui brûle en permanence. Dès que vous tournez le robinet de l'appareil, c'est elle qui allume le gaz, ce qui vous évite d'en laisser échapper inutilement, avec tous les dangers que cela comporte. Avec nos processus mentaux, c'est la même chose. Même si, à un instant donné, vous n'avez pas de soucis, il faut que vous inventiez quelque problème afin de garder la petite flamme de l'anxiété allumée. C'est votre «veilleuse», en somme et elle continuera à attendre jusqu'à ce que la véritable flamme de l'anxiété vienne s'y allumer. Il n'y a pas grand-chose que vous puissiez faire si, à l'hôpital, ils décidaient de vous remercier de vos services, pas plus que vous ne pouvez empêcher votre belle-mère de vivre dans la même ville que vous, pas plus que vous ne pouvez freiner l'inflation. Malgré tout, vous laissez ces soucis vous écraser comme une chape de plomb.

— Oui, ça semble logique, Docteur, mais pourquoi ne puis-je quand même m'empêcher de me faire tant de mauvais sang? répondit Nancy en fronçant les sourcils.

— Parce que le vautour a besoin d'un endroit où se poser...

— Qui? laissa tomber Nancy d'un air stupéfait.

— C'est la meilleure illustration que je puis donner de ce processus. L'anxiété que vous traînez avec vous, ce sentiment de malaise, cette appréhension qui vous colle à la peau est un peu comme un noir vautour qui ne cesserait de tourner autour de votre tête. Comme tous les oiseaux, il lui faut éventuellement se poser et c'est ce qu'il fait. Il se pose sur ces fragiles petites branches que sont l'insécurité d'emploi, la peur de voir votre belle-mère s'immiscer dans votre vie de couple, la crise économique actuelle, etc. Total: vous souffrez la plupart du temps d'anxiété mais ne savez même pas pourquoi. Vous recherchez alors un endroit pour y accrocher vos soucis et avez dû réfléchir un bon moment pour en découvrir trois qui, d'ailleurs, ne sont pas véritablement des soucis...

— Êtes-vous sûr de cela, Docteur?

C'était à mon tour de sourire.

— Sûr et certain, et je vais vous le prouver. Supposons que, d'un coup de baguette magique, je puisse faire disparaître les trois problèmes qui vous préoccupent tant. Vous avez une sécurité d'emploi totale, votre belle-mère déménage à Tahiti et l'index des prix à la consommation demeure stable pour les deux prochaines années. Comment vous sentez-vous maintenant?

— Laissez-moi réfléchir... répondit Nancy en clignant des yeux.

Quelques instants passèrent. Les coins de ses lèvres se relevèrent légèrement et je pus apercevoir comme un pétillement dans son regard.

— Je vois ce que vous voulez dire. Dès que j'ai imaginé que ces trois sources d'inquiétude s'étaient évanouies, j'ai commencé à me faire du mauvais sang en tentant de deviner quels allaient être vos honoraires, puis je me suis demandé si Mike s'intéressait toujours à moi. Vous savez, il m'a semblé un peu indifférent dernièrement... Je me demande si c'est de ma faute ou si...

Un large sourire éclaira son visage.

— C'est pourtant vrai! Voilà que je recommence... Mais qu'y a-t-il au juste derrière toutes ces folies-là?

— Ce ne sont pas vraiment des folies, mais c'est ainsi que fonctionnent les êtres humains. J'appelle ce phénomène «l'ordre de priorité des problèmes», comme chez les poules...

— Une fois de plus, je vous suis mal, Docteur... Qu'est-ce que c'est que cette histoire de poules?

— Je ne sais si vous avez déjà, lors d'un séjour à la campagne, observé le comportement des poules dans un poulailler. Cela vaut la peine, car leurs réactions sont non seulement amusantes, mais mystérieuses. En effet, si vous placez un groupe de poules ensemble, disons vingt-cinq, elles ne tarderont pas à s'organiser suivant un type de société primaire. L'un de ces gallinacés devient ce que nous appellerions «le numéro un» et donne un coup de bec à l'un de ses semblables qui se trouve ainsi promu au rang de «numéro deux». Ce dernier se garde bien de riposter et de donner un coup de bec au «numéro un»; il se venge plutôt sur un autre, qui devient le «numéro trois». L'ordre de priorité se poursuit ainsi de cette façon jusqu'à la poule numéro vingt-cinq, qui n'a pas la satisfaction de se venger sur l'une de ses semblables...

— Je commence à comprendre, déclara Nancy d'un air enjoué, mais continuez...

— Voyez-vous, tout le monde établit un certain ordre de priorité avec ses soucis. Mettons que vous ayez un sérieux différend avec votre mari et que vous soyez sur le point de vous séparer. Toutes vos inquiétudes sembleront converger vers la perspective plutôt sinistre d'un divorce. Vous y penserez jour et nuit et aurez l'impression que dès que ce problème sera réglé, vous n'aurez plus aucun souci. Cela vous est peut-être déjà arrivé?

— Peut-être mille fois, Docteur!

— Alors vous avez compris ce que je veux dire. Lorsque, finalement, vous vous réconciliez avec votre mari, vous vous sentez envahie par un extraordinaire sentiment de soulagement qui dure... combien de temps, à votre avis?

— Je dirais une heure au plus...

— Vous êtes dans la bonne moyenne. Le problème numéro un donne un coup de bec au problème numéro deux et le cycle recommence. Ce sera peut-être une mauvaise grippe, une aile cabossée sur la voiture, une querelle avec un collègue de bureau et le niveau d'anxiété va se mettre à remonter. Le vilain oiseau noir a de nouveau trouvé une place où se poser...

— En effet, quel gâchis! Et que peut-on faire pour s'en sortir?

— C'est vrai, c'est un gâchis et le moyen d'en sortir est d'en être conscient. C'est ce qui vient de vous arriver. Dorénavant, vous serez sur vos gardes. Vous savez maintenant que l'anxiété que vous ressentez n'a pas forcément grand-chose à voir avec le problème spécifique auquel vous avez à faire face au moment présent.

— Je comprends cela, Docteur, mais que puis-je faire pour ne plus être anxieuse une fois pour toutes?

— Je ne suis pas certain que l'on puisse complètement se débarrasser de l'anxiété dans le monde fou où nous vivons. On n'a pas appelé cette époque «l'Âge de l'Anxiété» pour rien, Nancy, mais il existe certains moyens pour contenir votre anxiété de manière qu'elle ne vous paralyse plus comme elle l'a fait dans le passé. Le moyen d'y arriver consiste peut-être à comprendre ce qu'est la peur et comment cette dernière s'apparente à l'anxiété. Aimeriez-vous que nous élaborions un peu sur ce sujet?

— Au point où nous en sommes, aussi bien continuer...

— Alors écoutez bien cela: voilà environ un million d'années, lorsque les êtres humains vivaient dans les cavernes, ce n'était pas précisément ce qu'on pourrait appeler «l'Âge de l'Anxiété». Lorsqu'un incident survenait, cela arrivait vite et de manière violente. Par exemple, un machérode, l'un de ces tigres aux dents très protubérantes, recourbées comme des sabres, sautait de son arbre en rugissant avec l'intention manifeste de vous faire un mauvais parti. Vous étiez alors terrorisée, sécrétiez de l'adrénaline en quantité industrielle et n'aviez devant vous que deux solutions: empaler le tigre avec un épieu ou tenter de vous sauver en courant...

— ...ou me laisser dévorer, n'est-ce pas? coupa-t-elle.

— Je ne voulais pas en parler, mais peu importe l'issue: le problème se résolvait de lui-même en quelques minutes. L'homme et la femme de cette époque lointaine devaient faire face à la *peur*, une peur intense, aiguë, temporaire. Mais dès que la société s'est mise à évoluer, les choses ont mis de plus en plus de temps à s'accomplir. Lorsque la vie sociale s'est organisée sur une base agricole, la peur principale se situait autour de questions relativement simples comme «Le grain va-t-il lever?» ou «Y aura-t-il suffisamment de pluie cette saison pour les récoltes?» Cette étape se situait approximativement entre les peurs ancestrales et les tracas modernes. Vous vous faisiez du souci, mais ces soucis se trouvaient résolus dans un laps de temps relativement court, d'une manière ou d'une autre. Ou bien les graines germaient ou bien elles ne germaient pas. Ou bien il pleuvait ou bien il ne pleuvait pas. C'était un peu comme lorsqu'on saute en parachute. On ne sait pas très bien comment tout cela va finir, mais une chose est certaine: vous n'allez pas demeurer entre ciel et terre ad vitam æternam...

— Maintenant, les choses sont différentes, n'est-ce pas?

— Vous pouvez le dire! Dans cette société incroyablement complexe, nous sommes confrontés à des douzaines de problèmes pour lesquels il n'existe simplement pas de solution. Ils n'occasionnent pas de peur intense comme celle que l'on pourrait ressentir s'il fallait faire face à un machérode ni même cette semi-peur qui consiste à se demander si les semailles vont oui ou non germer. Ils occasionnent comme une sensation lancinante et diffuse de malaise et d'insécurité qui se manifeste sous forme d'anxiété chronique, une anxiété dont il est impossible de se débarrasser.

— Une fois de plus ce gros oiseau, n'est-ce pas? demanda Nancy en hochant la tête.

— Précisément, à la différence près que le monde est devenu si complexe que les problèmes nous semblent impossibles à résoudre. Prenons quelques causes d'anxiété courante: votre mariage va-t-il durer? Quelle est votre place exacte dans la société? Allons-nous périr dans un holocauste nucléaire? Vos amis vous aiment-ils véritablement? Votre travail a-t-il quelque avenir? La vie vaut-elle vraiment la peine d'être vécue? Êtes-vous candidat ou candidate au cancer? Pourquoi donc tout ce qui vous entoure semble tant vous ennuyer? On pourrait continuer longtemps...

— À vous entendre, on dirait que l'homme et la femme du vingtième siècle passent le plus clair de leur temps à chasser des nuées de gros oiseaux noirs volant autour de leur tête...

— Nous ne sommes pas loin de la vérité, Nancy... Alors vous allez me demander comme s'en sortir. Au meilleur de ma connaissance, je ne vois que deux moyens pour faire face aux problèmes de l'anxiété. Ce sont l'*activité mentale* et l'*activité physique*. Pour moi, l'activité mentale signifie faire une liste de tous les problèmes qui vous occasionnent du tracas à un moment donné et de les traiter de manière à ce qu'ils ne vous ennuient plus.

— Je comprends! s'exclama joyeusement Nancy, cela me fait penser à la prière que l'on voit souvent sur ces plaques de céramique que l'on pend au mur des cuisines: «Mon Dieu, donnez-moi la sérénité d'accepter les choses que je ne puis changer; le courage de changer les choses que je peux changer et la sagesse d'en connaître la différence... N'est-ce pas cela?

— Presque, mais à une nuance près. En effet, il ne faut pas se leurrer: vous pouvez changer beaucoup plus de choses que vous ne le soupçonnez, car il en existe une foule que vous pensez devoir accepter ou que votre entourage vous conditionne à accepter. Pourtant, même avec vos modestes moyens, vous êtes en mesure de les faire changer. Mais ceci est une autre histoire... En résumé, faites une liste des problèmes qui vous causent le plus de soucis, notez ce que vous pouvez faire pour les résoudre et passez à l'action. Le secret consiste justement à poser une action, aussi futile puisse-t-elle vous sembler, et ce geste contribuera à résoudre le problème qui vous préoccupe. La raison pour laquelle cette prise de position est si importante est que l'action que vous poserez constituera le premier pas vers la solution du dilemme et que vous en obtiendrez un réel soulagement.

— Je vais essayer, Docteur. Je suis prête à tout essayer...

— Vous ne serez pas déçue. L'autre moitié de la lutte réside dans l'activité physique. Tout le monde sait que l'anxiété chronique occasionne de la tension musculaire, des maux de tête, de l'arythmie cardiaque, des ulcères d'estomac et autres réactions physiques du genre. En même temps que vous attaquez l'anxiété au *plan mental*, attaquez-la au plan physique en faisant de l'exercice. Par exemple, une bonne marche, un peu de natation, du jogging, du tennis, de la bicyclette ou tout autre sport de votre choix. Si vous faites ainsi, chaque jour, face à l'anxiété sur deux fronts, vous serez surprise des résultats que vous obtiendrez et du bien-être que vous en ressentirez.

Nancy prit un air espiègle.

— Cela veut-il dire, Docteur, que je vais enfin pouvoir abattre une fois pour toutes ce vilain vautour noir qui plane autour de moi?

— L'abattre? Je n'en suis pas certain, mais je peux vous garantir une chose, par contre: en persévérant, vous parviendrez peut-être à le remplacer par un joli petit oiseau chanteur!

6
L'arrestation

Il y a quelques années encore, on pouvait dire qu'en général seuls les vrais criminels faisaient l'objet d'une arrestation et que, dans les postes de police, les individus que l'on écrouait n'étaient que des personnages peu recommandables comme des cambrioleurs, des détrousseurs de banques et autres membres de ce qu'il est convenu d'appeler la pègre. Aujourd'hui, les choses ont changé et même si vous êtes un citoyen respectueux des lois, vous ne vous trouvez pas pour cela à l'abri d'une erreur d'identité, d'un accident de voiture, d'une poursuite du fisc et autres avatars qui, malgré vous, peuvent vous mettre en contact avec l'administration policière.
Même si ce genre d'expérience n'est jamais très agréable, si vous savez comment vous y prendre, vous pouvez vous en tirer *relativement* bien et ce, avec un minimum de casse. Par contre, si vous ne connaissez pas les finasseries des procédures juridiques, ces contacts avec la Justice peuvent se transformer en un mini cauchemar à la Kafka. Mais laissons Ron nous raconter ses mésaventures.

Ron est un grand gaillard à la barbe noire. Il mesure un mètre quatre-vingts, pèse dans les cent kilos et s'habille à la manière de Texans bohèmes: bottes de cow-boys éculées, jeans super délavés, chemise provenant des surplus de l'armée américaine, vestige de quelque lointain conflit. Ses cheveux, longs et frisés, lui tombent sur les épaules et il s'exprime d'une voix grave et chaude.

— Docteur, je suis prof de psychologie dans un collège d'enseignement général et professionnel et, le mois dernier, j'ai appris des choses sur la psycho qu'on ne trouve pas dans nos bouquins...

Il me gratifie d'un sourire cynique en remuant nerveusement sur sa chaise.

— ... Enfin, je dis cela, mais en tout cas si cette information existe dans un livre c'est qu'il n'a jamais été publié! Bref, voilà environ un mois je me trouvais au collège, dans mon bureau, et je me préparais à aller déjeuner lorsque la secrétaire me signale que deux messieurs du bureau du Procureur de la République désiraient me voir. Par pure curiosité, je lui ai dit de les faire entrer. Si j'avais seulement su ce qui allait m'arriver, je serais sorti par la fenêtre et aurais pris la fuite au Mexique! Deux types en complet sombre, jeunes, entrèrent. L'un d'entre eux ferma la porte et se posta devant celle-ci tandis que l'autre me montra sa plaque en me demandant de m'identifier, ce que je fis. Il commença ensuite à m'interroger, à me demander qui je fréquentais, ce que je faisais pendant les week-ends, si je m'étais rendu récemment à l'étranger et mille autres questions saugrenues. Après quelques instants, j'ai commencé à m'énerver et lui ai demandé d'aller exercer ailleurs ses talents de détective. Il me répondit alors qu'il faisait une enquête à propos d'une affaire de narcotiques et que j'avais intérêt à collaborer si je tenais à ne pas avoir d'histoires. Là, j'ai vu rouge! La drogue et moi, ça ne colle *pas du tout*. Je suis contre. Je déclarai à mes lascars qu'ils avaient frappé à la mauvaise porte et je me levai pour aller déjeuner. Je bousculai le flic qui gardait l'entrée et me précipitai à l'extérieur. Aïe! Quelle erreur! Deux gorilles m'attendaient dehors. Ils me tombèrent dessus comme si j'avais été un régime de bananes mûries à point. Quelques secondes plus tard, on me menottait et on me poussait sur le siège arrière d'une voiture. Je me retrouvais éventuellement au poste, dans une petite pièce étouffante, où ils passèrent les heures qui suivirent à me poser des questions stupides. Il faut dire que je leur donnais les mauvaises réponses...

— Et que voulez-vous dire par «mauvaises réponses», Ron?

— J'ai d'abord essayé de jouer au rigolo. Par exemple, quand ils m'ont demandé pourquoi je m'étais rendu en Jamaïque, je leur ai répondu que c'était pour ramasser des noix de coco. Ils n'ont guère apprécié... Ensuite, je me suis fâché et les ai menacés de leur faire un mauvais sort une fois dehors, ce qui n'a pas fait monter ma cote de popularité. Ensuite, je l'ai bouclée.

— Et qu'est-il arrivé?

— Qu'est-ce que vous pensez, Docteur?... Ils m'ont jeté dans une petite cellule pleine de courants d'air, au sous-sol. Je suis resté ainsi au frais pendant deux heures. Disons qu'après avoir réfléchi sur tout ça j'ai réalisé la logique de leurs arguments et j'ai demandé à revoir mes interrogateurs. Cette fois-ci, tout est allé beaucoup mieux et nous avons réalisé qu'il y avait erreur sur la personne. Ils recherchaient en fait un autre Ron, prof lui aussi, dont le numéro de permis de conduire était similaire au mien, à un code près.

Pire: nous nous ressemblions comme des frères, semble-t-il — la barbe et tout —, seulement, mon homonyme était un peu psychopathe sur les bords. Il avait tiré sur un agent de la police des stupéfiants voilà quelques mois et les copains de ce dernier avaient quelques mots à lui dire en privé... Je pense que, dans les circonstances, j'avais fait tout ce qu'il ne fallait *pas faire*...

Ron ne savait pas si bien dire! Il avait, même si c'est compréhensible, violé tous les principes qui devraient régir les rapports, théoriquement harmonieux, que les citoyens sont censés entretenir avec la police. La manière dont il s'était pris constituait presque une liste exhaustive de *ce qu'il ne fallait pas faire!* Cela dit, voyons maintenant *ce qu'il faut faire* dans des circonstances analogues.

1. *Gardez votre sang-froid.* Le fait que des policiers viennent vous interroger ne signifie aucunement qu'ils s'apprêtent à vous arrêter. Il peut s'agir simplement de questions de routine afin d'obtenir des renseignements sur quelqu'un ou quelque chose. Soyez poli, ne faites pas le malin, mais restez alerte. Il n'existe aucune loi spécifiant que vous êtes obligé de fournir à un policier des informations dont la teneur peut éventuellement se révéler contraire à vos intérêts. *Écoutez* au lieu de parler à tort et à travers et tentez de savoir exactement de quoi il est question.

2. *Soyez ferme.* Vos droits sont garantis par la Constitution. On ne peut vous forcer à vous sentir coupable. On ne peut perquisitionner à votre bureau ou à votre domicile ni y saisir quoi que ce soit

sans mandat spécifique de l'autorité judiciaire. Les droits de la police sont strictement définis en vertu de décisions émanant de la Cour suprême.

3. *Soyez alerte.* Informez-vous poliment et sans agressivité auprès du policier qui vous interroge et demandez-lui s'il fait une enquête sur vous. S'il acquiesce, *taisez-vous* et coupez court à la conversation. Vous pouvez ajouter cette phrase, rituelle: «Je désire voir un avocat.» Ne parlez même pas de la pluie et du beau temps! En effet, tout ce que vous pourriez dire à partir de ce moment précis pourrait se retourner contre vous. La meilleure technique consiste à conserver le mutisme le plus complet, un mutisme quasi cataleptique. Faites ce que les agents vous disent mais ne prononcez pas un mot. S'ils vous donnent la permission d'appeler un avocat ou une avocate, contentez-vous de lui dire ceci: «Je suis ici avec des policiers qui désirent m'interroger. Pouvez-vous venir *tout de suite?*» Puis indiquez vos coordonnées.

En attendant l'arrivée de l'avocat(e), ne discutez pas à bâtons rompus avec les policiers. N'oubliez pas qu'ils sont experts pour faire parler les gens en état de stress. Ne leur donnez pas l'occasion d'essayer leurs petites astuces sur vous. Cela pourrait mal tourner. Contentez-vous de vous asseoir calmement et d'attendre votre conseiller juridique.

4. *Ne vous laissez pas intimider.* Si vous insistez sur le respect de vos droits constitutionnels, la police tentera peut-être de vous intimider en vous menaçant de vous arrêter. *Voilà une raison de plus pour demeurer silencieux comme la tombe.* S'ils veulent jouer aux petits soldats, vous devez agir dans le même sens. Souvenez-vous de la formule qu'ils sont tenus de vous

lire et assurez-vous qu'ils vous la lisent convenablement. Elle s'énonce ainsi.

«La Loi exige que vous soyez prévenu(e) des faits suivants:

— vous avez le droit de garder le silence;
— tout ce que vous pouvez dire peut être retenu contre vous devant un tribunal;
— vous avez le droit d'être défendu(e) par un(e) avocat(e);
— si vos moyens ne vous permettent pas de retenir les services d'un conseiller juridique et si vous le désirez, un(e) avocat(e) sera désigné(e) d'office pour vous défendre avant que vous ne soyez interrogé(e). [3]»

Ce paragraphe résume seulement une partie de vos droits légaux. N'y renoncez pas! Il est possible que si vous ne répondez pas aux questions des policiers, ces derniers vous enferment dans la première cellule venue. Ne vous laissez pas intimider! Une fois de plus, ce n'est pas précisément une partie de plaisir, mais il importe que vous ne vous laissiez pas impressionner et que vous fassiez valoir vos droits afin de vous éviter d'autres difficultés par la suite. S'ils se décident à vous enfermer pour de bon, comme on dit au cinéma: «allez-y mollo! «Refuser de répondre à des questions ne constitue pas un crime, mais entraver le travail des policiers est considéré comme *une offense* à la Justice. Ne vous transformez pas en criminel malgré vous. Une fois de plus, l'attitude la plus sage à adopter demeure le mutisme. Il y a toujours moyen de coopérer, mais passivement.

Si l'on ne vous a pas permis d'appeler un avocat ou une avocate, redemandez la permission, mais n'insistez pas. Deux fois suffisent. S'ils *ne vous laissent pas* passer ce coup de fil, ce sont eux qui se rendent gravement coupables devant la loi et toutes poursuites contre vous pourraient par la suite être déclarées nulles par le tribunal.

5. Faites preuve de courage. Se faire arrêter, donner ses empreintes digitales, passer à l'anthropométrie, puis dans une cellule constituent des expériences dégradantes et déprimantes qu'il ne faut pas amplifier outre mesure. Vous devriez toujours vous rappeler qu'être arrêté ne signifie pas être condamné et qu'avant de recevoir une éventuelle sentence, le processus est plutôt long. Dès que vous avez réussi à rejoindre votre avocat(e), votre tâche est terminée. Le reste dépend de lui (ou d'elle). C'est pourquoi il est toujours important de faire appel aux meilleurs conseillers juridiques que vous puissiez trouver. Le droit criminel est un domaine hautement spécialisé et le bon vieil avocat de campagne qui, l'an dernier, a préparé le testament de votre oncle Jo n'est peut-être pas le meilleur défenseur que vous puissiez trouver. Vous ne devriez pas lésiner sur la dépense lorsque votre liberté est en jeu. Retenez les services du meilleur criminaliste que vous puissiez trouver, car la loi ne fait pas de sentiment. En effet, elle se fiche que vous ayez cinq enfants à nourrir, une maison lourdement hypothéquée ou que vous n'ayez jamais volé, ne serait-ce qu'une pomme dans un verger abandonné. Une fois que vous tombez dans les serres

de la lourde machine judiciaire, vous devez tout mettre en œuvre pour vous défendre, comme si votre vie même était en danger. En effet, elle pourrait fort bien l'être!

6. *Gardez le moral!* Se faire arrêter n'est pas la fin du monde. Personne ne vous demandera de porter au cou quelque infamant écriteau pour le reste de vos jours, pas plus que vous n'aurez à vivre comme un renégat. Avec la complexité de la société actuelle, de plus en plus de citoyens au-dessus de tout soupçon devront faire contre fortune bon cœur et avoir des rapports plus ou moins agréables avec certains corps policiers. L'important est de garder la tête froide, de faire ce qui est le plus logique étant donné les circonstances et de ne pas laisser celles-ci vous décourager. Un interrogatoire policier ne signifie pas qu'on s'apprête à vous mettre sous les verrous; une arrestation ne signifie pas que vous allez passer en jugement et que vous allez être condamné. Il faut donc agir avec discernement, étape par étape, et tout devrait bien se passer.

Ces grands principes sont applicables dans vos rapports avec la plupart des corps policiers, mais il existe certaines exceptions. Ainsi, les services des Douanes bénéficient de privilèges légaux. Aux États-Unis, les douaniers ont le droit de vous fouiller ainsi que vos bagages dès que vous posez pied dans le pays s'ils ont quelque raison de suspecter que vous avez l'intention d'introduire quelque objet en fraude et ce, malgré les interdictions habituelles voulant qu'on ne puisse effectuer une fouille en règle sans mandat ou sans présomption d'acte criminel. En somme, les Douanes peuvent regarder où bon leur semble. Malgré ce privilège (qui existe également dans une foule de pays), *elles n'ont pas* le droit de porter atteinte aux autres droits garantis par la Constitution. Les services d'Immigration peuvent, pour leur part, vous poser des questions afin de vérifier votre citoyenneté, mais leur rôle s'arrête là. Si en revenant d'un voyage à l'étranger vous éprouvez certaines difficultés avec des agents des Douanes ou ceux de l'Immigration, demandez à parler à leur supérieur. Un bref entretien avec ce dernier peut, en général, aplanir bien des malentendus. Souvenez-vous toujours de ceci: soyez poli(e), détendez-vous mais demeurez ferme. Jouer au «dur» ou vous montrer faible ne peut que vous attirer une foule de tracasseries.

Les policiers auxquels la plupart des gens doivent, un jour ou l'autre, rendre des comptes, sont les agents chargés de la circulation. *Ne les prenez jamais à partie!* La police routière et la police municipale se composent d'agents stressés, constamment exposés à des dangers et à des pressions de toutes sortes. Si vous les traitez de manière agressive, ils ne se gêneront pas pour vous arrêter et pour vous «embarquer», le cas échéant. La meilleure technique consiste à accepter la contravention qu'ils vous donnent. Si l'on vous demande de signer une déclaration vous intimant de vous présenter en Cour ou certifiant qu'on vous a remis la contravention, *signez-la*. Ce document ne constitue aucunement une preuve de culpabilité. Si vous êtes innocent(e), il est relativement simple de le prouver. Ne risquez pas de vous retrouver en prison pour une infraction mineure au code de la route; ce n'est vraiment pas rentable.

En qualité de citoyenne ou de citoyen respectueux des lois, après la police routière il y a un autre personnage avec lequel vous risquez d'avoir un jour maille à partir et c'est l'agent du fisc. Même si vous devez, comme toujours, garder votre sang-froid, il s'agit d'un événement que vous ne devriez *jamais* prendre à la légère. Les lois et règlements qui régissent vos rapports avec le fisc comportent des dispositions particulières dont la plupart sont complexes et jouent généralement contre vous. Par ailleurs, certaines des données que vous fournissez dans votre déclaration d'impôt peuvent être interprétées comme des offenses de nature fédérale et tomber sous le coup de sanctions sévères.

Le fisc emploie également des percepteurs dont le rôle principal est de récupérer les sommes que vous êtes censé devoir au gouvernement. Inutile de dire qu'il est préférable de traiter ces personnages avec toute la prudence souhaitable. Mais il y a pire que les agents du fisc et ce sont ceux qui sont connus sous l'appellation d'«agents spéciaux». Leur rôle est d'enquêter sur les *«offenses de nature criminelle»* (c'est ainsi qu'ils les appellent) ayant trait à la loi de l'impôt. S'ils vous rendent visite chez vous ou au bureau, traitez-les comme si vous aviez affaire à des anguilles électriques! Il s'agit d'agents de la police criminelle du gouvernement fédéral et il est important que vous insistiez sur la protection de chacun de vos droits constitutionnels. En l'absence de votre conseiller juridique, mieux vaut *ne pas* répondre à leurs questions ou leur montrer les documents qu'ils réclament.

En règle générale, vous ne devriez jamais vous présenter devant les services du fisc sans votre avocat(e) conseil, surtout lorsqu'il s'agit de vérifications, d'interrogatoires ou d'enquêtes. En de telles circonstances, mieux vaut ne pas tenter de faire des économies: vous ne feriez que jouer à un jeu dont vous ne connaissez pas les règles et ce, contre des adversaires experts en la matière. À moins de posséder un professionnel dans votre équipe, vous risquez de vous faire battre à plates coutures comme un débutant.

Pour terminer disons que, de nos jours, toute personne peut éventuellement se retrouver en état d'arrestation, peu importe qu'elle soit d'une honnêteté exemplaire et respectueuse des lois. Le meilleur moyen de transformer un cauchemar en puissance en un simple dérangement est d'agir avec calme, tact et intelligence. Souvenez-vous de cette règle d'or: «Gardez votre sang-froid, soyez ferme et alerte, ne vous laissez pas intimider, faites preuve de courage.» Ce sont les seules recettes vous permettant de mettre le maximum de chances de votre côté.

7
L'ennui

Cette maladie s'appelle *boredom* en anglais, *aburrimiento* en espagnol et «ennui» en français et elle est terriblement dangereuse, peu importe la langue. En effet, l'ennui n'est rien d'autre qu'un cancer mental. Plus de tragédies et de désastres humains ont été causés par l'ennui que par toute autre maladie prise individuellement. Le cas de Henry est typique.

Un sourire désarmant aux lèvres, Henry a l'air d'un jeune garçon atteint de gigantisme. Il mesure un mètre quatre-vingts et porte l'uniforme de sa profession: chemise en toile de jeans, pantalon de daim pâle, lunettes aviateur à verres réfléchissants et mocassins beurre frais de chez Gucci. Au cou, il porte une fine chaîne d'or au bout de laquelle pend un petit disque du même métal.

— Et comment se porte l'industrie du disque, Henry?
— Ça fait plaisir d'avoir un réducteur de têtes qui est dans le coup, Toubib... répondit-il en me décochant un super sourire pour annonce de dentifrice.
— Et ça fait plaisir d'avoir un patient qui porte sa profession autour du cou. Quel est votre problème?

Son sourire s'effaça lentement de son visage.

— Tout... et rien...

Il se leva et commença à marcher de long en large dans la pièce. Soudainement, il s'arrêta en face de mon bureau et me regarda.

— Ce que je fais... Ce que je fais... J'ai tout essayé pour mettre un terme à cet ennui qui me bouffe le foie, mais cela empire de jour en jour. C'est comme si, à l'intérieur, j'étais en train de crever lentement. Écoutez, Toubib: j'ai vingt-cinq albums sur la liste des grands succès, j'ai remporté dix Disques d'or, je gagne plus d'argent que je peux en dépenser et tout ça pour des prunes: je m'emmerde toujours à cent mille dollars de l'heure...

Il remonta sa manche de chemise.

— Vous voyez cette montre? Il n'en existe que deux comme ça dans le monde. Son boîtier a été taillé dans un rouble de platine datant du temps des tsars de Russie. Son mouvement numérique est mû par l'énergie solaire. Elle m'a coûté six mille dollars et vous savez quoi? Je ne peux plus la voir en peinture!

Il ôta la montre de son poignet et la jeta d'un geste brutal sur mon bureau.

— Vous aimez les bagnoles, Docteur? Venez donc chez moi admirer ma collection... Une Mercedes 1938 vous tente-t-elle? Pas l'une de ces imitations en fibre de verre à bon marché qui ne se vend que quelque vingt mille dollars... Non, c'est une vraie de vraie, en aussi bon état que si elle sortait de l'usine. Peut-être êtes-vous l'un de ces amateurs de Rolls-Royce? Aimez-vous la Silver Ghost 1929? Eh bien! j'en ai deux... Ou encore affectionnez-vous les anciens camions de pompiers? Je possède une pompe à incendie, une La France modèle 1923 en parfait état de marche.

Il se retourna et se laissa tomber sur sa chaise.

— J'ai tout essayé, Toubib... Tout...
— La coco aussi?
— La cocaïne? dit-il en riant. De quelle sorte voulez-vous parler? De la bolivienne, de la péruvienne, de l'équatorienne? Je peux toutes les identifier rien qu'en y goûtant. Je ne pense pas qu'il existe une sorte de came que je n'ai pas essayée. Écoutez-moi ça: j'ai tripé avec de l'Angel Wings, du CSD, du TMT, du Blue Frog, des Hong-Kong Uppers...
— Des Hong-Kong Uppers?

Henry gloussa, amusé.

— Peu importe, Toubib, ça ne vous intéresserait pas, c'est pas votre rayon... J'ai aussi, bien sûr, essayé toutes sortes de drogues à deux pattes. Je veux dire les nanas. Il n'y a pas une seule sorte de filles avec laquelle je sois pas sorti. J'ai été dans le Quartier interdit de Tokyo, j'ai loué un baisodrome flottant au Cachemire et j'ai même fait les salons de massage de Bangkok. Après deux jours, je finissais toujours par m'emmerder rapidement... Enfin, c'est une façon de parler parce qu'après tout ça... Il y a mieux. Vous savez quoi? Je ne peux même plus supporter les disques et pourtant, je gagne ma vie là-dedans. Vous aimez les chaînes stéréo? Venez donc un jour écouter mon engin. J'ai un truc à vingt-quatre pistes avec des tables tournantes à triple quartz et deux enceintes acoustiques suffisamment puissantes pour sonoriser le Yankee Stadium, des haut-parleurs de soixante centimètres

avec des électro-aimants de six kilos chacun. Eh bien!
Je ne le fais même plus marcher mon zinzin...
— Et où avez-vous grandi, Henry?

Il se remit à sourire.

— Comme tous les gars de l'industrie du disque,
voyons... A Brooklyn, Toubib, à Brooklyn! Mon
vieux y avait un petit magasin de friandises où
j'adorais travailler. Tenez, les samedis j'étais là à sept
heures pour préparer la marchandise; tous ces bonbons
à se décrocher les mâchoires, ces petits bébés en sucre,
ces roudoudous... Vous vous souvenez de ces trucs-là?
Et ces mini cornets de crème glacée et ces longues
bandes de papier avec des bonbons posés dessus? Vous
vous rappelez? Le papier collait toujours...

— Avez-vous remarqué quelque chose, Henry?

Il resta bouche bée et se mit à parler plus lentement.

— Ouais... J'ai remarqué, Toubib. Vous avez réussi à
me redonner un peu d'enthousiasme. Peut-être que
vous avez mis le doigt sur quelque chose... Je n'avais
jamais considéré la question sous cet aspect. Après
tout, je ne me suis pas *toujours* ennuyé...

Le cas de notre ami Henry est, de toute évidence,
exceptionnel, mais ce qu'il y a de plus exceptionnel
encore dans ce témoignage, c'est la profondeur de son
ennui ainsi que ses tentatives désespérées pour tenter
d'en sortir en se distrayant de manière
outrancièrement coûteuse. Autrement, le cas de ce
jeune homme apparemment comblé est très peu
différent de celui de millions et de millions
d'apathiques victimes de l'ennui.

S'ennuyer signifie avoir une vie dénuée de joies et de
stimulations qui riment à quelque chose. Cela peut

vouloir dire un emploi qui ne débouche sur rien, qui ne comporte aucun défi à relever et presque aucune satisfaction professionnelle. Prenons le cas de Jeanie, par exemple.

— Je me suis battue pendant quatre ans pour parvenir où je suis. J'ai lutté sans cesse pour passer du poste de secrétaire à celui de rédactrice publicitaire dans l'agence la plus «swinguante» de New York et... et...
— Et quoi, s'il vous plaît?

Elle se mordit la lèvre.

— Et... je *hais* ce foutu boulot! Je n'ai pas grenouillé et calculé mon coup pendant quatre ans pour écrire de gentilles petites annonces pour des produits à décrotter les cuvettes de cabinets! Je n'ai pas suivi des cours de rédaction pendant quatre ans — des cours du soir, par-dessus le marché, ou je devais me rendre en pataugeant dans la neige fondue ou sous la pluie battante — pour faire de la réclame à de «doux laxatifs» et autres saloperies. Docteur, je m'ennuie tellement dans ce travail que je *pourrais hurler!*

Non, elle ne parlait pas au figuré. Beaucoup de Jeanie et de Henry pourraient sans nul doute hurler d'ennui à travers les États-Unis et ailleurs dans le monde. En fait l'ennui est si courant qu'il a donné naissance à une douzaine de gigantesques industries, dont la télévision. En effet, la télévision commerciale n'a d'autre but que de dispenser de rapides pilules émotionnelles à des millions de gens qui s'ennuient. Les comédies faciles, les téléromans, les histoires policières et autres programmes du genre ne sont rien d'autre que des doses de vingt-deux minutes (sans compter les annonces) d'émotions synthétiques intenses qui agissent comme des succédanés de vie. Le plus drôle, c'est que la grande masse des gens qui s'ennuient et qui regardent la télévision décuplent leur ennui après avoir passivement passé des heures à regarder de tels programmes.

C'est pourquoi on pourrait dire que la télévision est une sorte de morphine électronique: il faut constamment augmenter la dose d'exposition à ce média pour qu'il fasse encore quelque effet. Les comédies doivent obligatoirement contenir de plus en plus de scènes du genre «tarte à la crème», les séries policières de plus en plus de scènes violentes ou sadiques; quant aux films salaces, ils doivent être de plus en plus explicites, sinon, les téléspectateurs se tourneront vers d'autres spectacles comme le cinéma. Dans les salles obscures, la surenchère bat également son plein; on s'arrange pour créer des productions de plus en plus élaborées et de plus en plus bruyantes pour concurrencer adéquatement la télévision et offrir davantage de sensations par représentation. Le sang coule de plus en plus vite et de plus en plus rouge, le sado-masochisme est de plus en plus «réaliste» et les cinéastes pornographiques font largement usage de lunettes d'approche pour ne rien manquer d'un «art» qui confine à la triperie, au mieux à la leçon d'anatomie pour amphithéâtre d'école de médecine. Hélas! Même ces efforts pour retenir le spectateur deviennent lassants une fois que l'on a visionné deux ou trois de ces morceaux de bravoure.

Lorsque la drogue électronique ne parvient plus à dissiper notre ennui, nous sommes tentés de nous tourner vers les drogues chimiques. Cela arrive lorsque les victimes de l'ennui se replient intérieurement vers ce qu'elles appellent «les terrains de jeu de l'esprit». Cela commence d'habitude par la marijuana, les pilules qui vous assomment ou vous réveillent, les amphétamines, l'alcool et tout le tremblement. Évidemment, ces drogues parviennent à tenir l'ennui en échec pendant un certain temps. Ensuite on passe à la cocaïne, à l'héroïne, au haschisch ou à tout autre poison à la mode. C'est généralement à ce moment-là que l'ennui s'installe en phase terminale, car un individu imbibé de drogue ne parvient à conserver son pouvoir de concentration que pendant un temps très limité.

Bien entendu, tout le monde ne tente pas de combattre l'ennui en se détruisant de cette manière. Certains se rabattent désespérément sur les biens matériels pour se donner l'illusion de vivre. Ce sont les gens qui insistent pour porter la plus récente montre numérique, pour acquérir la toute dernière chaîne stéréo sur le marché ou l'habillement dernier cri, comme notre magnat du disque. Si cela ne fonctionne pas, ils essaient les anciennes voitures, les meubles d'époque ou les tableaux de maîtres. Peu importe que les objets qu'ils convoitent soient modernes ou anciens, ils se heurtent toujours à l'immuable loi de la demie-vie des biens matériels.

Je m'explique. Disons que vous ayez toujours désiré faire l'acquisition d'une table de billard. Vous y avez longuement pensé, avez calculé vos disponibilités financières, avez discuté de la chose avec les membres de votre famille. Le grand jour arrive enfin et vous vous décidez finalement à l'acheter. Le premier jour où cette merveille arrive chez vous, vous passez au moins quatre heures à jouer. Le lendemain, vous aimez toujours votre acquisition, mais ne tournez que deux heures autour de votre table puis, au cours de la semaine qui suit, vous ne passez en moyenne qu'une heure à jouer chaque soir. Enfin, l'intérêt que vous portez au billard s'estompe peu à peu; vous ne jouez plus qu'une demi-heure par jour les mois suivants, jusqu'à ce que ce jeu cesse complètement de vous intéresser. En fin de compte, votre belle table de billard ne sert presque plus et termine sa carrière à ramasser la poussière dans un coin de votre garage.

Ce même genre de progression s'applique à presque tous les biens que vous achetez, qu'il s'agisse de jeux par ordinateurs, de magnétoscopes, de montres, d'enceintes acoustiques, de fours à micro-ondes. Lorsque vous aviez l'intention de les acheter, ils semblaient être la panacée destinée à régler une fois pour toutes vos problèmes d'ennui. Vous avez même peut-être dit: «Cette stéréo quadraphonique, voilà exactement ce dont nous avons besoin pour passer nos soirées!» Ou encore: «Nous passerons des heures à nous distraire avec ces jeux par ordinateur!» Peut-être aussi: «La cuisine au four à micro-ondes? Voilà qui va révolutionner nos habitudes culinaires!»

C'est du moins ce que vous pensiez. Tous ces objets perfectionnés sont sans nul doute irremplaçables les premiers jours mais, tôt ou tard, la loi de la demi-vie des biens matériels prend le dessus et ce qui, hier, vous fascinait, aujourd'hui vous laisse indifférent. L'objet qui devait meubler vos heures d'ennui, meuble maintenant votre grenier ou votre cave. Toute cette coûteuse et prestigieuse quincaillerie, après s'être révélée inefficace pour vous aider à lutter contre votre ennui massif, n'est presque plus jamais utilisée.

Cette loi s'applique également aux êtres humains. Vous souvenez-vous de la fois où vous avez rencontré cette personne avec laquelle vous avez grandement sympathisé? Vous vous étiez d'abord dit qu'elle allait égayer votre vie et la rendre enfin intéressante. Vous ne conteniez plus votre joie en pensant au premier rendez-vous qu'elle allait vous donner. À votre deuxième rencontre, cette joie était presque la même que la première fois, mais pas tout à fait... Les troisième, quatrième et cinquième rendez-vous vous ont encore fait plaisir. Au sixième, l'intérêt que vous portiez à la personne en question s'est atténué et, ensuite, la chute libre a suivi. C'est alors que vous avez fait une découverte surprenante: la loi de la demi-vie des objets matériels s'appliquait également aux êtres humains. Vous finissiez par traiter les gens comme s'ils n'étaient que des jouets électroniques destinés à vous aider à lutter contre ce lancinant ennui.

Dans ce genre de relation arrive un jour l'inévitable. Vos rencontres se sont poursuivies pendant un certain temps, en roue libre, jusqu'au jour où la personne qui, hier, enflammait tant votre imagination vous a déclaré d'un air mi-figue mi-raisin qu'elle s'ennuyait avec vous. Cela fonctionne, bien sûr, à l'inverse et c'est peut-être vous qui, à regret, laisserez entendre à vos nouvelles connaissances qu'elles vous ennuient. Une chose est certaine: dans les deux cas vous retrouverez, une fois de plus, votre solitude et, une fois de plus, votre ennui.

Y a-t-il alors une solution? direz-vous. La solution consiste à comprendre et à analyser ce qu'est l'ennui et quelles en sont les causes. C'est le seul moyen de surmonter votre condition de mort-vivant, votre état de *zombie* que rien n'amuse plus et que rien n'intéresse. Commençons par le commencement.

1. *L'ennui est un monstre vorace — Ne le nourrissez pas!* La plus grosse erreur que les victimes de l'ennui commettent consiste à essayer de s'amuser à tout prix. Elles font faire des affaires d'or aux salles de cinéma, aux vendeurs de matériel audio-visuel et aux éditeurs de romans policiers. Malheureusement, plus vous essayez de secouer l'ennui, plus vous êtes vulnérable à ce monstre et plus il s'accroche à vous.

2. *Mettez de l'intérêt dans votre vie.* Peu importe l'endroit où vous vous trouvez, peu importent vos occupations, la vie comporte tant d'éléments permettant de vous accomplir que vous ne devriez pas avoir le temps de vous ennuyer. Au temps des tsars, un écrivain russe se retrouva un jour exilé en Sibérie. Il vivait seul dans une misérable isba, au milieu d'un paysage glacé et désolé. Il ne possédait aucun livre, ne recevait aucun courrier, n'avait rien pour se distraire. Nuit après nuit, dans sa solitude givrée, il regardait la voûte céleste. Un jour, il décida de noter le mouvement des étoiles sur de vieux bouts de papier. Son exil dura six ans. Lorsqu'il fut libéré, on s'aperçut qu'il avait fait près d'une centaine de découvertes importantes. Il recommença sa vie sous de nouveaux auspices et devint un astronome des plus respectés.

L'étude constitue en effet l'une des armes les plus efficaces contre l'ennui. Étudiez ce que vous voulez, mais étudiez quelque chose. Apprenez l'anglais, l'espagnol, le russe ou l'apiculture; apprenez le soudage ou la musique, mais apprenez. Il n'existe aucun domaine de la connaissance qui ne saura vous redonner la joie de vivre, qui ne saura vous rendre plus heureux et plus intéressant pour vos connaissances. Je n'ai jamais trouvé quelqu'un qui ait regretté d'avoir maîtrisé une nouvelle discipline ou appris une nouvelle langue. Étudier et partager cette expérience avec des personnes dont les centres d'intérêt sont les mêmes que les vôtres constitue le meilleur moyen de bannir à tout jamais l'ennui de votre vie.

3. *Ne prenez pas d'opium mental.* Dès maintenant, serrez les dents et prenez la ferme résolution de ne plus faire usage de ces narcotiques mentaux que tant de gens prennent pour combattre l'ennui. Ne soyez plus un «téléphage», ne perdez plus votre temps à regarder ces films de troisième classe et ces télé-séries aux scénarios débiles. Si vous nourrissez votre esprit à de telles sources, vous ne tarderez pas à souffrir d'un ramollissement du cerveau. Ces comédies «tarte-à-la-crème», ces télé-romans feuilletons à l'eau-de-rose, ces histoires policières remplies de sadisme et de violence n'ajoutent rien à votre existence. D'ailleurs, avez-vous remarqué quelque chose? Après quatre heures passées devant la télé, vous vous ennuyez encore plus qu'avant de l'avoir allumée. Débarrassez-vous donc de cet opium électronique et ouvrez-vous l'esprit à un nouveau monde, rempli de possibilités.

4. *Donnez-vous des buts à atteindre et des défis à relever.* Il s'agit de l'arme la plus puissante contre l'ennui. Lorsque vous revenez du travail, arrangez-vous pour qu'un projet vous attende à la maison. Lorsque vous vous réveillez le matin, arrangez-vous pour que vous ayez quelque chose à voir, à approfondir, à étudier au cours de la journée qui s'annonce. Planifiez vos week-ends de façon à ne pas échouer devant la TV, que les Américains surnomment «la boîte idiote» et les Français «l'étrange lucarne». J'affectionne particulièrement

cette appellation de «boîte idiote», qui laisse entendre que les idiots qui assurent son existence se trouvent des deux côtés du tube cathodique. Construisez, plantez, apprenez quelque chose mais, chaque jour, essayez de progresser — ne serait-ce que de manière infime — sur les plans émotionnel, intellectuel, de la créativité. Dans cette guerre à l'ennui, le plus intéressant est qu'il vous suffit de faire les premiers pas. Dès que vous êtes lancé(e), votre propre élan vous entraîne vers des réalisations dont vous ne vous seriez jamais cru(e) capable.

5. *Vous n'avez pas toujours vécu sous l'emprise de l'ennui.* Souvenons-nous du cas de Henry. Lorsqu'il menait une vie plus simple, qu'il travaillait dans le petit magasin de friandises que son père tenait à Brooklyn, il y trouvait mille petites choses qui l'amusaient et rendaient son travail intéressant. Tout comme vous pouvez sombrer dans l'ennui, vous pouvez également vous tirer de ce marécage mental, mais il faut que vous passiez à l'action de manière positive, quelquefois draconienne. Si votre travail vous ennuie à crever, changez d'emploi. Si vos amis vous lassent, il n'en dépend que de vous, mais une chose est certaine: s'ils s'ennuient tous lorsqu'ils sont ensemble, fuyez-les comme la peste, car *l'ennui est une maladie contagieuse et vous pourriez fort bien l'attraper!* Mettez tout en œuvre pour raviver l'étincelle de l'intérêt que vous avez perdu pour vous-même et pour la vie en général. Dites-vous bien que si vous ne réussissez pas, vous n'êtes qu'une personne morte en sursis.

Mettez-vous au travail aujourd'hui même. Arrêtez d'essayer de tuer le temps pour fuir l'ennui. Il existe une façon très simple de considérer la question: vous ne pouvez jamais réellement tuer le temps, parce que pendant que vous vous évertuez à lui régler son compte, en réalité, *c'est lui qui vous tue!* Cette pensée vaut la peine qu'on s'y arrête...

8
Burnout...
«Brûlé, vidé, ras-le-bol...»

Vous avez sans nul doute entendu parler du «ras-le-bol» (ou ralbol) et des gens qui se disent «vidés», «rincés», «brûlés». Ces expressions populaires sont passées dans le langage courant et se trouvent dorénavant employées à toutes les sauces. Lorsqu'elles s'appliquent aux cadres, professionnels, administrateurs, elles traduisent une profonde lassitude, un état d'épuisement général plus souvent mental que physique qui fait dire que ces personnes sont littéralement vidées, en état de crise, qu'elles ont consumé toute leur énergie au point de remettre leur existence en question.

Ce malaise, que les Américains appellent *burnout* (de to burn = brûler), affecte des jeunes gens généralement brillants qui, après avoir débuté au bas de l'échelle, travaillé très fort, fait d'énormes sacrifices, décollent comme une fusée Apollo, atteignent le sommet de leur profession, les plus hauts postes dans une gloire incandescente et, comme bien des fusées, s'embrasent soudainement et retombent piteusement sur terre. Tom illustre bien ce phénomène.

Mon interlocuteur se cale au fond de sa chaise et passe ses pouces dans la ceinture de ses blue jeans plutôt élimés — des jeans classiques et non ceux à la mode, dont on triple le prix par snobisme. Il porte un chandail gris-bleu très ordinaire et des chaussures de tennis. En fait, tout chez Tom semble volontairement ordinaire, sauf ses yeux bruns pénétrants et son évidente intelligence.

— Je sais ce que vous pensez, Docteur, commença-t-il. Vous êtes en train de vous demander comment le drôle de coco que vous avez devant vous va se débrouiller pour payer vos honoraires...
— Ce n'est pas ce que j'avais en tête, Tom. Je me demande plutôt quel genre d'uniforme vous pouviez bien porter avant d'arborer la tenue banalisée dans laquelle vous vous trouvez actuellement.
— Que voulez-vous dire?
— Tom, les seules personnes instruites qui s'habillent de la manière dont vous êtes habillé sont celles qui détestent l'uniforme qu'elles portaient auparavant...

Il se mit à sourire et des pattes d'oie se formèrent au coin de ses yeux. Il n'était pas aussi jeune que sa tenue pouvait le laisser entendre; plus près de quarante-cinq ans que de trente-cinq. Il sortit de la poche arrière de ses jeans une photo en couleurs toute froissée et la lança sur mon bureau.

— Je pense que je suis venu à la bonne adresse, Docteur. Vous voyez cette photo? Elle me représente en grand uniforme de colonel de multinationale en produits ménagers: Bataillon des Nouveaux produits, Régiment des Détersifs et des Cires à planchers. Au moment où cet instantané a été pris, je vivais l'opération «Cire Glitter» vingt-quatre heures par jour. Nous avions déjà entrepris les essais de notre nouvelle arme secrète — une cire moins chère que celle des concurrents et pas plus mauvaise d'ailleurs. Regardez bien l'expression de mon visage... N'ai-je pas l'air d'un jeune cadre dynamique et heureux de l'être?

La photo montrait un homme habillé d'un complet bleu marine, portant une cravate club, une chemise pastel et des cheveux courts. Il était assis derrière un gigantesque bureau, parlant au téléphone et regardant l'objectif d'un œil terne. Il avait l'air tendu, sinistre, préoccupé.

— Docteur, cette photo a été prise il y a six mois. Le lendemain, précisément, je montais au bureau du généralissime — pardon, du président de notre conseil d'administration — et lui remettais mon épée. À l'époque je gagnais — nuance: *ils me payaient...* — quelque chose approchant les deux cent mille dollars par année en comptant les primes et les options d'achat d'actions privilégiées...
— Et pourquoi avez-vous donné votre démission?

Tom se remit à sourire.

— Docteur, vous connaissez la réponse, n'est-ce pas? Un matin, au réveil, j'ai découvert que j'étais en train de me transformer en un *nouveau produit,* en train de devenir *Monsieur Cire Glitter*, le manager de l'année, celui qui travaillait soixante-cinq heures par semaine afin de fabriquer de la maudite cire à planchers qu'il fallait retrouver dans toutes les habitations d'Amérique.

Il leva la main.

— Et ce n'est pas tout. Je réalisai soudainement qu'il y avait autre chose dans la vie que de dépenser son énergie à faire de la promotion pour une cire à planchers à bon marché tout en me leurrant et en me disant qu'il s'agissait là d'une activité utile à quelqu'un. Et quand je parle d'utilité, je ne pense pas nécessairement à la collectivité — je veux simplement dire utile *pour moi*. Après tout, n'est-ce pas à ça que rime la vie, non?

— Oui, c'est à ça que rime la vie...

Le problème de Tom n'est pas unique. De plus en plus de personnes se retrouvent «brûlées», «vidées», «rincées», atteintes d'un gigantesque ras-le-bol. Vous êtes peut-être l'une d'elles — ou êtes marié(e) à l'une d'elles. Si tel est le cas, vous connaissez les symptômes.

1. *Les réveils pénibles.* Les gens «brûlés», atteints de ras-le-bol chronique décrivent leur malaise comme suit: «Je me suis réveillé(e) un matin et j'ai décidé que je ne retournerais plus jamais au bureau...» Ou encore: «J'étais en train de téléphoner à un client lorsque, soudainement, je me suis réveillé et ai réalisé que ce n'était pas ce que je voulais faire dans la vie...»

2. *Le syndrome du succès.* Les gens les plus «brûlés» sont presque toujours des personnes qui ont très bien réussi dans leur domaine (c'est d'ailleurs ce qui les enrage le plus). Elles ont tout pour être heureuses: le succès financier, le respect de leurs pairs, les voitures de luxe, les demeures de grand standing. Glenn nous l'explique. Il s'agit d'un homme élancé, bronzé, bien habillé. Sa tenue «safari» d'opérette est si bien ajustée qu'elle semble coller à son corps musclé. Tout en parlant, il scande une foule de noms qu'il souligne d'un mouvement du doigt, un peu comme s'il rythmait une comptine enfantine.

— Lamborghini, Gucci, Dunhill! Beverly Hills, Dior, Aquascutum! Palm Beach, Cartier, Rosenthal! Rolex Wedgwood, Tiffany! Monte Cristo, Bally, Lalique! Vous savez ce que ces mots signifient, Docteur?

Tout en comptant sur ses doigts, il répondit immédiatement à sa propre question.

— Eh bien! rien... Rien. *Rien de rien*... Ce sont les grains qui dissimulent les hameçons destinés à attraper les pigeons de mon espèce. J'ai donné vingt ans de ma vie pour pouvoir me procurer des objets «in», des produits à la mode, pour pouvoir résider à la «bonne» adresse. C'est lorsque je me suis retrouvé «brûlé» que le réveil a sonné...

3. *Les victimes du «burnout» sont des gens intelligents.* S'ils ne l'étaient pas, ils ne monteraient jamais aussi haut ni aussi rapidement avant de retomber sur terre. Bien sûr, leur intelligence constitue leur grâce sanctifiante. Nous aurons l'occasion d'en reparler.

Maintenant, la question est celle-ci: Êtes-vous victime du ras-le-bol des cadres, vous sentez-vous «brûlé(e)»? Examinons la question et voyons ce que nous pouvons faire pour remédier à une telle situation.

L'un des grands problèmes qui se présentent lorsqu'on veut orienter sa carrière est qu'il faut faire un choix longtemps avant d'avoir une idée de ce qu'exige en réalité la carrière qu'on désire embrasser. Par exemple, si vous voulez être médecin, votre choix devra se faire vers dix-huit ans. Ensuite, il faudra vous résigner à de longues années d'étude: médecine préparatoire — physique, chimie, biologie —, l'école de médecine proprement dite, l'internat, la spécialisation. Lorsque vous réalisez combien de sacrifices exige véritablement la formation médicale, il est trop tard pour faire marche arrière (si vous ne me croyez pas, demandez à n'importe quel médecin). Le même phénomène s'applique à d'autres professions libérales, qu'il s'agisse de l'art dentaire, du droit, de la comptabilité, etc. Ce sont toutefois les carrières commerciales qui nous réservent les plus grandes surprises. Écoutons encore ce que Glenn veut bien nous confier.

— Lorsque j'étais jeune, savez-vous, Docteur, ce que je voulais devenir à tout prix? Administrateur de société. Ce mot avait pour moi des intonations magiques. Je me voyais déjà avec mon conseil d'administration en train de prendre des décisions cruciales. Je me voyais me pavanant dans de luxueuses «suites» directoriales ou encore en train d'attraper de justesse le dernier avion pour aller régler des problèmes à l'autre bout du monde. J'ai décroché mon M.B.a. à Harvard, ai travaillé comme un forcené pendant dix ans pour finalement devenir l'un des grands pontifes de la haute administration de la compagnie. En fait, il n'y avait guère moyen de monter plus haut.

Glenn se mit à sourire d'un air sardonique.

— Et vous savez quoi? J'ai fait la découverte la plus importante de ma vie. J'ai découvert que les termes «administrateur», «membre de l'exécutif» ou «directeur général» n'étaient en réalité que des appellations fantaisistes pour désigner des super commis de bureau. Un dirigeant d'entreprise est un particulier qui prend soin des intérêts de quelqu'un d'autre et fait tout son travail. En somme, même le président d'une compagnie n'est qu'un employé comme les autres...

— Et quand avez-vous découvert cela, Glenn?

— Neuf ans, onze mois et vingt et un jours trop tard.
Cette vérité m'est arrivée en plein visage comme un
chargement de briques le jour où je célébrais mes dix
ans d'ancienneté avec l'Atlantic-Freestone
International Corporation. Par pure coïncidence, c'est
tombé le jour même où l'on me nommait président de
la boîte. Un mois plus tard, j'étais «brûlé» et me
voilà...

Dès que vous prenez conscience que votre travail ne
vous procure plus les satisfactions que vous attendiez,
vous avez déjà parcouru la moitié du chemin qui vous
mène vers le point de non-retour où vous serez
consumé par les événements. Le chemin qui reste à
parcourir n'est qu'affaire de gratification. Écoutons
Juanita, une experte en la matière.

Grande, le teint et les yeux sombres, il émane d'elle
un charme exotique à peine dissimulé par sa classique
tenue de femme d'affaires. Elle porte une jupe plissée
beige, un chemisier coquille d'œuf rehaussé
d'appliqués de soie et de fil d'or et un blazer bleu
marine. Sa voix est chaude et sensuelle.

— Bien sûr que c'est beaucoup plus difficile pour une
femme et il a fallu que je fasse bien des sacrifices
pour démarrer ma propre affaire. Vous êtes
certainement au courant de la concurrence féroce qui
existe dans le monde des produits de beauté, Docteur.
Peu importe; tout cela était des plus importants pour
moi et vous ne vous imaginerez jamais combien il m'a
fallu sacrifier de choses pour arriver à mes fins.
Maintenant, j'ai tout ce que je désire: une Rolls-
Royce, un avion personnel, des appartements à
Londres et à Paris. Quelquefois, je ne peux y croire.
J'ai les moyens d'entrer dans n'importe quel magasin

à travers le monde et de me payer la toilette qui me plaît sans même demander d'avance combien elle coûte. Lorsque j'étais petite fille et que je donnais un coup de main dans le petit restaurant pour ouvriers que tenait mon père, tout cela n'appartenait qu'au monde du rêve et maintenant... Maintenant, vous savez quoi, Docteur?

Elle me regarda d'un air plaintif.

— Oui, Juanita?

Ses yeux s'emplirent de larmes.

— Depuis les six derniers mois, j'ai comme un sigle qui ne s'arrête pas de résonner dans ma tête: T.A.T.E.A. — T.A.T.E.A. Je ne peux m'en débarrasser. Il scintille en lettres de feu, comme un néon. Et savez-vous, Docteur, ce que ces lettres signifient?

Des larmes commencèrent à couler sur ses joues.

— Elles signifient: *Tu as tout... Et alors?* Voilà ce que ça veut dire! J'ai investi les onze meilleures années de ma vie dans mon affaire, Docteur. J'ai trente-sept ans maintenant. Je possède tout ce qui va de pair avec ce qu'ils appellent «le succès» et tout ce que je suis capable de dire c'est: «Tu as tout... Et alors?» Est-ce vraiment ça, la vie?

Quand ce genre de sigle commence à résonner dans votre tête, cela veut dire que vous approchez du bout de la route. Que faire alors? Consumez-vous, tout simplement, mais de manière constructive. Tout comme vous avez gravi les échelons en faisant preuve d'intelligence et de créativité, ne vous laissez pas retomber lamentablement. Prenez plutôt une trajectoire horizontale, en faisant appel aux mêmes qualités que celles qui vous ont propulsé au zénith, en faisant preuve d'intelligence et de créativité. Lorsque le moment arrive où vous haïssez votre emploi, votre entourage, tout ce qui, dans votre carrière vous semblait si important, quelle est la première chose à faire?

1. *Rien du tout.* Prenez le temps qu'il faut pour analyser votre cas, pour être certain(e) que vous détestez *véritablement* votre vie actuelle. Assurez-vous qu'il ne s'agit pas d'une crise de découragement passagère comme nous en connaissons tous ou de quelque autre facteur. Après tout, vous n'allez pas remettre votre avenir en question parce que vous avez eu un accrochage avec votre patron! D'un autre côté, si vous décidez de ne plus jamais avoir de patron à qui rendre des comptes, c'est le moment de passer à l'étape numéro deux.

2. *Donnez votre démission, puis ne faites rien.* La vie est trop courte pour la gaspiller à faire des choses que vous détestez. La vérité est qu'en réalité vous ne vous «brûlez» pas: vous ne faites que brûler vos entraves! Il existe des dizaines de milliers d'hommes et de femmes qui abandonnent le ratodrome de la vie que l'on mène dans les grandes corporations pour faire enfin ce qu'ils désirent. D'un autre côté, combien de personnes menant des vies marquées au coin de l'individualisme aliènent leur liberté pour devenir des dirigeants de grandes sociétés? Dès que vous avez brûlé vos entraves, le prochain défi à relever consiste à trouver l'occupation qui répondra le mieux à vos aspirations et à votre talent.

3. *Faites d'abord la paix avec votre famille.* Vos proches ont sans nul doute eu leur mot à dire lorsque vous avez pris la décision de poursuivre la carrière qui

vous a mené où vous en êtes aujourd'hui. Il est donc normal qu'ils soient mis au courant de votre décision de changer de vie. Vous pouvez bénéficier de leur enthousiasme, de leurs intuitions et, au cours de ce processus, découvrir qu'il est peut-être possible de développer de nouvelles relations avec eux. En tel cas, vous serez agréablement surpris de découvrir des aspects positifs inconnus chez votre femme et vos enfants.

4. *Appliquez-vous à choisir une nouvelle carrière que vous aimerez vraiment.* Il n'est guère amusant de troquer son cheval borgne pour un aveugle. Votre standard de vie doit-il baisser pour que vous puissiez faire ce que vous aimez vraiment? Et alors? La belle affaire! Toutes ces marques de commerce «prestigieuses» qui n'ont jamais réussi à faire le bonheur de Glenn ne vous rendront pas plus heureux ou heureuse pour cela.

Quelquefois, il est rentable de changer de pays pendant un certain temps afin d'enlever de votre esprit toutes ces idées frelatées que l'on vous a inculquées à propos de la «dynamique du succès». Peut-être achèterez-vous un voilier pour faire le tour du monde ou encore voudrez-vous passer un an ou plus à l'étranger. Si vous résidez dans une ville, n'hésitez pas à vous installer à la campagne. N'oublions pas que la totalité des êtres humains y vivaient à une époque ou à une autre de leur histoire. Les villes sont des créations relativement récentes dans l'histoire de l'humanité. En changeant d'environnement, vous élargirez vos horizons et cela confirmera probablement ce que vous suspectiez déjà: que la route du bonheur, qui serait satisfaisante pour la majorité des Américains moyens, n'est probablement pas la route que vous voulez suivre. Il y a environ quatre milliards d'individus sur cette planète et la plupart d'entre eux profitent davantage de la vie que l'Américain moyen. Vous ne me croyez pas? Donnez-vous la peine de vérifier...

5. *Décrocher n'est pas la fin: c'est au contraire le commencement*! Il s'agit de la plus grande chance de votre vie. C'est le moment où vous possédez le meilleur des deux mondes entre lesquels vous oscillez. Vous possédez l'expérience, que vous avez accumulée pendant toutes ces années, plus la motivation de la mettre à profit dans votre nouvelle vie. Lorsque vous y pensez bien, le fait d'être «brûlé(e)» est probablement ce qui pouvait vous arriver de mieux. Profitez-en au maximum!

9
Les enfants

Un enfant, un problème. Deux enfants, deux problèmes. Trois enfants, trois problèmes disent les cyniques. C'est pourtant vrai: l'enfance n'est vraiment qu'une suite ininterrompue de problèmes. Pour commencer, il faut que vous supportiez d'abord vous-même le fait d'être un enfant. Puis c'est à votre tour d'avoir des enfants et de les élever. Une fois cette étape de votre vie franchie, ils quittent la maison et vous continuez à vous faire du mauvais sang pour eux. L'une des plus grandes sources d'anxiété dans nos rapports avec les enfants est l'inquiétude qui va de pair avec les centaines de décisions que nous devons prendre pour tout ce qui les concerne. Lorsqu'on parle d'enfants, la première décision à prendre — et probablement la plus difficile — est celle-ci: devrions-nous en avoir?

Plus souvent qu'autrement, j'estime que la réponse devrait être oui. Je suis très au courant de la propagande anti-enfants qui se fait ici et là et se justifie en vous expliquant comment ces petits êtres vous empêchent de vous réaliser, vous gênent dans la poursuite de votre carrière et autres balivernes du genre. Pour vous dire la vérité, je ne suis que très peu impressionné par ces arguments vaseux. Je pense qu'ils proviennent de gens qui, avant tout, ont eux-mêmes *peur* d'avoir des enfants. Et pourquoi auraient-ils peur? Parce que le fait de devenir parent constitue l'épreuve-étalon grâce à laquelle on mesure le succès véritable qu'on obtient dans son rôle d'adulte. Cela fonctionne comme suit.

Jusqu'au moment où vous devenez père ou mère, vous agissez vous-même comme un enfant gâté. Tout converge vers votre petite personne: *vos* besoins, *vos* états d'âme, *vos* vêtements, *vos* amis, *votre* carrière, *vos* caprices, *vos* impulsions. Jusqu'au moment où vous devenez parents, vous pouvez demeurer un éternel enfant, jouer à toutes sortes de jeux, collectionner des jouets, satisfaire toutes sortes de fantaisies enfantines. Évidemment, si vous êtes un enfant-adulte, un bébé surdimensionné, les jeux deviennent des «sports», les jouets des «accessoires» et les fantaisies enfantines des «styles de vie». Lorsque vous avez un enfant, il vous faut abandonner tout cela et ça fait quelquefois très mal. Une chose est certaine: vous obtenez beaucoup en retour.

Ce que vous obtenez se classe en fait dans les deux plus importantes satisfactions qu'un être humain puisse obtenir: une *projection* illimitée et un *pouvoir d'exorcisme*, de dénouement du passé non moins illimité. Ce sont des privilèges que nous ne pouvons obtenir dans nul autre domaine de notre vie. Si vous avez un enfant et que vous l'aimez, ce sentiment permet de *projeter* votre propre image sur lui. Autrement dit, vous transférez vos propres sentiments, vos propres vœux, vos propres espoirs sur une petite personne qui est un duplicata et une extension de vous-même. Vous pouvez donner à cet enfant tout ce que *vous* vouliez mais n'avez jamais pu avoir lorsque vous étiez petit. Vous pouvez rendre sa vie bien meilleure que n'a été la vôtre à son âge. Évidemment, il y a des dangers dans tout cela.

Certains parents tentent de projeter leurs aspirations insatisfaites trop directement et trop visiblement sur leurs enfants. Cela donne des mioches qui reçoivent des vélos à dix vitesses et des trains électriques à deux ans, qui possèdent des garde-robes pleines de petits vêtements de luxe coûtant une fortune, qui étouffent sous un amoncellement de biens matériels. Ce n'est certes pas l'expression la plus heureuse du phénomène de projection. Une expression plus gratifiante est de donner à votre rejeton toute la chaleur humaine, tout l'amour, toute la tendresse qu'on ne vous a pas donnés lorsque vous étiez jeune. La meilleure occasion qui est offerte à tous les parents *est de tenter de donner à leur enfant une vie plus riche que celle qu'ils ont vécue lorsqu'ils étaient petits*. Quand je dis «riche», cela ne signifie pas des services de dînette fantaisie, des ours en peluche géants ou un mobilier de chambre sortant de chez un prestigieux designer, cela veut dire de l'amour, de l'affection, de la compréhension sans limite, tels que vous n'en avez probablement jamais reçus dans votre jeunesse. Cela nous amène à la seconde occasion qui vous est conférée par votre rôle de parent, celle *d'exorciser*, de dénouer le passé.

La vie n'est jamais facile, surtout lorsque vous êtes un enfant. Pendant que nous grandissions, nous avons tous subi des expériences que nous aurions préféré ne pas vivre. Il n'existe pas, hélas! de moyen d'effacer ces moments — voire ces années — pénibles. Dès qu'ils ont posé leurs empreintes sur nos vies, on peut dire qu'elles sont pratiquement indélébiles. Est-ce vraiment aussi irrémédiable que cela? Pas véritablement, car il existe un moyen de dissoudre ces mauvais moments de notre enfance une fois pour toutes, un moyen de les faire disparaître presque magiquement de notre mémoire et même de notre subconscient. Cette magie, c'est *l'exorcisme*, le dénouement du passé.

Voici comment fonctionne ce processus. Supposons que votre mère ou que votre père aient été trop occupés pour vous accorder toute l'attention que vous auriez désirée. Il y avait toujours les exigences du ménage, du travail, vos frères, vos sœurs, etc., qui ont fait que vous avez grandi un peu à l'écart de vos parents, dans un isolement partiel en quelque sorte. C'est une expérience que vous n'avez pas aimée et qui a laissé sa marque sur vous. Eh bien! il vous est possible de faire reculer le temps et de dénouer ces années de rejet ou d'indifférence. Comment? En dispensant à vos propres enfants la chaleur humaine et l'amour, en n'étant jamais trop occupés pour leur consacrer quelques instants, en partageant votre vie avec eux comme jamais vos parents n'ont pu le faire avec vous. Vous pouvez ainsi remplacer cet espace vide, ce hiatus de votre existence en le comblant avec de l'amour et de la satisfaction; le seul moyen par lequel vous puissiez accomplir cet acte magique, c'est par l'entremise de vos enfants. Consacrer de votre temps aux enfants des autres, travailler pour les bonnes oeuvres ou caresser votre caniche nain n'accompliront jamais ce miracle.

Voilà pourquoi, en plus de toutes les raisons qui peuvent vous pousser à avoir des enfants, ces phénomènes de projection et d'exorcisme du passé sont si importants. J'estime qu'ils sont plus importants qu'une soi-disant liberté, plus importants qu'une carrière, plus importants que d'avoir de l'argent pour vous procurer des gadgets inutiles. Comme d'habitude, c'est à vous de prendre la décision, mais assurez-vous d'abord de prendre en considération toutes les données du problème.

Dès que vous aurez votre ou vos enfants, les choses ne marcheront pas comme sur des roulettes. Il y aura — il y a déjà peut-être — des moments où vous haïrez littéralement (et véritablement!) votre progéniture. Vous haïrez vos enfants parce que vous aurez l'impression qu'ils vous privent de quelque chose qui vous est dû. Si vous êtes une femme, ils vous priveront peut-être de ce beau petit ventre plat dont vous étiez si fière. Le fait d'avoir un bébé laissera peut-être de ces marques appelées vergetures sur votre joli ventre d'adolescente. Et puis, le fait d'être mère sous-entend un surcroît de travail, des tétées ou des biberons nocturnes, des couches partout, des nuits blanches à soigner un bébé malade.

Être père signifie se priver de certains rapports sexuels avec votre femme. Soyons réalistes: les derniers mois d'une grossesse et les semaines qui suivent la naissance d'un bébé qui braille toute la nuit ne sont pas précisément des périodes de votre vie où les folles nuits d'amour sont de mise. Quelquefois, tout rapport sexuel peut se trouver exclu de votre existence. Pour corser le tout, vous vous retrouvez avec des soucis, des frais et des responsabilités supplémentaires.

Pour les deux parents, avoir des enfants signifie une foule de sacrifices. Vous ne pouvez pas acheter tout ce qui vous passe par la tête, vous ne pouvez pas voyager comme bon vous semble, vous ne pouvez pas vous habiller ou vous amuser à votre guise. Tout l'argent, tout le temps et l'énergie que vous pouviez, à une certaine époque, consacrer à votre personne se retrouvent canalisés au profit de vos enfants. Attendez, ce n'est pas tout! Les enfants ont également l'habitude d'être vilains. Le mot «vilain» est un euphémisme camouflant des mots que nous ne voulons pas prononcer comme «mauvais», «méchant», «destructeur», «haineux», «rageur» ou simplement «affreux». En effet, on peut souvent appliquer ces peu enviables qualificatifs à ces chers anges. Quand votre petit monstre de deux ans prend son verre et le jette sur le plancher, ce n'est pas «vilain»; c'est nettement *méchant*. Quand votre fils adolescent fait un accident avec votre voiture neuve, ce n'est pas vilain, c'est *destructeur*. Quand celui qui a cinq ans s'amuse à sculpter des motifs abstraits à l'aide d'un tournevis sur la table de la salle à manger dont vous êtes si fier, mon cher monsieur, n'est pas vilain, mais *bête et méchant*. Nous recourons au terme «vilain» pour nous persuader que les enfants ne sont pas capables de mauvaises actions et pour nous aider à contenir — ou du moins tenter de contenir — la haine et l'acrimonie que nous éprouvons envers eux lorsqu'ils font de telles bêtises. La vérité, chère madame, est que les enfants, à l'image des adultes, sont quelquefois affreux. Oui, affreux!

C'est l'accumulation de milliers d'expériences du genre sur une période de vingt ans qui rend les parents si amers, les éloignent de leurs enfants et leur enlèvent tout plaisir de jouer à papa-maman. Que faire pour y remédier? Eh bien! il existe un autre mot magique et c'est *l'identification*.

Le phénomène d'identification est la capacité — un mot peut-être plus approprié serait le «talent» — de vous transplanter de manière symbolique dans le corps et l'esprit de l'enfant, autrement dit de vous mettre à sa place. Pendant quelques instants, peut-être verrez-vous ainsi les choses comme il les voit. Lorsque votre bambin de deux ans jette son verre par terre, au lieu de voir dans ce geste comme une sorte d'agression à votre égard, peut-être arriverez-vous, du moins partiellement, à comprendre ce qu'il ressent et ce qui l'a poussé à commettre cet acte. Était-ce parce qu'un parent indifférent lui sert la même bouillie insipide depuis trois jours? Était-ce parce qu'il est forcé de déjeuner seul tous les jours ou parce qu'il est simplement jaloux de l'attention, trop importante à ses yeux, que l'on porte à sa nouvelle petite sœur?

Peu importe la cause, d'ailleurs. L'important est de prendre conscience *qu'il existe une cause*! Nul comportement, y compris celui des enfants, ne survient à l'improviste. Pour chaque acte que pose l'être humain, il existe une raison, même si parfois elle se trouve profondément enfouie dans l'inconscient. Avec les enfants, toutefois, on n'a pas généralement à fouiller très loin pour la découvrir.

Si votre adolescent démolit votre voiture, demandez-vous ce qu'il tente de vous dire. Mettez-vous à sa place et essayez d'explorer ce qui ne va pas dans sa vie. Demandez-vous ce qui a pu le rendre si désespéré qu'il a mis sa vie en danger pour tenter de vous faire passer un message. Vous serez peut-être surpris(e) des réponses que vous obtiendrez. Lorsque votre enfant de cinq ans abîme votre jolie table de salle à manger avec un tournevis, au lieu de vous précipiter sur lui pour lui infliger une correction mémorable, tentez plutôt de vous mettre dans sa peau afin de découvrir ce qui a pu le pousser à commettre un acte aussi destructeur.

L'identification avec vos enfants offre un autre avantage. Lorsque vous vous identifiez à eux, vous prenez toujours la bonne décision car, en tentant de deviner leurs pensées, leurs sentiments, vous apprenez également à deviner les vôtres. Voyons dans les exemples qui suivent comment cela peut fonctionner.

1. *Votre fille, âgée de dix-sept ans, doit-elle aller étudier dans une université située à des centaines de kilomètres de chez vous?* Voici quels sont les faits. Elle est fille unique. C'est une enfant très intelligente et très attachée à ses parents. Elle a gagné une bourse pour aller étudier l'anthropologie dans une université prestigieuse. Elle a hâte de se préparer à sa future carrière mais, plus la date fatidique de la séparation approche, plus elle se sent déprimée. Que devez-vous faire?

a) Se sentir déprimé fait partie du processus classique que subit tout enfant qui coupe le cordon ombilical. Traitez toute cette affaire de manière aussi réaliste que possible et expédiez gentiment votre fille vers sa lointaine alma mater.

b) Avant son départ, envoyez-la chez un psychiatre enfin de régler ses problèmes d'ordre émotionnel.

c) Expliquez-lui que vous ne pouvez pas vous payer le luxe de l'envoyer à l'université, à moins qu'elle n'accepte la bourse qu'elle a gagnée et qu'elle s'en aille, tel que prévu.

d) Rappelez-lui tous les sacrifices que son instruction vous a coûtés et dites-lui qu'elle n'a pas le droit de vous laisser tomber.

2. *Que devez-vous faire avec un garçon de six ans qui mouille encore son lit?*

a) Procurez-vous un de ces appareils qui donnent au dormeur une bonne décharge électrique chaque fois qu'il s'oublie.

b) Ne lui donnez rien à boire après 15 h, peu importent ses protestations.

c) Emmenez-le chez un psychiatre afin de découvrir quel est vraiment son problème.

d) Ignorez tout simplement la chose, comme si elle n'existait pas.

3. *Que devez-vous faire avec un garçonnet de trois ans qui refuse de manger?* Il jette presque tout ce que vous lui donnez sur le plancher. Il hurle lorsque vous le forcez à manger et, pourtant, il semble être en bonne santé et conserve son poids. Que devez-vous faire?

a) L'emmener chez un pédiatre pour un examen complet accompagné de tests élaborés afin de découvrir s'il souffre de quelque affection physique.

b) Ne le laissez pas se lever de table avant qu'il ait mangé tout ce que vous lui avez donné dans son assiette.

c) Donnez-lui plein de vitamines, de sels minéraux et de suppléments protéiques afin de vous assurer qu'il absorbe tous les éléments dont il a besoin pour sa croissance.

d) Administrez-lui une bonne fessée chaque fois qu'il ne veut pas manger ce que vous lui donnez.

Si vous avez poursuivi votre lecture jusque-là, vous serez d'accord pour dire qu'il ne faut pas être sorcier pour répondre à ces trois questions. En effet, les réponses sont les suivantes:

1. a) faux b) faux c) faux d) faux
2. a) faux b) faux c) faux d) faux
3. a) faux b) faux c) faux d) faux

Il n'y a qu'une seule *vraie* réponse à tous ces petits dilemmes et elle est simple: avant de décider quoi faire lorsque vous vous trouvez confronté avec chacun de ces problèmes, *identifiez-vous* à vos enfants. Demandez-vous ce qu'ils ressentent, ce qui les pousse à agir aussi curieusement qu'ils le font et posez-vous la question la plus importante de toutes: *Quel est l'urgent message qu'ils tentent de vous transmettre par l'intermédiaire de leur étrange comportement?*

Dès que vous aurez répondu à ces questions, vous découvrirez qu'il est effectivement facile de faire ce qui leur convient le mieux et ce qui convient le mieux au reste de la famille. En améliorant vos facultés d'identification, vous vous émerveillerez de découvrir combien les relations que vous entretiendrez avec vos enfants deviendront pour vous une source de plaisir, de gratification et de satisfaction. Une source de bonheur en somme, que vous ne serez pas seul(e) à partager. En effet, ils en seront les premiers bénéficiaires et, après tout, n'est-ce pas aussi ce que vous voulez?

10
La dépression mentale

Vous vous sentez déprimé(e)? Bravo! Vous avez
gagné. C'est exactement ce que vous vouliez!
«Attention!» direz-vous certainement. «Faites-vous
des blagues ou quoi? Comment pourrait-on *vouloir*
être déprimé? La dépression mentale est une chose
terrible, une véritable torture! Qui pourrait être assez
anormal pour souhaiter cela?»

Tous les gens qui se sentent déprimés l'ont
véritablement voulu. D'où pensez-vous que vienne la
dépression? Des espaces intergalactiques? Toute
dépression vécue par un être humain vient
du même endroit: d'un monde aux distances
beaucoup plus modestes, d'un monde intérieur situé
entre ses deux oreilles. En effet, la dépression prend
racine et *finit* dans le cerveau humain. *C'est une
bonne nouvelle* d'ailleurs, parce qu'ainsi nous sommes
en mesure d'apprendre comment la combattre et peut-
être même comment la prévenir. Quant à y mettre un
terme pour toujours, une chose est certaine: avant de
terminer la lecture de ce chapitre, je peux vous
garantir que votre «déprime» s'atténuera quelque
peu. Remarquez que j'utilise le verbe «atténuer» et
que je ne vous promets aucun remède magique pour

la faire disparaître entièrement. Pourquoi? Parce que vous avez *vous-même* créé cette dépression et qu'avant que vous ne consentiez à la laisser aller, cela peut prendre du temps. Mais n'anticipons pas.

La plupart des dépressions possèdent plusieurs caractéristiques en commun. La caractéristique probablement la plus importante est la *douleur*. En effet, la dépression *fait mal*. Vous avez l'impresssion que, mentalement, quelqu'un vous tord bras et jambes et qu'un fardeau considérable pèse sur tout votre être. Tout semble s'évanouir, sauf les sentiments de destruction et de fin du monde. Votre conscience se trouve envahie par une foule d'images négatives représentant les malheurs qui vous guettent. Cela vous semble-t-il familier? D'accord, mais ce n'est pas tout.

Les dépressions possèdent toutes un élément d'*imagination*. En effet, *la plupart du temps* (pas toujours, je m'empresse de le préciser) les choses qui vous dépriment tant et qui vous font si peur n'arrivent jamais! C'est vrai. Essayez donc, si vous le pouvez, de vous rappeler les raisons qui ont été à la base de vos trois dernières «déprimes»... Pardon? Vous ne vous en souvenez plus? N'est-ce pas un peu bizarre? Vous me dites que des désastres présumément imminents vous terrorisaient, qu'ils vous plongeaient dans des abîmes de désespoir et vous ne vous souvenez plus de ce qui causait vos terreurs? Allons! Allons! Bien sûr, vous ne vous en souvenez pas et vous savez pertinemment pourquoi: c'est simplement parce que l'expérience que vous avez vécue était bidon, du bluff en somme. Oui, j'ai bien dit «bidon». La dépression n'est rien d'autre qu'un petit mélodrame dont vous êtes l'auteur, le producteur et le metteur en scène. Comme la plupart des «mélos», la dépression n'a pas grand-chose à voir avec la réalité. Son but premier est de détourner votre attention des vrais problèmes qui vous menacent. Y a-t-il une lueur d'espoir un bout du tunnel? Je le crois.

L'une des autres constantes qui caractérisent la dépression réside dans la véritable marée d'accusations qu'elle provoque. La plupart des dépressions — pas toutes, encore une fois — sont déclenchées par un élément fortuit ancré dans la réalité. Vous vous êtes querellé avec votre meilleur(e) ami(e); les actions que vous venez tout juste d'acheter ont dégringolé en Bourse; vous venez d'être licencié(e); votre mari vous a dit que vous étiez trop grosse. À la suite de tels événements savez-vous ce qui vous arrive? *Rien du tout*! Il y a d'abord une période de grâce pouvant aller d'une heure à une journée, au cours de laquelle vous ne vous sentez pas plus mal que d'habitude. Vous niez l'importance du problème, niez toute responsabilité dans la création de ce dernier, niez toute répercussion possible. Puis, cette période de grâce passée, les portes des écluses s'ouvrent et le flot de la dépression vous submerge! Les premières vagues — les pires — sont celles des accusations. Elles s'abattent de manière haineuse. Mais prenons un exemple. Supposons que vous venez de perdre votre emploi. Voyons les accusations dont vous allez être l'objet.

1. «*Tu es stupide et incompétent(e)!*» Cette accusation est suivie de la liste des emplois que vous avez perdus et celle-ci peut pratiquement remonter à l'époque où vous étiez encore au collège.

2. «*Tu les a bernés pendant un certain temps, mais ils ont fini par te pincer...*» Suit une liste de situations

dont vous pensiez vous être tiré à bon compte mais qui, en fait, n'ont pas si bien tourné que cela.

3. «*Tu ne te replaceras jamais...*» Cette affirmation est truffée d'histoires à dormir debout dans lesquelles vous vous imaginez que votre ancien patron va s'ingénier à si bien vous noircir qu'il ne vous sera plus possible de vous trouver un autre emploi. Si vous avez de la veine, vous découvrirez quelque bribe d'espoir surnageant au milieu du flot d'accusations qui vous submerge. Après tout, vous finirez bien par vous replacer, mais seulement à certaines conditions. Par exemple, si vous étiez vice-président d'une compagnie manufacturière, les Forces de la dépression feront preuve de magnanimité et vous laisseront entendre que quelqu'un vous prendra peut-être en pitié et finira bien par vous confier la supervision des lieux d'aisance d'une société très anonyme.

Avez-vous remarqué quelque chose? J'ai employé le terme «Forces de la dépression». De quoi s'agit-il au juste? À l'intérieur de chaque être humain, à fleur de peau existe une force terriblement destructrice qui n'a qu'un seul but: causer un maximum de souffrances dans un laps de temps minimum. Dès que cette force destructrice, que nous appellerons F.D. pour la commodité de la chose, trouve le moindre petit défaut dans votre cuirasse, la plus petite faiblesse dans votre défense, elle commence à vous entreprendre sans nul merci, à vous faire tomber toutes les tuiles de la toiture sur la tête et à vous jeter au visage toutes les assiettes de la cuisine. Elle vous hante et vous déchire comme cinquante chats sauvages, simplement *pour vous faire souffrir*.

Le pire est que cette force maléfique parvient à mettre à son service tous vos secrets les mieux gardés. Elle connaît tous vos petits (et gros) péchés. Elle connaît toutes les petites choses, pas toujours très bien, dont vous vous êtes rendu(e) coupable. Elle connaît même *vos complices*. Ce qu'il y a de plus terrifiant: elle connaît toutes les choses défendues que vous aimeriez bien faire et vous punit pour chacune de ces mauvaises pensées. Elle connaît chaque mauvaise note que vous avez récoltée au cours de vos études, sait combien de fois vous avez été éconduit(e), connaît chaque erreur que vous avez commise, chaque expérience — peu importe son importance — que vous avez pu avoir dans une foule de domaines controversés touchant aux drogues, à l'avortement, à l'homosexualité et à la sexualité en général, au vol, à l'alcoolisme, sans compter toutes les peccadilles que vous pouvez imaginer. Elle utilise votre propre expérience de la vie, votre propre esprit, votre propre énergie pour vous intoxiquer. C'est ça, la dépression… Pas plus. Pas moins. Ce sont, en somme, vos propres forces qui se trouvent mobilisées *contre vous-même*. Sachant cela, il est possible d'enrayer la dépression. Je vous le garantis.

L'une des armes antidépression les plus simples, les plus efficaces mais aussi les plus négligées est ce que j'appelle «le coup du chapeau». Tout ce que vous avez à faire est de vous imaginer que votre dépression est comme une sorte de chapeau posé sur votre tête. Si vous vous attardez un peu à y penser, nous ne sommes pas très loin de la vérité, car la dépression *ne fait pas partie de notre vie*. Il s'agirait plutôt de quelque chose qui se tient au-dessus de notre tête, quelque chose qui ressemblerait à quelque coiffure énorme, affreuse et non désirée. La solution consiste à arracher cette horreur de votre tête et à la jeter au loin. Arrachez de votre vie ce sentiment de dépression laid et oppressif et jetez-le aussi loin que vous le pouvez! Essayez. Cela fonctionne vraiment! «Et pourquoi?» me demanderez-vous peut-être. Parce que la situation se critallise sur le fait, indéniable et réaliste, que votre destin et que votre avenir ne se trouvent pas prédéterminés par des sentiments temporaires de désespoir. En enlevant ce sale et ridicule chapeau appelé «dépression» et en vous en débarrassant, vous serez soudainement surpris de vous sentir mieux, de mieux fonctionner et d'être en mesure de régler les problèmes qui se trouvent à la base même de votre malaise.

L'un des antidotes les plus merveilleux et les plus efficaces pour faire échec à la dépression est le travail. Pour vous causer préjudice, les forces destructrices qui se tapissent à l'intérieur de vous doivent littéralement être en mesure de vous coincer. Vous servirez au mieux leurs intérêts en restant avachi(e) dans votre fauteuil, dans un coin sombre, en train de vous apitoyer sur votre triste sort. Par contre, si vous faites quelque chose de constructif, si vous passez à l'action, cette même dépression ne pourra plus que reculer. En voulez-vous la preuve? Je suppose que le simple fait de lire le présent chapitre vous procure déjà un certain réconfort. Pourquoi? Parce que *vous faites quelque chose pour régler votre problème* en prenant le taureau par les cornes. Votre F.D. déteste les cibles mobiles! Il suffit de faire le ménage, de couper du bois, de cirer la voiture, de repeindre la maison ou de nettoyer le garage, mais de faire *quelque chose*! Plus vous travaillez dur, plus vous dépensez d'énergie et moins vous ressentirez les effets de la dépression. Je sais, vous n'avez peut-être pas envie de travailler, mais forcez-vous! Plus exténuant ou absorbant sera le travail, meilleurs seront les résultats. Une fois que vous aurez commencé, vous serez vraiment surpris(e), car en déployant des efforts physiques, vous priverez votre F.D. de l'énergie dont elle a besoin pour vous faire du tort.

Les deux techniques qui consistent à faire le «coup du chapeau» et à dérober l'énergie que la F.D. utiliserait autrement contre vous sont, nous l'avons vu, d'excellents moyens de mettre un terme radical à une crise de dépression, mais j'anticipe déjà votre prochaine question: «Comment peut-on prévenir ce fléau?»

Je dois tout de suite l'avouer, la question déborde largement du cadre de ce manuel d'anti-stress. Il s'agit d'un problème émotionnel complexe qu'il faut traiter avec toute l'attention personnelle qu'il mérite. Il existe toutefois certaines grandes règles que nous pouvons tous appliquer afin d'éviter que la dépression ne se déclare. Voici quelques trucs éprouvés.

1. *Souvenez-vous que la dépression n'a rien à voir avec ce qui se passe dans la réalité.* Comme nous l'avons vu, dans une dépression, le raz de marée de menaces et d'accusations est hors de proportion avec ce qui se passe réellement. En d'autres termes, disons qu'il suffit d'une déception mineure dans votre vie pour donner à la F.D. qui vous habite l'*excuse* de vous attaquer en exhumant les moindres fautes que vous avez commises dans votre existence.

2. *N'essayez pas d'arrondir les coins!* L'honnêteté est encore l'attitude la plus rentable que vous puissiez adopter. C'est d'ailleurs la *seule* à adopter dans les circonstances. Lorsque vous tentez «d'arrondir les coins» ou de faire des entorses à l'honnêteté, que ce soit aux plans financier, sexuel, émotionnel ou moral,

vous donnez à votre F.D. intérieure une occasion en or pour vous agresser. Vous le savez fort bien: on ne s'en sort, sans conséquences, que dans les contes... Vous ne pouvez pas voler vos clients, mentir à votre femme ou à votre mari, consommer quelque drogue de temps à autre et espérer vous en tirer facilement avec l'ennemi qui se tapit dans votre subconscient... Je suis le premier à déplorer cette situation, mais ce n'est malheureusement pas moi qui ai inventé les règles de ce jeu! Je ne peux me contenter que de vous les signaler.

3. *Ne tentez pas d'être votre propre ordonnateur de pompes funèbres*. Autrement dit, ne donnez pas à votre F.D. l'occasion de vous *faire du mal*. Lorsqu'elle vous lance en plein visage une belle dépression, ne vous contentez pas d'encaisser de manière placide. Ne donnez pas crédit à ses menaces de destruction comme s'il s'agissait de vérités fondamentales. Ne vous complaisez pas dans ces tentantes perspectives de détresse qu'elle vous fait miroiter. Ne croyez pas ses prévisions pessimistes voulant que l'avenir soit automatiquement des plus sombres. Vous devez simplement vous dresser sur vos ergots et contre-attaquer avec vigueur! Votre réponse mentale pourrait être quelque chose dans ce genre: «Pourquoi penses-tu que les choses vont tourner si mal, hein?» Ou encore: «Pourquoi me racontes-tu de telles insanités?» Ou, plus simplement: «Va donc... au diable!»

Quelquefois, il peut être bénéfique de parler tout haut et de proférer vos imprécations à haute et intelligible voix, de manière à ce que votre F.D. puisse vous entendre très clairement. Et voici un conseil que vous devriez toujours garder à l'esprit: *Vous n'avez pas besoin d'être déprimé si vous ne voulez vraiment pas l'être. Vous pouvez fort bien repousser la dépression en vous disant énergiquement: je refuse tout simplement d'être déprimé!* Cela fonctionne pour des milliers de gens. Pourquoi pas pour vous? Allez-y et bonne chance!

11
Le divorce

Lorsqu'on parle de divorce, la première chose qui me vient à l'esprit est que ce douloureux événement présente au moins deux aspects positifs.

Le premier est qu'un divorce est peut-être la seule chose sur laquelle certains époux parviennent à s'entendre.

La deuxième est qu'il est toujours difficile de réussir un bon mariage mais facile, par contre, de réussir un bon divorce. C'est de cet aspect positif dont nous allons nous entretenir: autrement dit, nous tenterons de voir comment il est possible de réaliser un divorce intelligent, humain, exempt de traumatismes. Lorsqu'on s'attarde à y réfléchir un peu, quand un mariage ne s'est avéré qu'une longue expérience malheureuse pour les conjoints et qu'ils prennent enfin la décision de divorcer, leurs souffrances devraient cesser comme par magie à cet instant précis. En effet, l'âpre match de boxe opposant des frères siamois ennemis (c'est ainsi que j'envisage tant de mariages malheureux) est terminé. C'est le moment de se séparer pour de bon. Physiquement, mentalement, émotionnellement et spirituellement. Le volcan des émotions a fait éruption et, maintenant, pour les deux survivants sonne l'heure de ramasser les morceaux de leurs vies respectives et de recommencer.

Malheureusement, ce n'est pas ce que tout le monde fait, loin de là. Trop de gens profitent d'un divorce pour se lancer dans une orgie émotionnelle sur disque 33 tours longue durée. Ils exposent sur la voie publique ce désastre privé qu'est leur mariage, l'étalent devant les tribunaux, dans les journaux ou encore déversent leur trop plein d'amertume dans le giron de leurs infortunés amis. Savez-vous comment on épelle le mot divorce? Je vais vous le dire: fini, f-i-n-i, ou encore terminé, t-e-r-m-i-n-é!

Si vous tenez à réussir votre divorce, souvenez-vous toujours de ce mot: f-i-n-i. Que ces lettres deviennent pour vous un leitmotiv, qu'elles résonnent dans votre esprit; vous en aurez besoin pendant que vous réglerez les mille et un détails auxquels vou devrez penser pour dénouer votre existence de celle de l'être avec lequel vous avez tenté de vivre en symbiose au cours de toutes ces années. F-i-n-i, f-i-n-i-t-o, f-i-n-i-s-h-e-d. Débrouillez-vous pour que chaque rencontre avec votre futur ex-époux ou ex-épouse se termine par un beau point final et non par une virgule. Profitez-en pour trancher un autre nœud, détacher un autre lien, mettre un peu plus de distance entre vous deux.

Dès que vous aurez décidé de divorcer (Il faut, évidemment, *vous assurer* que c'est vraiment ce que vous voulez!), faites tout ce qui est possible pour rendre cette séparation expéditive et indolore. Je crois fermement que le meilleur moyen de faire un pas de géant dans la bonne direction consiste à vous tenir loin des avocats. Je n'ai rien contre les membres de cette honorable profession mais, par définition, les avocats sont des sortes de chasseurs de primes, des mercenaires, car, dans les cas de divorce, on leur verse des honoraires dans un but précis: guerroyer pour le compte de leur cliente ou de leur client. J'estime que la dernière chose qu'une femme et qu'un homme qui, pendant des années, ont supporté les affres d'un mariage à couteaux tirés n'ont pas besoin, au moment de se séparer, c'est d'un état de *guerre ouverte*! Ils en ont déjà assez sur le dos... On découvre souvent que lorsqu'une personne en instance de divorce engage un avocat agressif et chicanier pour contester les termes de cette séparation, *c'est qu'elle n'a vraiment pas l'intention de divorcer*. Elle ne veut que maintenir une sorte de contact émotionnel avec l'être duquel elle veut, soi-disant, se séparer. D'ailleurs, les possibilités de réconciliation sont plus grandes chez les couples qui tentent de s'entre-déchirer à l'occasion d'un divorce. C'est un fait paradoxal, mais néanmoins explicable. En tel cas, il est évident que des liens émotionnels encore très forts unissent les conjoints blessés. Aussi surprenant que cela puisse paraître, ces liens peuvent être parfois consolidés au point de redonner au couple une assise solide sur laquelle reconstruire leur union de façon durable.

Mais supposons que vous ayez sérieusement pesé le pour et le contre et que vous en soyez venus à la conclusion que votre mariage était vraiment torpillé. Pour employer une autre image navale, disons que vous en êtes rendus aux opérations de sauvetage. Le grand navire de votre mariage est allé par le fond et tout ce qui vous reste à faire est de tenter de récupérer parmi ce qui surnage autant d'objets de valeur que vous le pouvez afin d'être, de part et d'autre, en mesure de recommencer une nouvelle vie. C'est aussi simple que cela. Ne cédez pas à la tentation d'essayer de vous approprier ce qui revient de plein droit à votre ex-époux ou ex-épouse. Vous ne feriez que le (ou la) motiver à vous rendre la monnaie de votre pièce et c'est exactement le type de guerre d'usure qu'il faut éviter à tout prix.

La première question qui se pose en est une d'*argent*. Pour certaines gens, elle se résout facilement. Lorsque les époux, sont mariés sous le régime de la communauté, la moitié de tous les biens qui ont été acquis pendant la durée de leur mariage revient à chacun des ex-conjoints. Il suffit de diviser équitablement les biens, comme toute autre espèce de propriété. Pendant que vous décidez des biens qui vous reviennent, vous seriez avisés de vous montrer conciliants de part et d'autre. En effet, vous avez tout intérêt à vous entendre. Dans le cas contraire, il vous faudrait retenir les services d'avocat(e)s — un(e) pour la femme, un(e) pour le mari — et nous avons vu que ces professionnels n'ont pas l'habitude de travailler pour rien. Si tout se passe bien, ces traditionnels «défenseurs de la veuve et de l'orphelin» vous chargeront chacun dix pour cent d'honoraires sur les biens en litiges, c'est-à-dire les biens communs. Si, par contre, il y a des accrochages, ces honoraires pourront doubler et ce, pour chaque cabinet. Cela veut dire qu'un couple qui aurait réussi à accumuler 100 000 $ au cours du mariage se retrouverait avec seulement 60 000 $ à partager. Les ex-époux ont donc tout intérêt à ne pas se montrer voraces et à empocher, dans l'exemple que nous venons de voir, 20 000 $ beaux dollars chacun.

C'est une idée à retenir, surtout lorsque vous serez en train de vous battre comme des chiffonniers pour savoir qui va récupérer le divan scandinave du salon.

Si vous n'êtes pas mariés sous le régime de la communauté de biens, vous avez dix fois plus de bonnes raisons de conclure le plus rapidement possible un bon règlement à l'amiable avec votre «ex», car, sans entente notariée pour vous donner les règles du jeu, chaque avocat(e) pourra s'en donner à cœur joie et faire valoir ses prétentions jusqu'au dernier sou. Aux États-Unis, certaines affaires de divorce se soldent par la dilapidation de l'entité du patrimoine familial. Tout passe en frais juridiques et en honoraires. Après quelques années de marchandages sordides, les ex-conjoints n'ont plus à s'inquiéter pour obtenir un règlement équitable. C'est simple: il ne reste plus rien à partager! Voilà pourquoi, la plupart du temps, il est sage de séparer les biens en deux et de s'en tenir là.

La pension alimentaire des enfants ne devrait pas, non plus, présenter de difficultés notables. Après tout, ce sont *vos* enfants et ce n'est pas de leur faute si vous divorcez. Ils vont se retrouver avec suffisamment de problèmes après le divorce sans que vous vous ingéniez à leur en créer de nouveaux. Il est logique d'affirmer que la mère ne devrait pas tenter de faire gonfler la pension alimentaire destinée aux enfants sous prétexte de se constituer un petit pécule supplémentaire. Pourquoi? Cèst très simple. Si les paiements que le père doit verser sont trop élevés, il arrivera un moment où il ne sera plus en mesure de les honorer. La vieille légende selon laquelle on peut faire écrouer les bonshommes qui ne versent pas leur pension alimentaire rubis sur l'ongle tend à disparaître de plus en plus. Le concept d'égalité de la femme et les nouvelles idées dont s'inspirent les unions actuelles compliquent le travail des juges, qui trouvent de plus en plus difficile de poursuivre les maris condamnés à verser de lourdes pensions pour les faire «casquer» jusqu'à la pauvreté. De plus, n'oublions pas que, dans nos sociétés, où la mobilité constitue un mode de vie, les maris un peu trop harcelés peuvent trouver de plus en plus pratique le salut par la fuite, tout plaquer là et se perdre dans la nature.

La question de la pension alimentaire destinée à l'ex-conjointe suscite la même réflexion. Les femmes les plus avisées se passent fort bien de pension parce qu'elles estiment que cet argent agit en quelque sorte comme une béquille émotionnelle qui les empêche de se lancer résolument dans une nouvelle vie. La pension qu'elles empochent chaque mois constitue l'indéniable évidence qu'elles doivent encore compter sur un mari dont elles espéraient bien pouvoir se passer. Celles qui peuvent se débrouiller sans pension alimentaire ne s'en porteront que mieux et leur ex-mari également. On ne peut toutefois généraliser. En effet, dans certains cas, une pension alimentaire peut permettre à l'ex-épouse de s'adapter au stade de transition entre l'état de femme mariée et celui de femme indépendante et lui rendra la vie un peu plus facile. La vieille rengaine voulant que la femme se fasse grassement payer pour avoir investi «les meilleures années de sa vie pour se consacrer à son mari» n'est plus guère de mode. De toute évidence, «les meilleures années de votre vie seront celles que vous vivrez après vous être libérée de l'emprise d'un époux que vous jugiez intraitable».

N'essayez pas non plus de faire du chantage au chapitre des droits de visite, car vous ne feriez que régler des comptes avec vous-même. Lorsqu'une mère obtient la garde de son enfant pendant cinquante semaines par an et que le père ne peut profiter de son rejeton que quatorze jours sur 365, la dame vengeresse ressent probablement un genre de satisfaction frisant le sadisme. Cette satisfaction sera toutefois éphémère, car, à son tour, l'enfant se vengera d'elle plus tard pour l'avoir soustrait à l'affection de son père. Vous détestez votre ex-conjoint et avez sans nul doute de bonnes raisons pour cela. Mais détestez-vous aussi vos enfants? En fin de compte, ce sont eux qui trinquent. Dans la même veine, un homme ne devrait pas succomber à la tentation de prouver devant un tribunal que sa femme est ce que les avocats appellent «une mère dénaturée». Messieurs, je vous en prie: ne vous lancez pas dans une telle aventure... Dans le monde complètement fou où nous vivons, si les enfants ont véritablement besoin de tout ce qu'un père peut leur apporter, ils n'ont pas moins besoin de leur mère. Même si le père est loin d'être parfait et que la mère a ses problèmes, il est souhaitable que les enfants partagent le plus de temps possible avec l'un et l'autre parent plutôt que de grandir et de se développer avec la moitié de l'équipe parentale absente.

Au cours de cette opération de sauvetage, une autre source d'embêtements provient de tous les barracudas qui barbottent autour du lieu du naufrage. Il s'agit des parents et des amis qui vous inondent de bons conseils et en profitent pour s'immiscer dans vos affaires personnelles. Voici comment ils réussissent à vous couler à chaque fois.

1. *Veux-tu dire que tu vas le (ou la) laisser s'en tirer à si bon compte?* Ce genre de remarque ne peut que

vous «pousser au crime» ou du moins à écraser votre conjoint. Souvenez-vous d'une chose: ce que vous voulez vraiment, c'est mettre un terme à une association malheureuse en conservant aussi intactes que possibles vos facultés mentales et physiques. Plus vite vous réglerez ces formalités pénibles et mieux vous vous en porterez.

2. *Mais tu as plein droit sur les enfants!* Nous avons déjà abordé cette question et les enfants ont, eux aussi, le droit de profiter de leurs parents. En outre, vous avez également le droit de dire à ces brillants conseilleurs de se mêler de ce qui les regarde...

3. *Et après tout ce que tu as fait pour lui (pour elle)!* Bien sûr... Après tout ce que vous avez fait... mais considérez la chose froidement: un mariage en processus de désintégration se composait nécessairement, à une certaine époque, de bons moments et de moments beaucoup moins agréables. Hélas! pour vous, les mauvais moments ont été plus nombreux que les bons et vous n'avez pas besoin de justifier ce fait auprès de qui que ce soit. La tâche la plus ardue qui vous attend consiste simplement à négocier cette séparation avec un minimum de casse.

Ne sous-estimons pas le problème: un divorce constitue toujours une expérience pénible, déchirante, abrasive et traumatisante pour votre moral. Il s'agit également d'une expérience terriblement destructrice pour toutes les personnes en cause, le couple comme les enfants. En mettant en œuvre toute la bonne volonté possible, en déployant de véritables efforts sur-humains et en suivant les recommandations de ce livre, il y a certainement moyen de minimiser les dégâts. D'un autre côté, si vous êtes déjà prêt(e) à faire face à ces réelles difficultés pour reconquérir ce que vous estimez être votre liberté, peut-être est-il encore plus facile de canaliser toute l'énergie que vous avez l'intention de consacrer à cette intervention chirurgicale pour tenter de plâtrer votre union chancelante... En tout cas, cela vaut certainement la peine d'y penser!

12
L'envie

L'envie est la plus corrosive des émotions humaines et, en même temps, la plus exquise façon de se torturer. En réalité, c'est un peu comme si l'on observait notre prochain à travers une énorme loupe et si l'on se regardait soi-même par le gros bout d'un télescope. Ce que les autres possèdent, ce qu'ils font, ce qu'ils réalisent, tout cela paraît plus grand que nature. Le moins que l'on puisse dire, c'est que tout ce que vous pouvez réussir dans la vie semble dérisoire lorsque vous comparez vos performances à celles des autres. Le cas de Peter illustre cette curieuse situation.

— Docteur, je ne m'en sors vraiment pas. J'ai l'impression que, depuis vingt ans, je ne fais que courir sur un tapis roulant qui ne mène nulle part...

Il se mit à brosser quelque imaginaire poussière sur le revers de son veston et reprit son monologue.

— Voilà le problème. J'ai une bonne affaire. Je suis dans l'importation de matériel électronique et, depuis la dernière décennie, mon chiffre d'affaires ne cesse chaque année de progresser. J'ai une jolie maison sur une propriété de quatre hectares, deux chevaux de selle, deux enfants âgés de dix et de huit ans et une femme formidable. Nous sommes membres d'un country-club assez chic et nous allons chaque année en Europe. Nous avons trois voitures et nous faisons des placements de bon rapport.

Il fit une pause.

— C'est très bien, Peter, mais je vois mal ce qui peut vous causer des problèmes...

Il se pencha sur sa chaise.

— Des problèmes? Des problèmes? Ne voyez-vous pas que le problème, c'est justement ça... Je ne m'en sors pas!
— Allons donc, Peter... Pourriez-vous vous montrer un peu plus explicite?

Il se cala au fond de sa chaise et prit une cigarette.

— Docteur, quand je regarde mes amis, je réalise que je ne suis pas dans le coup. Ils ont tous des voitures plus luxueuses que les miennes, des maisons plus imposantes, ils appartiennent à des clubs beaucoup plus huppés que le mien, font plus d'argent que je n'en fais... Et puis ils ont...
— Ils ont quoi au juste, Peter?
— Ils... Ils... Hum... ont des vies plus passionnantes que la mienne, dit-il en hésitant.
— Vous voulez parler de leurs aventures extra-maritales, sans doute?

Il se mit à se tortiller sur sa chaise.

— Oui, il y a un peu de ça... Dites-moi donc, Docteur, pourquoi souriez-vous ainsi? Qu'y a-t-il de si drôle là-dedans?
— Je ne trouve pas ça drôle, Peter, je suis juste en train de penser combien vos amis doivent *vous* envier. Je suis certain qu'ils doivent se dire: Hé! Regardez

donc Peter! Il fait de l'argent comme s'il en imprimait, il va en Europe tous les ans, a une jolie femme, en somme, tout ce qu'on peut souhaiter dans la vie...

— Êtes-vous sérieux, Docteur? me demanda-t-il avec une lueur sceptique dans le regard.

— Je puis vous l'assurer. J'ai eu plus d'une fois l'occasion de traiter des patients qui étaient horriblement jaloux de leurs proches amis qui, par hasard, faisaient également partie de ma clientèle. Eh bien! vous savez quoi? Ces fameux amis qu'ils enviaient tant étaient à leur tour jaloux d'eux à en crever!

Le mot *e-n-v-i-e* rime merveilleusement avec *e-n-n-e-m-i*. Derrière ce que chacun de nous accomplit dans la vie il y a une petite voix intérieure qui nous susurre à l'oreille: «Hum... tout ça n'est rien à côté de ce qu'Untel ou Unetelle a acheté, fabriqué, gagné, acquis...» *L'envie* est l'un des plus pernicieux ennemis du bonheur sur cette terre. Si vous réussissez à écraser ce défaut dans l'œuf, vous ferez véritablement un pas de géant vers un bonheur plus durable.

En réalité, l'envie se divise en deux espèces bien distinctes: l'envie au plan matériel et l'envie au plan émotionnel. Dans nos sociétés dites «modernes» (l'expression «sociétés industrielles matérialistes» serait plus appropriée), il existe de fortes pressions qui vous poussent à acquérir de plus en plus de biens de consommation. Vous n'avez pas seulement besoin d'une voiture: il vous faut un modèle de super-luxe. Vous n'avez besoin ni d'un simple complet ni de simples chaussures: il vous faut des vêtements dernier cri, «exclusifs». Et puis, ce qui était «in» cette année sera «out» l'année prochaine. Il y a également les quartiers, les restaurants et même les cigarettes «in» (je ne vous raconte pas d'histoire!) Tout comme les chiens de Pavlov, vous vous trouvez soumis à des réflexes conditionnés selon lesquels il est de bon ton de vous débarrasser constamment de vos possessions actuelles pour les remplacer par de nouveaux objets présumément plus perfectionnés ou plus à la mode.

Fort heureusement, il est à peu près impossible de suivre la mode à la trace. À peine vous y conformez-vous en achetant la chose «vraiment dans le coup» que la mode change sans crier gare! Regardez bien autour de vous: qu'il s'agisse de jupes, de cravates ou de revers de vestons. Dès que les hommes se mettent à porter des cravates et des revers étroits et que les femmes se promènent en mini-jupes, crac! quelque «Grand Maître de la mode» fait des siennes: les jupes prennent l'allure de vieux sacs tombant aux chevilles, les cravates et les revers deviennent d'une largeur clownesque et les personnes, qui ne se conforment pas immédiatement aux diktats de ceux qui sont censés nous dire quoi porter, se sentent des sortes de déchets sociaux. Vous me direz que c'est idiot, superficiel, dénué de sens et je suis entièrement d'accord avec vous. Toutefois, la mascarade ne s'arrête pas là.

En effet, vous vous trouvez constamment soumis à des techniques de persuasion clandestine plus ou moins subtiles qui vous proposent des modèles de comportement. Que ce soit à la télévision, dans les magazines, les journaux ou au cinéma, mille personnages types tentent de vous convaincre de votre infériorité et de provoquer chez vous une inextinguible envie. Les gens que l'on propose ainsi à votre admiration sont tous jeunes, charmants, riches, excitants. Ils ont tous l'air euphoriques et sans soucis financiers. Vous êtes censé(e) tirer une langue démesurée en voyant tout ce qu'*ils* possèdent et en comparant ces possessions à vos propres biens qui, bien sûr, ne peuvent vous sembler que minables. Il faut que vous soyez en proie aux lancinantes douleurs de l'envie, prêt(e) à vous faire programmer, à hypothéquer votre avenir pour acquérir la dernière horreur en plastique qui, présumément, vous catapultera dans le club des heureux élus «dans le vent».

Le seul moyen de calmer les douleurs provoquées par l'envie est de vous procurer tout ce qu'on vous montre dans les annonces. Il y a pourtant une ou deux choses qu'on ne vous montre pas... Tout d'abord, on ne vous précise pas que tous les gens qu'on voit dans ces réclames sont des mannequins, des comédiens et des comédiennes professionnels dont la jeunesse et l'exubérance sont rémunérées suivant un taux horaire. Dès que la caméra cesse de tourner, ils descendent de leurs somptueuses voitures, enlèvent leurs vêtements super élégants et leurs riches bijoux et rendent le tout à leurs légitimes propriétaires. Puis ils enfilent leurs jeans râpés, se dirigent vers la bouche de métro la plus proche et réintègrent des logements qui sont loin d'être des maisons de rêve et qui, bien souvent, sont parfaitement miteux. Par ailleurs, cette faune, qui est censée vous faire crever d'envie, n'a pas une longévité beaucoup plus longue que celle des moustiques. Dès que ces éphèbes et que ces naïades prennent un coup de vieux, on les relègue aux oubliettes et on les remplace par des jeunes gens plus beaux et en parfait état de marche.

Bien sûr, les publicitaires ne font pas seulement appel à des mannequins et à des comédiens fauchés.

Certains de ces figurants sont réellement riches et «dans le coup». Ce sont de vrais millionnaires. Les voitures, les yachts et les élégants vêtements qu'ils portent leur appartiennent. Mais, là encore, il y a quelque chose qu'on ne vous montre pas à la télé. On ne vous montre pas les désastres dont la vie de ces personnes, censées provoquer chez vous un sentiment d'envie, est souvent jonchée. Je sais, de temps en temps, quelque potinier fait état de leurs manies — drogues, alcoolisme, déséquilibres divers, etc. — ou pérore sur leur vie personnelle désastreuse et tout cela flotte à la surface de l'existence de ces gens «in» comme des ordures à la surface d'un joli lac. C'est alors que vous prenez conscience de la vanité du matérialisme de mauvais aloi, que vous comprenez qu'une résidence princière ne remplacera jamais la satisfaction personnelle ni les valeurs humaines les plus solides, que vous comprenez qu'une voiture de sport de 75 000 $ ne se blottira jamais contre vous le soir. C'est ainsi que vous réalisez quelquefois que vous n'avez *rien* à envier *à qui que ce soit*.

Dans nos sociétés, où la vie est basée sur une concurrence effrénée, la lutte constante pour prouver que l'on peut «mieux faire» ne s'arrête pas chez le concessionnaire d'autos ni chez le bijoutier. Dès que vous avez en poche tout l'argent qu'il vous faut et même le superflu, il est impérieux que vous fassiez l'acquisition de tout ce que l'argent ne peut pas vous procurer dans l'immédiat et que vous soyez invité(e) dans les soirées «chic», que vous fréquentiez les gens «comme il faut», que vous vous démarquiez de la foule. Il faut parler, marcher, penser d'une certaine façon. Alors vous vous demandez comment agir pour être vraiment dans le vent, pour vous faire inviter à tel ou tel endroit, pour vous faire des relations valables

dans les cénacles où s'agite le «beau monde».
Écoutons Ginny nous raconter sa version de la chose.

Elle porte un chemisier blanc et une jupe bleu pâle
mettant en valeur ses longs cheveux roux et ses grands
yeux verts. La simplicité de sa mise dément ses
propos.

— Oh! Docteur, il est tellement important de
rencontrer des personnes influentes! Elles peuvent
faire tant de choses pour vous...
— Et vous croyez vraiment cela, Ginny?

Elle se mit à rire.

— Bien sûr que non, Docteur!

Elle redevint soudainement sérieuse.

— J'y ai cru à une certaine époque. Pour moi, ce
genre de folie était partie intégrante de mon existence:
fréquenter les *beautiful people* — la faune —, les
endroits à la mode, les surprises-parties chic. J'étais
vraiment très fière du genre de vie que je menais.
Vous ne vous imaginerez jamais les bassesses
auxquelles je me suis livrée afin d'être invitée à telle
ou telle réception. Dieu merci, c'est fini tout ça.
— Pourquoi dites-vous cela?
— Parce que mes yeux se sont dessillés. C'était il y a
environ un an, avant la surprise-partie de la saison, à
Palm-Springs. Il devait y avoir des invités de Saint-
Tropez, de Lugano, de Londres. Je me souviens
même combien tout cela m'impressionnait: «Monsieur
et Madame John Jones, de Cleveland, Ohio, et de
Londres...» Quelle classe! me disais-je alors. Et puis il
y avait Rhonda, la maîtresse de ces lieux, une sorte de
Grande prêtresse de la haute société. C'est elle qui
décidait, je ne sais trop par quel moyen, qui pouvait

entrer ou qui pouvait être exclu de ce cercle très fermé, qui pouvait être invité et qui ne le pouvait pas. En fait, elle semblait passer la majorité de son temps à décider qui devait être tenu à l'écart de ce petit monde.

Elle secoua la tête.

— Nous étions à quatre jours de ce grand événement et je n'avais pas encore reçu d'invitation. Mon mari, un courtier en valeurs mobilières, n'attendait que cette occasion. Il soutenait que tout cela serait excellent pour ses affaires mais, dans le fond, je sais pertinemment qu'il anticipait cette fête tout simplement pour le plaisir de s'y montrer. J'ai donc pris le taureau par les cornes et j'ai décidé de me rendre chez Rhonda un beau matin vers les dix heures. C'était exactement comme vous pouvez vous l'imaginer: une allée semi-circulaire, des dobermans assortis, la Rolls gris perle devant la terrasse et une demeure comme on n'en voit qu'au cinéma. Un majordome s'est présenté et je lui ai remis ma carte de visite qu'il a recueillie sur un plateau d'argent. Ça vous surprend? Eh oui! je sacrifiais vraiment au rituel à cette époque... Bref, après avoir attendu dix minutes dans un salon aussi grand qu'un court de tennis, le majordome m'a fait passer dans la chambre à coucher de Rhonda. J'avais soigneusement préparé mon laïus: «Rhonda, vous ne vous souvenez peut-être pas de moi, mais nous nous sommes déjà rencontrés au ranch du général Crandon. Vous étiez ce soir-là avec le Sénateur et moi je me trouvais à droite de... Je dois vous entretenir de quelque chose de très important. Je veux dire que ce n'est peut-être pas très important pour vous mais...»

Ginny fit une pause.

— Tandis que je marchais dans le couloir et que j'étais en train de répéter cet horrible petit speech digne d'un lèche-bottes de bas étage, je sentais ma bouche se dessécher et mon cœur battre la chamade. J'avais vraiment le trac. J'étais en train de tourner la poignée de la porte de Rhonda lorsque j'entendis un drôle de petit bruit, un bruit métallique. Je ne pouvais vraiment l'identifier, mais je ne sais qu'une chose: il m'a sauvé la vie et m'a permis de retrouver la raison. J'entrai donc dans la chambre où je vis Rhonda allongée sur son lit, un lit sensationnel dont la tête représentait une gigantesque coquille Saint-Jacques. Toute la pièce était d'ailleurs sortie du rêve échevelé de quelque décorateur un peu dingue. Ce n'était partout que satin blanc et marbre noir et... enfin, je ne suis pas ici pour vous décrire la tapisserie... Rhonda était d'une humeur enjouée. Je n'en croyais pas mes yeux. Elle me déclara: «Ginny! Je suis si heureuse de vous voir... Mais entrez, voyons, entrez!» Inutile de dire que je me voyais déjà avec mon invitation en poche. Elle me demanda de m'asseoir sur son lit et cela me gênait un peu, comme de raison. En m'approchant, je remarquai que son visage avait l'air congestionné. C'est alors qu'en faisant le tour du lit je *la* vis là, sur le plancher...

— Et qu'avez-vous vu?

— Une corbeille à papiers, un modèle très cher, avec des parois en miroiterie. Oui, Docteur, et cette corbeille était remplie de...

— Remplie de quoi, Ginny?

Elle éclata de rire.

— Presque entièrement remplie de *cannettes de bière vides!* Il était dix heures du matin et la Grande prêtresse de la haute société était en train de se soûler avec de la bière en cannette! C'était ça le petit bruit de ferraille que j'avais entendu avant d'entrer. C'était la dernière cannette qui tombait sur celles qui avaient déjà été vidées. Pour ajouter du piquant, il s'agissait de la bière la plus ordinaire qu'on puisse trouver au supermarché. Docteur, je suis sortie de là si rapidement que je ne me souviens même plus être montée dans ma voiture. Ce matin-là, j'ai laissé toutes les envies que je pouvais entretenir à l'égard de tous ces gens «in» dans cette corbeille à papiers en miroiterie. J'ai abandonné mes envies avec ces cannettes de bière à bon marché!

Envier ce que les autres possèdent ne constitue souvent qu'une suite de malentendus. Les gens naïfs et inexpérimentés pensent qu'en singeant la façon de parler, de marcher ou de s'habiller de telle ou telle personne les rendra identiques à leur idole. Bien sûr, ça ne se passe jamais ainsi. Vous pouvez toujours parler avec l'accent d'Oxford, mais cela ne fera pas de vous un diplômé de cette célèbre université. Et même si vous sortiez réellement d'Oxford, cela ne vous garantirait pas le succès à tout coup, pas plus que le bonheur. En effet, le but de l'existence n'est pas de devenir la copie conforme d'une autre copie! En réalité, ceux qui se décarcassent pour vous impressionner sont, dans le fond, les gens les moins sûrs d'eux-mêmes, des gens qui, désespérément, sont prêts à n'importe quoi pour que les autres les acceptent.

La solution ultime pour régler le problème de l'envie est d'être vous-même. Mobilisez toute votre énergie et tout votre talent pour réaliser vos ambitions légitimes, mais souvenez-vous que vous ne possédez que votre propre personne et que cette dernière doit être

autosuffisante. En d'autres termes, vous n'avez besoin
que de vous. Alors, pourquoi envier qui que ce soit?

13
L'orgasme féminin

Dans un certain sens, l'orgasme féminin est un peu comme le temps: tout le monde en parle, mais très peu de gens font quoi que ce soit pour l'améliorer. La comparaison s'arrête toutefois là, car s'il est impossible de faire quoi que ce soit pour améliorer le temps, une femme peut faire beaucoup de choses pour réussir à obtenir un orgasme.

Lorsqu'on parle de ce plus haut point du plaisir sexuel, surtout au féminin, l'un des grands problèmes est que personne ne sait réellement de quoi il est fait chez nos compagnes. Nous savons que le clitoris est érectile, que le vagin se contracte, qu'il se produit des sécrétions, mais tout ça ne nous dit pas pourquoi certaines femmes réussissent facilement à obtenir un orgasme alors que d'autres n'atteignent jamais cet état. Pour compliquer la question, il semble qu'il existe une certaine confusion quant au lieu où l'orgasme se déclenche chez les femmes. Se manifeste-t-il à la hauteur du clitoris ou bien dans le vagin? Voyons comment nous pouvons dissiper cette confusion une fois pour toutes et, à l'issue de cette recherche, nous verrons comment toute femme peut avoir des orgasmes quand elle le veut et où elle le veut.

Nous avons tous pris connaissance de ces statistiques qui nous affirment que seulement cinquante pour cent des femmes réussissent à avoir un orgasme. Eh bien! il ne faut pas croire ces balivernes car, en réalité, 99,99% peuvent y parvenir d'une manière ou d'une autre. Disons d'abord que *la très grande majorité des femmes peuvent réussir à avoir un orgasme, ne serait-ce que par la masturbation* et c'est probablement le fait le plus important qu'il convient de signaler à propos de ce phénomène. Cette réalité permet de conclure, une fois pour toutes, que l'orgasme ne se déroule ni dans le clitoris ni dans le vagin. *Le seul endroit où il survient, c'est dans le cerveau!* Cette découverte est de la plus haute importance et on peut dire qu'elle est la clé capable d'ouvrir à toutes les femmes la possibilité d'avoir un orgasme pendant qu'elles ont des rapports sexuels.

Si l'on se donne la peine d'y penser, tout cela est logique. C'est la seule manière d'expliquer pourquoi de nombreuses femmes ont des orgasmes pendant leur sommeil. Ce qu'il y a de plus intéressant, c'est qu'au cours d'opérations de la boîte crânienne on a découvert que la stimulation de certaines régions cervicales pouvait produire des orgasmes impressionnants. Ces simples faits devraient complètement modifier les idées préconçues que nous entretenons encore sur l'orgasme féminin. Tout ce qu'une femme doit faire pour obtenir des orgasmes satisfaisants et répétés est de changer la manière dont son cerveau réagit à la sexualité. Plusieurs femmes qui éprouvent des difficultés à ce chapitre doivent souvent remonter à leur enfance, car c'est durant cette période de leur existence que la plupart des pierres d'achoppement mentales ont été posées aux carrefours stratégiques de leur personnalité. Cynthia nous raconte comment.

— Vous me demandez si je suis heureuse en ménage, Docteur? Eh bien! je répondrai oui... et non!
— Pourriez-vous être un peu plus précise, Cynthia?

Ma cliente se mit à lisser quelque faux pli imaginaire sur sa jupe et me regarda d'un air hésitant. Avec son teint d'albâtre, ses longs cheveux roux et ses yeux bleu pâle, on pouvait dire que j'avais devant moi une très jolie femme.

— Je suis certaine qu'on vous a souvent exposé ce problème. J'ai 24 ans, je suis mariée depuis un an et, durant ce temps, je n'ai eu exactement que trois orgasmes. Alors quand vous me demandez si je suis heureuse en ménage...
— Je vois. Maintenant, je vais vous poser quelques questions qui devraient me permettre de mieux comprendre votre situation. Avez-vous déjà eu des orgasmes au cours de relations prémaritales?

Cynthia se mit à rougir.

— C'est-à-dire que...
— Un instant, Cynthia. Je vais vous expliquer: c'est le médecin qui vous parle. Si je vous pose de telles questions sur votre passé, c'est que j'essaie de voir quel rôle il est susceptible de jouer dans votre comportement actuel. Détendez-vous et faites-moi confiance, voulez-vous?

Elle fit un signe d'approbation.

— C'est justement ce qu'il y a de plus drôle. Jeff (c'est mon mari) et moi avons vécu ensemble pendant

six mois environ avant de nous marier et, durant ce temps, je peux dire que j'ai eu des orgasmes dans cinquante pour cent des cas environ...
— Et quand vous vous masturbiez?

Elle sembla se cabrer en entendant ce dernier mot.

— Pardonnez-moi, Cynthia, mais c'est ainsi que ça s'appelle. Pourquoi semblez-vous si nerveuse lorsque je parle de masturbation?
— Parce que je me suis toujours sentie coupable lorsque je m'y livrais. Vous savez, ma mère ne m'a jamais rien dit sur le sexe, les menstruations et autres choses de ce style. D'ailleurs je peux dire qu'il était interdit de discuter de ces choses à la maison. Ce sont des copines qui m'ont appris le peu de choses que je connaissais sur le sujet. Elles n'étaient d'ailleurs pas mieux renseignées que moi! Lorsque je parle de mes années d'adolescence, je les surnomme parfois «l'Âge des Ténèbres»...

Elle se remit à rougir mais se rasséréna.

— Bien sûr que je me masturbais, même si je n'avais pas bénéficié de cours d'éducation sexuelle. Seulement voilà, je me sentais toujours coupable...
— Et maintenant, quand vous vous masturbez, éprouvez-vous toujours autant de difficultés à parvenir à un orgasme?
— Absolument pas. Je souhaiterais seulement que ça fonctionne aussi bien avec Jeff...
— Je pense que ça ne prendra pas de temps. Il est évident que pendant votre croissance sexuelle tout ce qui concernait «la chose» était tabou. Comme la plupart des adolescentes, vous vous masturbiez, y preniez plaisir et vous sentiez coupable après coup. Le problème est que la satisfaction que vous pouviez

obtenir de vos attouchements était reliée à un sentiment de culpabilité dans votre esprit. Ensuite, lorsque vous êtes partie vivre avec Jeff, vous ressentiez encore suffisamment de culpabilité pour obtenir quelque satisfaction sur le plan sexuel. D'une certaine manière, étant donné que les rapports prémaritaux étaient en quelque sorte «interdits», cela les rendait plus excitants pour vous. Est-ce clair, jusque-là?

— Comme du cristal! Mais continuez, je vous en prie...

— Souvenez-vous: votre mère n'aurait jamais approuvé ces rapports prémaritaux. Cependant, une fois mariée, tout cela était devenu pour vous parfaitement «légal». Il n'y avait plus rien d'«interdit» et, par le fait même, les orgasmes ont pratiquement disparu. Tentons de découvrir un autre indice: comment vous masturbez-vous maintenant?

Cynthia se mit une fois de plus à rougir, mais sans trop de conviction.

— Dans la douche. Je laisse l'eau chaude couler sur mon clitoris et c'est ainsi que je prends mon plaisir. C'est d'ailleurs comme ça que je faisais lorsque j'étais adolescente.

— Maintenant, vous êtes en mesure de constater ce qui arrive. Votre corps, vos organes sexuels vivent dans le présent, mais votre ajustement sexuel accuse un retard d'une dizaine d'années. La manière dont les choses se passent à l'heure actuelle, c'est que vous menez deux activités de front: vos propres orgasmes et les rapports sexuels que vous entretenez avec votre mari. Si nous réussissons à faire coïncider ces deux types d'activités, votre problème ne prendra pas de temps à se résoudre.

Cynthia esquissa un sourire.

— Ce n'est pas moi qui dirai non! Et que dois-je faire au juste?

— Écoutez-moi bien, Cynthia. Étant donné que le cerveau est le siège de toutes les réactions sexuelles, tout ce que nous avons à faire c'est de le reprogrammer de manière à ce qu'il vous permette d'avoir un orgasme quand et où vous voulez. Les organes sexuels proprement dits — c'est-à-dire le clitoris et le vagin — ne sont que de simples émetteurs-récepteurs. Ils captent des sensations physiques comme le toucher, la pression et la chaleur et les retransmettent au cerveau par le réseau nerveux. Pour avoir un orgasme, deux choses doivent se passer. Premièrement, le cerveau doit recevoir comme un flot constant de sensations d'ordre sexuel. Deuxièmement, il faut que votre cerveau soit réceptif et qu'il emmagasine ces sensations jusqu'à ce qu'un niveau critique soit atteint. Ensuite, le cerveau se laisse aller, ouvre en quelque sorte ses vannes pour laisser échapper toute cette énergie d'un seul coup: c'est ce qu'on appelle le phénomène de l'orgasme. Signalons qu'on parvient plus facilement au but si la stimulation sexuelle commence sans hâte et qu'elle augmente graduellement jusqu'à atteindre la phase orgasmique.

— Mais comment savez-vous que cela se déroule précisément de cette manière?

— C'est la logique même. C'est ce que vous faites dans la douche, n'est-ce pas?

Cynthia se mit à réfléchir.

— Je pense que vous avez raison...

— Je pense que le meilleur moyen de reprogrammer le cerveau est encore de démolir les vieux tabous. Je parie que votre mère vous recommandait de ne pas vous toucher «là, en bas», n'est-ce pas?

Cynthia fit un signe affirmatif.

— C'est exactement ça!
— Un bon moyen de commencer votre traitement peut consister justement à vous toucher «en bas». Trouvez un coin tranquille où personne ne risque de vous déranger et allongez-vous avec un miroir et un bon éclairage. Examinez soigneusement vos organes sexuels et vous remarquerez certaines choses vraiment fascinantes.

Cynthia se mit à froncer ses jolis sourcils.

— Par exemple?
— Par exemple, remarquez comment le petit capuchon qui recouvre le clitoris est rattaché aux petites lèvres qui recouvrent le vagin. Durant l'acte sexuel, tandis que le pénis accomplit son mouvement de va-et-vient, il repousse ces délicates attaches et masse par la même occasion le clitoris. Ne craignez pas de faire preuve de curiosité et vous découvrirez certaines choses très intéressantes.

Elle porta sa main à sa bouche, un peu gênée.

— Mais, Docteur, je me sentirais un peu perverse de me regarder comme ça, «en bas»!
— Bien sûr, et c'est là que le bât blesse, Cynthia. Vous n'hésitez pas à examiner soigneusement vos ongles, n'est-ce pas? Vous les polissez, y mettez du vernis. Vous sentez-vous perverse pour autant?
— Bien sûr que non, mais c'est différent!
— Il n'y a pas de doute à ce propos, mais je dirais que vos organes sexuels sont autrement plus importants pour votre bonheur que vos ongles...

Cynthia sembla se dérider.

— Si vous me présentez la chose de cette façon, je dois bien admettre que vous avez raison, Docteur.
— Bien. Voyons maintenant si vous êtes prête pour la prochaine étape.

Cynthia sembla se raidir un peu.

— Et en quoi consiste-t-elle?
— Rien de plus que le petit jeu auquel vous vous êtes livrée depuis les dix dernières années, c'est-à-dire vous amuser à obtenir un orgasme par vos propres moyens. Seulement, cette fois-ci, je veux que vous observiez soigneusement ce qui se passe. Je crois que vous découvrirez certaines choses que vous ne manquerez pas de trouver instructives.
— Comme quoi?
— Vous remarquerez, entre autres, que vous commencez à vous caresser en douceur, en vous touchant à peine. Tandis que votre clitoris et que les lèvres de votre vagin commencent à recevoir un apport sanguin plus important, vous éprouvez le besoin de subir une stimulation plus intense. C'est ce que je vous décrivais précédemment lorsque je vous expliquais que les impulsions qui se rendaient au cerveau devaient y parvenir plus rapidement et avec plus d'intensité. Vous remarquerez également qu'au début vous demeurez pleinement consciente du processus qui est en train de se dérouler. Vous pouvez changer de technique ou arrêter quand ça vous fait plaisir. Si toutefois vous continuez, c'est un peu comme si votre cerveau insistait pour obtenir de plus en plus de stimulations et vous commencez à perdre le contrôle des événements. Par exemple, vous atteignez éventuellement le stade où vous vous sentez irrésistiblement portée à frotter votre clitoris de plus

en plus rapidement. D'ailleurs, c'est très important...

— Et pourquoi est-ce si important que cela?

— Parce que plus vite vous perdez le contrôle de vous-même, plus vite vous réussirez à avoir un orgasme!

— Mais c'est difficile, Docteur...

— Je sais cela. Toute votre vie, on vous a répété *de vous contrôler* et c'est exactement ce que vous avez fait. Voilà pourquoi vous n'avez eu que très peu d'orgasmes depuis que vous êtes mariée. Maintenant, ce qu'il faut, c'est *vous laisser aller,* abattre toutes les barrières entre vous et votre épanouissement sexuel, des barrières que vous avez vous-même érigées selon le plan que votre mère vous a dressé avec tant de sollicitude.

— C'est tout un programme...

— C'est juste, mais toutes les personnes qui se sont appliquées à ce travail sont toutes d'accord pour dire que cela en vaut vraiment la peine.

Cynthia eut un sourire coquin.

— Je n'en doute point, mais poursuivez, Docteur.

— Toute expérience sexuelle, qu'il s'agisse de rapports classiques ou de masturbation doit, comme bien des choses, avoir un commencement, un milieu et une fin. Pour réussir à atteindre le but que vous vous êtes fixé, il faut réussir à diriger vers le cerveau un flot d'impulsions constantes, provoquées par les stimulations du vagin et du clitoris, jusqu'à ce que le seuil critique soit atteint et que l'explosion orgasmique se déclenche.

Cynthia, en bonne élève, leva la main.

— Docteur, je voudrais vous poser une question. N'y a-t-il que le vagin et le clitoris qui soient de la partie?

— Vous savez bien que non, Cynthia, mais ce sont des organes qui jouent un rôle capital dans le processus qui nous intéresse. Vous avez sans doute entendu parler de ce dicton qui nous affirme que «tout est permis en amour». Cela peut s'appliquer à l'orgasme, bien sûr. Je suis persuadé que vous avez remarqué combien, pendant que vous faites l'amour ou que vous vous masturbez, il est agréable de se caresser les seins ou de se les faire peloter. On peut avoir recours à bien d'autres techniques du genre pour intensifier les impulsions érotiques qui parviennent au cerveau.

Cynthia tendit une oreille attentive.

— Lesquelles, par exemple?
— Comme vous le savez, le cerveau traite l'information qui lui parvient des cinq sens. Chaque sensation, à condition d'être appropriée à la situation, peut renforcer l'excitation sexuelle, vous aider à oublier toute retenue et à obtenir un orgasme plus intense et plus rapide. Les baisers, entres autres, font appel au sens du toucher, au goût, à l'odorat. L'un des autres importants facteurs vous permettant d'obtenir un orgasme consiste à mettre toutes les chances de votre côté en ayant recours à tous les stimuli sensoriels et psychiques auxquels vous pouvez faire appel. Par exemple, lorsque vous vous masturbez, vous prenez tous les moyens qui sont en votre pouvoir pour atteindre le stade de l'orgasme. Il est donc naturel que vous preniez les mêmes moyens lorsque vous faites l'amour avec votre mari.
— Cela veut dire qu'il faut faire appel à son imagination, n'est-ce pas?
— Absolument. Cela veut même dire qu'il faut faire appel à son imagination de deux façons. Tout

d'abord, il est nécessaire de se faire en quelque sorte «du cinéma» afin de renforcer les stimuli qui se rendent au cerveau. N'est-ce pas ce que vous faites lorsque vous vous masturbez?

Cynthia se contenta de faire un signe de tête.

— Et l'on peut faire la même chose pendant qu'on fait l'amour?
— Il existe un autre moyen d'utiliser votre imagination pendant l'acte sexuel.

Elle fronça les sourcils, une fois de plus.

— Comment, Docteur?
— En pensant à de nouvelles façons d'intensifier les impulsions qui atteignent votre cerveau. Par exemple, si votre mari caresse votre clitoris jusqu'à ce que vous réussissiez à avoir un orgasme cela peut...

Elle m'interrompit.

— ...Mais n'est-on pas censé avoir un orgasme en faisant tout simplement l'amour?
— C'est justement ce que j'allais dire...
— Excusez-moi, Docteur, mais tout cela est si important pour moi que je m'emporte un peu...
— Vous êtes tout excusée, Cynthia, et je comprends votre impatience. En tout cas, si votre mari réussit à vous faire jouir de cette façon, vous aurez franchi un pas très important. Pour certaines femmes, c'est le moyen d'obtenir pour la première fois un orgasme avec leur partenaire. Il s'agit pour elles d'un point de départ leur permettant éventuellement de jouir normalement durant les rapports sexuels.
— Et si ça ne fonctionne pas?
— Une fois de plus, votre imagination doit venir à la rescousse. Certaines femmes trouvent que rien ne vaut

le cunnilingus — qu'on appelle également stimulation buccale du clitoris et du vagin — pour parvenir à un orgasme qu'elles estiment incomparable. Ensuite, elles recourent à cette technique en guise de préliminaires et cela les aide énormément à avoir des relations sexuelles conventionnelles satisfaisantes.

Cynthia sembla hésiter.

— Et que pensez-vous de l'autre truc? Vous savez...
— Vous voulez sans doute parler de ce qu'en langage médical on appelle fellatio, c'est-à-dire la stimulation buccale du sexe de l'homme?
— Enfin oui, c'est ça...
— Bien sûr. Beaucoup plus de femmes que vous ne l'imaginez trouvent cela très excitant, ce qui les aide également à avoir un orgasme. Cet à-côté de l'amour leur permet d'abandonner plus rapidement toute inhibition et ainsi d'atteindre des résultats inespérés.

Un mois plus tard, Cynthia revint me consulter.

— Et comment allez-vous, Cynthia?

Elle affichait un grand sourire.

— Parfaitement, Docteur, parfaitement... Cela m'a pris trois semaines d'efforts intensifs. Non, je suis vraiment sérieuse. Au début, j'ai trouvé cela très difficile...
— Je sais, cela nécessite de réels efforts.
— Bien des gens riraient de mes hésitations mais, souvent, il a fallu que je fasse contre fortune bon cœur pour me forcer à faire ce qu'il fallait, peu importe combien je me sentais embarrassée ou encore pleine d'appréhension. Mais j'ai réussi. Après la troisième semaine, un certain soir, alors que je m'y attendais le moins, c'est arrivé et ce fut vraiment

sensationnel. Vous savez, il est vraiment différent de faire son plaisir soi-même et de le partager avec son mari. C'est une sensation absolument extraordinaire! Vous voyez ce que je veux dire?

— Je vous comprends, mais vous n'êtes pas au bout de vos peines...

Elle ouvrit les yeux comme des soucoupes.

— Voulez-vous dire que je n'ai pas encore fini?

— Dans un certain sens, c'est exact, bien que votre prochaine «mission» ne soit pas précisément désagréable. Dès que vous réussirez à atteindre un orgasme en faisant l'amour, il ne faudra pas vous reposer sur vos lauriers. Il est important de «garder la forme» en quelque sorte, jusqu'à ce que cela devienne une seconde nature. Vous devez avoir des rapports sexuels le plus fréquemment possible, en vous appliquant chaque fois à obtenir un orgasme.

Cynthia se remit à sourire.

— Je suis heureux de vous l'entendre dire, Docteur, parce que c'est exactement, ce que j'avais l'intention de faire!

14
Le démon du jeu

«Le jeu...» Ce seul mot excite l'imagination! On voit tout de suite le casino de Monte-Carlo, les graves gentlemen en smoking, les élégantes vêtues par les grands couturiers, la roulette qui ronronne pendant que le croupier dit: «Rien ne va plus!» Les boules s'arrêtent dans les creux de la roulette. Des fortunes se font. D'autres s'écroulent.

«Vingt-quatre rouge!»

Le croupier ramasse un énorme tas de jetons sur la table et les fait glisser devant un personnage de courte taille, au teint basané, portant un turban immaculé. Ce dernier ramasse les jetons et...

Soudainement, une annonce pour lotion à barbe apparaît sur l'écran de la télévision. Dans soixante secondes, le film d'espionnage de seconde zone va recommencer.

Maintenant, revenons sur terre. Dans une pièce exagérément climatisée, aussi intime qu'un hall de gare, des personnes grisonnantes, le dos voûté, tiennent chacune à la main un gobelet en plastique plein de pièces de 25 cents. La salle est bourrée de gobe-sous et, d'un geste machinal, comme des robots, ces gens d'un âge certain glissent les pièces dans les fentes de ces appareils et tirent sur un levier. Sans même attendre les résultats, ils continuent à gorger les gueules mortes de ces machines avec de l'argent qu'ils ne peuvent se permettre de perdre.

Dans une salle attenante, encore plus vaste et plus déprimante que la première, on peut voir une dizaine de tables de jeu où l'on dispute des parties de dés. À l'une d'elles se trouve un comptable grassouillet originaire de Los Angeles. Il tient une paire de dés dans sa main droite et, dans la gauche, serre très fort une dizaine de jetons valant cent dollars chacun. Il porte sa main droite à ses lèvres et chuchote aux deux petits cubes en matière plastique: «S'il vous plaît... Je vous en prie... Soyez gentils... Sortez... Voulez-vous? Faites cela pour moi...»

Il jette ses jetons sur la table, prend une longue gorgée de la boisson qui se trouve dans son verre à highball et jette nerveusement les dés qui se mettent à rouler sur le tapis vert. La surface supérieure de l'un des cubes comporte quatre petits points blancs. Sur l'autre, on en aperçoit trois. Total: sept points. Le comptable de Los Angeles vient de perdre. Pour la onzième fois de suite. Il a perdu 4 450 $ dans sa soirée. Depuis les trois derniers jours, il a flambé 29 670 $. Il secoue la tête, prend l'ascenseur, monte dans sa chambre où il avale trente et un cachets de somnifère. Cela se passait voilà deux semaines. Aujourd'hui, l'homme est assis dans mon bureau.

— J'ai su que j'avais eu tort dès le moment où j'ai avalé ces cachets, Docteur. Alors j'ai appelé tout de suite la réception. Ils ont fait venir une ambulance et à l'hôpital, on m'a fait un tubage gastrique. Pas très agréable... Puis la direction du casino m'a payé un billet de retour en avion. Vous savez, pendant qu'ils me pompaient l'estomac, une pensée me trottait constamment dans la tête...

— À propos de quoi?

Harold grimaça d'un air blagueur.

— Je ne pouvais m'empêcher de penser que non seulement ces maudits casinos m'avaient ruiné, mais qu'ils essayaient par-dessus le marché de me faire rendre gorge pour toutes les consommations gratuites qu'ils m'avaient payées!

Il redevint sérieux.

— Je sais qu'il n'y a pas de quoi rire, Docteur, mais je me dis que j'ai encore eu de la chance de jouer mon argent personnel. Je connais un type dans mon genre qui a perdu de l'argent appartenant à la compagnie pour laquelle il travaillait et qui a dû filer au Brésil...

— Il est devenu un fugitif, en somme?

— Non, missionnaire. Il a remboursé tout ce qu'il avait pris, a été mis en liberté conditionnelle et a décidé de se consacrer aux missions. C'était d'ailleurs la seule chose qui lui restait à faire vu que sa femme l'a plaqué et qu'il lui était impossible de se retrouver un emploi où que ce soit. Enfin, c'est son problème et je suis censé parler du mien... La question qui me chipote le plus est celle-ci: Comment se fait-il que je sois si attiré par le jeu? Pouvez-vous m'expliquer cela?

— Peut-être y a-t-il moyen de découvrir dans le phénomène du jeu un détail auquel bien peu de gens semblent porter attention.

— Et quel est-il, Docteur?

— Le fait que les propriétaires des casinos ne jouent jamais. À Las Vegas, vous ne voyez jamais ces personnages en train de transpirer et de souffler comme des phoques au-dessus des tables de jeu. Vous ne les voyez pas en train de regarder leurs économies de toute une vie fondre comme neige au soleil. Savez-vous pourquoi?

Harold eut un timide sourire.

— Allez-y Docteur, vous tenez un filon...
— Tout simplement parce qu'ils connaissent le secret, Harold, et ce secret, je vais vous le révéler tout de suite: c'est que le jeu, les paris, ça n'existe pas...
— Que voulez-vous dire? Qu'est-ce que j'ai fait alors depuis les neuf dernières années? Si ce n'était pas jouer, comment se fait-il que j'ai dilapidé tout le fric que j'avais mis une vie à accumuler, soit 150 000 dollars?
— Non, Harold, ce n'était pas du jeu, mais nous en reparlerons plus tard... Réfléchissez un peu. Les bonshommes qui sont propriétaires de tous ces tripots ne prennent aucun risque. Ils se sont mis en affaires pour gagner à tout coup. Les pauvres poires qui risquent leur argent parient en réalité contre une formidable machine, une machine qu'ils ne peuvent ni voir ni toucher, une machine inhumaine. Savez-vous quel est son nom?
— Et quel est-il?
— Cette machine s'appelle *la Loi de la probabilité*. Tout ce que les casinos ont à faire est de remplir leurs salles avec des joueurs. La Loi de la probabilité fait le reste. Voilà pourquoi on vous offre gratuitement des spectacles de nus, l'usage de piscines gigantesques, des consommations, des buffets. Tout ce que les organisateurs ont à faire, c'est d'alimenter la machine en joueurs ingénus!

Harry commençait à prêter plus attentivement l'oreille.

— L'embêtant est que la plupart des gens n'ont aucune idée de la manière dont s'applique la Loi de la probabilité. En quelques mots, cela fonctionne ainsi. Si vous prenez une pièce de monnaie et que vous la lanciez en l'air, dans cinquante pour cent des cas la pièce risque de retomber sur le côté pile et dans cinquante pour cent sur le côté face. Du moins, cela devrait théoriquement se passer ainsi, à condition de toujours lancer votre pièce avec la même force et à condition qu'elle fasse le même nombre de tours dans les airs. Votre pièce peut tomber sur «pile» dix fois de suite, mais, tôt ou tard, il faudra qu'elle tombe dix fois de suite sur «face» pour égaliser les chances. Ce n'est pas *exactement* ainsi que ça se passe, mais simplifions et disons que ce raisonnement colle de près à la réalité. Maintenant, regardons un peu comment fonctionne la roulette. On peut y jouer de différentes manières, mais disons que vous vous contentez de parier sur les couleurs — le rouge et le noir. Tout cela a l'air enfantin. Il vous suffit de rester là toute la nuit, de consommer gratuitement et, si la Loi de la probabilité fonctionne — et elle fonctionne *toujours* — vous devriez théoriquement vous en tirer sans perdre de plumes. À la longue, le rouge devrait sortir une fois sur deux et le noir également. Par conséquent, en pariant sur une seule couleur, il n'y a pas moyen de perdre. Vous ne gagnez peut-être rien, mais vous pouvez rentrer chez vous les poches aussi pleines que lorsque vous êtes entré au casino. La moitié du temps, vous aviez raison et la moitié du temps vous aviez tort, mais vous avez tout de même passé une excellente soirée qui ne vous a rien coûté. C'est bien cela, n'est-ce pas?

Harold prit un air songeur.

— Cela me paraît raisonnable...

Il se mit à se gratter l'occiput.

— Qu'y a-t-il, Harold?

— Si vous pouvez vous en tirer à si bon compte où donc ces promoteurs trouvent-ils les millions de dollars qui leur permettent de construire ces luxueux casinos? Où trouvent-ils l'argent pour rouler en Rolls et en Mercedes? Certainement pas grâce aux types qui jouent la même couleur toute la nuit et ne perdent jamais un dollar...

— C'est ce que je voulais vous entendre dire, Harold. Ils gagnent grassement leur vie avec de gros joueurs comme vous, mais ne vous en faites pas pour eux: ils ne laissent même pas gagner le menu fretin qui joue des jetons de un dollar à la roulette! Et souvenez-vous que c'est encore à la roulette qu'il y a les meilleures possibilités de gagner, en jouant le rouge et le noir...

— Pourquoi? Comment cela fonctionne-t-il?

— Comme ceci. La roulette comporte trente-six numéros, plus un zéro et un double zéro. Chaque fois que la roue tourne, le numéro qui peut sortir peut être un rouge, un noir, un zéro ou un double zéro (dans les casinos européens, ils n'ont pas de double zéro, ce qui ne les empêche pas de faire d'excellentes affaires). C'est tout, Harold... Tout ce que ça prend pour construire ces grands hôtels, faire vivre ces extravagants casinos et se payer une nouvelle Rolls-Royce chaque année. Ce zéro et ce double zéro tronquent tellement les chances qui peuvent jouer en votre faveur qu'il est pratiquement impossible de vous en tirer gagnant. En d'autres termes, ils ajustent cette gigantesque machine cosmique que l'on appelle la Loi de la probabilité pour réduire vos chances à néant et, si vous jouez suffisamment longtemps, *vous êtes condamné à perdre.*

— Et les autres jeux alors?

— Ils sont dix fois pires! Selon la manière dont vous jouez, on peut dire qu'avec la roulette les chances de la maison sont de 1,1 à 1 contre vous. Autrement dit, vous êtes déjà plumé d'avance. Gagner aux autres «jeux» relève du domaine de l'impossible, voire du ridicule. Prenons les gobe-sous. Lorsqu'ils sont très généreux ces appareils rendent aux joueurs environ quarante pour cent de leur mise, mais beaucoup de ces machines ne rendent que trente pour cent de ce qu'elles engloutissent. Mais même à quarante pour cent, vous vous retrouvez lessivé! Et quand vous jouez aux dés ou au black-jack, mieux vaut faire votre deuil de chaque dollar que vous jetez sur le tapis vert.

Harold prit un air indigné.

— Mais j'ai lu un tas de choses sur tous ces gens qui gagnaient dans les casinos!

— Je n'en doute pas! À travers le monde, tous les casinos ont leur service de relations publiques. Lorsque, par hasard, un de leurs clients fait des gains appréciables, vous pouvez être persuadé que son nom se retrouve tartiné dans tous les journaux. Par contre, lorsqu'un pigeon essuie de lourdes pertes et qu'il absorbe un peu trop de somnifères pour oublier, personne n'en parle. Pour vous donner une idée de ce travail de «désinformation», parlons un peu de ces «compteurs de cartes», au black-jack. J'en connais. Ce sont des gens à la mémoire fabuleuse, capables de prévoir avec assez d'exactitude à quel moment les cartes vont sortir. Eh bien! les casinos ne cessent de se plaindre des agissements de ces petits futés. J'ai toutefois l'impression que les maisons de jeu ne perdent pas autant d'argent avec ces débrouillards qu'elles veulent le laisser entendre. Et puis, à part cela, les casinos possèdent des moyens de dissuader les joueurs qui tentent de battre le système en brèche... Une fois de plus, le problème avec lequel vous vous retrouvez, Harold, c'est qu'en réalité vous ne jouez pas...

Mon interlocuteur resta bouche bée.

— Comment, je ne joue pas? De quoi voulez-vous parler? — J'ai récolté suffisamment de cicatrices pour prouver que je joue.

Je ne pus m'empêcher de sourire ironiquement.

— Bien sûr, vos cicatrices sont visibles, mais je vais vous dire quelque chose: elles ne proviennent pas du jeu proprement dit. C'est en jetant l'argent à pleines poignées par les fenêtres que vous les avez récoltées. Jouer veut dire parier sur quelque chose dont l'issue est incertaine et qui se trouve exclusivement soumis aux lois du hasard. Par exemple, si vous pariez sur les possibilités qu'ont deux pies, perchées sur une clôture, de s'envoler, il pourrait, *à la rigueur,* s'agir d'un jeu, mais si vous pariez qu'une petite boule ne tombera pas sur le zéro ou sur le double zéro ou encore que tel ou tel morceau de carton coloré se retrouvera sur le dessus d'une pile de cartes de la même espèce, cela n'est pas du jeu. En pariant contre d'impossibles possibilités, comme aux dés, cela non plus n'est pas du jeu: c'est du massacre!

Harold devint songeur.

— Et les loteries, alors? Voilà au moins un jeu de hasard que personne ne peut influencer... Ça, c'est vraiment du jeu, n'est-ce pas?

— À peine. Souvenez-vous que les possibilités doivent être de 50-50. Pour chaque dollar que vous misez, vous devriez théoriquement pouvoir en gagner deux et pour que tout cela soit juste, il ne devrait y avoir que deux gagnants: vous et quelqu'un d'autre. Les possibilités de gagner à la loterie sont si aléatoires — les chances sont de cent à un million contre une — que tout ceci n'est pas vraiment du jeu. La triste vérité, c'est que les casinos ne sont pas vraiment des endroits où l'on joue...

— Que sont-ils alors?

— Des usines à rêves, Harold...

— Que voulez-vous dire?

— C'est très simple: un casino est un endroit où l'on peut voir rouler beaucoup d'argent. En effet, dans un tel établissement, il se trouve toujours un million de dollars et quelque en maraude. Les couleurs, les lumières tamisées, les jolies filles, les consommations à l'œil, la moquette, tout est conçu pour vous placer dans un état de rêve, un état second. Ensuite, ils vous donnent l'*illusion* de pouvoir accaparer une parcelle de cet argent. Tout ce que vous avez à faire, vous suggèrent-ils, c'est de trouver la combinaison magique. En d'autres termes, si vous réussissez à découvrir la combinaison magique permettant que les cartes ou que les dés vous soient favorables, vous pouvez devenir riche en un instant. La tragédie réside dans le fait que c'est impossible. Il existe une base mathématique logique pour chaque jeu de hasard et les chiffres sont manipulés de manière à vous être défavorables au départ. Les gens qui investissent dans les casinos sont des hommes d'affaires extrêmement avisés qui n'hésitent pas à engager les meilleurs mathématiciens afin de s'assurer de perdre un *minimum* d'argent tout en vous en faisant perdre un *maximum*. C'est aussi simple que cela. Une fois de plus, c'est le coup des grosses serres...

— Des grosses serres? Quelles serres?

— Vous souvenez-vous, Harold? Dans les anciennes salles de machines à sous, on trouvait toujours une espèce de cage de verre où étaient exposés toutes sortes d'objets brillants et tentateurs: briquets géants, étuis à cigarettes, bagues, bracelets et autres articles en or plaqué. Les enfants glissaient leurs *nickels* dans la fente et une espèce de grosse griffe, semblable à celle qu'on trouve sur les grues industrielles, descendait au bout de sa chaîne et étreignait quatre ou cinq briquets, bracelets ou petits bibelots. Les enfants déplaçaient le bras de la grue de manière à pouvoir amener les serres de l'appareil au-dessus de la glissoire qui allait enfin mettre ces merveilles à portée de leurs mains. Cependant, dès que les serres semblaient prêtes à s'ouvrir pour libérer leur trésor, elles se déplaçaient imperceptiblement, de quelques millimètres, et tous ces précieux cadeaux retombaient sur la pile de leurs semblables, au milieu de la cage de verre. Jamais ces pauvres gosses ne ramassaient quoi que ce soit. Le pire, c'est qu'ils le savaient! Mais l'espoir, la tentation, le rêve étaient si forts qu'ils ne pouvaient s'empêcher de glisser piécette après piécette dans la machine. Ils espéraient toujours que, par quelque miracle inexplicable, quelque chose se détraquerait dans le système, que la machine se retournerait soudainement contre ses maîtres et qu'elle remplirait leurs petites mains moites avec ses trésors de pacotille.

Harold se mit à sourire.

— Je me souviens de ce truc-là, Docteur... Je vois ce que vous voulez dire...

— Je l'espère bien, Harold. Vous et vos semblables, les soi-disant «joueurs», n'êtes en réalité que des «camés», des passionnés du rêve. Vous traînez dans les usines à illusions en vous imaginant un tas de choses et en y mettant le prix. Lorsque le rêve est passé, non seulement n'avez-vous rien gagné, mais encore avez-vous perdu tout ce que vous aviez. C'est alors que vous devez faire face à la réalité et que vous avalez vos cachets de somnifère...

— C'est pourtant vrai, Docteur, mais est-ce vraiment tout?

— Pas tout à fait. Un grand nombre de gens qui aiment se dire joueurs ne désirent, en réalité, que perdre. Je me souviens de l'un de mes clients qui, un beau soir, fut vraiment «veinard» et parvint à gagner dix mille dollars aux dés. Les joueurs utilisent le terme «veinard», mais il ne correspond pas à la réalité. La vérité, c'est que ceux qui semblent bénis de la chance arrivent dans le jeu à un moment donné d'un cycle mathématique. Par exemple, ils commencent à jouer à la roulette alors que le noir s'apprête à sortir quatre ou cinq fois de suite. Tout mathématicien vous expliquera qu'il n'y a rien là de bien sorcier. Cependant le noir doit, une fois de plus, de façon mathématique, perdre pendant le même nombre de tours qu'il en a gagnés. Par conséquent, si vous avez le bonheur de jouer pendant le cycle gagnant de la partie, vous pouvez vous compter chanceux ou «veinard». Et si vous vous retirez avant le changement de cycle, vous vous retrouvez avec le magot. C'est ce qui était arrivé à mon client.

Harold eut comme une lueur d'espoir.

— Alors comme ça, il y a tout de même *certaines* personnes qui gagnent, hein?

— Jugez-en vous-même. Il encaissa ses jetons contre cent billets de cent dollars, monta à sa chambre et se coucha. Il était environ 22 h. Même s'il avait passé son temps aux tables de jeu depuis dix heures du matin, il ne parvint pas à trouver le sommeil au cours des cinq heures qui suivirent, ne cessa de s'agiter et de se retourner dans son lit. Finalement, il se leva, se rhabilla, prit ses dix mille dollars et redescendit au casino. Il se remit à jouer aux dés et, une heure plus tard se retrouva complètement lessivé, sans un sou. Puis il remonta dans sa chambre, se coucha et dormit enfin du sommeil du juste.

Harold secoua la tête.

— Je connais ça, Docteur... Je connais ça... Je sais qu'il est idiot de jouer son avenir sur les probabilités qu'une petite bille d'acier a de tomber dans les trous de cette maudite roue en bois...

— C'est exactement cela, Harold. Un autre de mes clients me confia un jour qu'il en avait assez de prêter de l'argent à perte à une stupide paire de dés. «Ces sales dés me prennent tout mon argent et ne me le rendent jamais!» avait-il coutume de me dire. Je pense que cela résume bien la question, n'est-ce pas?

— Je suis cent pour cent d'accord.

— Bien entendu, on ne parie pas que dans les casinos. Il y a un vieux dicton américain qui dit que le jeu de hasard qu'on appelle «les affaires» regarde d'un œil méprisant les affaires que l'on appelle «jeux de hasard». En effet, une grande partie de ce que les gens appellent «investissements», «affaires» ou «Bourse» ne sont qu'une forme de pari revêtu d'habits respectables. Prenons la Bourse. Le décor est différent de celui des casinos, mais l'on y retrouve la même atmosphère onirique. Les ordinateurs scintillent de tous leurs feux, les téléphones sonnent sans trêve, les courtiers et leur suite s'agitent de manière apparemment incohérente. Des centaines de millions de dollars changent de main à chaque minute et l'atmosphère est chargée d'électricité. Mais il y a autre chose dans l'air: l'espoir, l'*illusion* de pouvoir tromper le destin et de devenir riche en cinq sec. Il est exact que certaines personnes s'enrichissent à la Bourse et cela me rappelle l'histoire de ce citoyen de Cleveland qui était allé rendre visite à l'un de ses amis, un courtier en valeurs mobilières qui officiait dans Wall Street. Ce dernier fit visiter la Bourse de New York à son ami, lui montra les bureaux de ses confrères, la vaste salle des ordinateurs, centre nerveux du réseau informatisé de l'organisme. C'était une belle journée estivale et, après cette visite industrielle, le New-Yorkais invita son ami à faire une petite promenade à la marina, non loin de là. Montrant au visiteur une vingtaine de luxueux yachts ancrés dans le port de plaisance, il lui annonça fièrement: «Voici les yachts des courtiers de Wall Street...»

Le provincial fixa la scène d'un œil admiratif, réfléchit pendant quelques instants et répondit: «C'est réellement impressionnant! Mais où sont donc les yachts des *clients* de la Bourse?»

Voilà la question... Trop souvent, ce que les gens appellent un «placement» boursier n'est rien d'autre qu'un gros pari placé sur un jeu de roulette informatisé. Quel est le spéculateur qui peut se dire assez futé pour prévoir à quel moment les actions ordinaires de General Motors, de U.S. Steel, de

Xerox, de General Mills ou de toute autre valeur qui se transige quotidiennement à la Bourse vont monter, descendre ou demeurer stables? Ce qu'il y a de plus intéressant, c'est que 99 pour cent des parieurs — Oh! pardon... des spéculateurs — basent leurs décisions sur des rêves qu'ils prennent pour des réalités et sur la foi de recommandations et «tuyaux» prodigués par de présumés experts. Je voudrais profiter de l'occasion pour vous signaler quelque chose de fascinant à propos de ces derniers. En suivant leurs conseils, vous obtiendrez à peu près les mêmes résultats qu'à la roulette: si vous persévérez suffisamment longtemps, vous finirez par tout perdre! «Mais il doit bien y avoir un moyen de savoir si les actions d'une entreprise seront demain à la hausse ou à la baisse?» rétorquerez-vous certainement. C'est vrai, les grands patrons des compagnies en cause ont une bonne idée de la question, mais selon les lois fédérales américaines et celles de la plupart des pays capitalistes, ils n'ont pas le droit de vous faire des confidences (qu'on appelle «informations internes»), d'autant plus que s'ils ne vous doivent rien, ce serait contre leur plus élémentaire intérêt! Cela veut dire en clair que si un «conseilleur» désire demeurer dans la plus *stricte légalité*, les tuyaux qu'il risque de vous refiler relèveront davantage du domaine de la *divination* que de celui des affaires sérieuses. Cela vaut la peine d'être médité.

Une autre forme de paris se déguisant sous l'appellation de «placements» s'appelle «cotations à terme»: vous vous engagez à acheter ou à vendre des denrées ou des matières premières comme le blé, le maïs, l'or, le cuivre, etc., à une date donnée. Il y a de quoi se retourner les doigts de pied en bouquets de violettes, car les sommes en jeu sont généralement très substantielles. Par exemple, si vous commencez à faire joujou avec les gens qui se trouvent dans cette équipe de spéculateurs, cela peut vouloir dire que vous pariez, par exemple, des sommes représentant cinq mille boisseaux de blé, douze tonnes de cuivre ou dix tonnes de cacao. Pour rendre la chose plus intéressante, il vous suffit de déposer une somme minime, souvent guère plus que cinq pour cent de la valeur de la marchandise, pour arrêter la transaction. Dans un casino, on appellerait cela parier à crédit. Ainsi, si vous pariez qu'une certaine denrée sera prochainement à la hausse et que le contraire se produit, vous pourrez facilement perdre cent mille dollars dans une seule journée. Comme on peut le voir, l'action ne manque pas et vous en avez pour votre argent! Bien entendu, si votre denrée est à la hausse, vous empocherez un bénéfice intéressant. Toutefois, pour quelque obscure raison, on dirait qu'assez peu de gens soient suffisamment bénis des dieux de la finance pour deviner avec justesse si leur placement va connaître une hausse. D'ailleurs, la plupart des personnes qui placent leur argent dans des cotations à terme n'ont pas la moindre idée de ce qui les attend, guère plus d'ailleurs que ceux qui fréquentent les casinos. Une fois de plus, nous sommes en pleine usine à rêves...

«Alors, me demanderez-vous, quelle est l'attitude à adopter face au jeu?» Il n'y a réellement qu'une solution: si vous tenez vraiment à parier, choisissez les deux pies perchées sur une clôture. Au moins, ces oiseaux-là vous offriront la possibilité de gagner quelque chose. Tous les autres jeux: black-jack, dés, roulette et tout le tremblement ne visent réellement qu'à vous vendre du rêve extrêmement cher d'ailleurs. En somme, si vous voulez vraiment vous en tirer gagnant(e), il n'existe qu'un seul moyen: vous abstenir de parier.

15
Les drogues «dures»

Pensez-vous vous être fait coincer dans le piège des drogues dites «dures»? Bon, mais avant d'aller plus loin, entendons-nous pour définir aussi exactement que possible ce que le terme «drogues dures» veut réellement dire. Selon *la définition médicale traditionnelle,* une drogue dure est une drogue qui cause une dépendance physique. Cela signifie que la drogue fait pratiquement partie de votre métabolisme et que votre corps ne fonctionne plus convenablement sans elle. L'un des exemples que l'on cite fréquemment dans les livres de médecine concerne les opiacés, des stupéfiants extraits d'un poison dérivé du pavot: l'opium. Dans cette famille on trouve la morphine, l'opium proprement dit, l'héroïne, etc. Décrire tous les dérivés de l'opium n'est pas chose facile et nous aurons l'occasion d'en reparler.

Une manière plus intelligente et plus utile de définir une drogue dure est celle-ci: il s'agit d'une substance qui change radicalement votre manière de penser ou votre comportement, une substance qui agit de manière destructive sur le cerveau dès que vous en faites usage. Voici une liste de ces produits psychotropes (il en existe beaucoup d'autres): *la cocaïne, le LSD, la mescaline, les amphétamines, les barbituriques, les Quaaludes* (et autres «ludes») et l'alcool.

Je sais, la cocaïne ne crée pas d'accoutumance, mais je sais également qu'elle engendre des changements dramatiques dans le comportement de ceux et de celles qui l'utilisent. À toutes fins utiles, il s'agit quand même d'une drogue dite «dure». Quant à l'alcool, il s'agit d'un problème différent dont nous avons abondamment parlé dans un chapitre précédent.

D'accord. Maintenant, juste pour vous prouver que le problème n'est jamais aussi désespéré qu'il en a l'air au premier abord, commençons avec la situation la plus inquiétante possible. Les médecins, les policiers, les familles et bien d'autres personnes deviennent parfois un peu hystériques au seul mot de «drogue» — n'importe laquelle d'ailleurs — mais lorsqu'on mentionne le terme «drogues dures», elles ne se contrôlent simplement plus.

Cela dit, parlons de l'héroïne, un dérivé de l'opium, qui est lui-même un super analgésique. L'héroïne soulage la douleur de manière impressionnante et, par la même occasion, vous procure un sentiment euphorique de gaieté et de bonheur. Voilà pourquoi, sous l'influence de censeurs puritains, le corps médical américain a toujours refusé de l'utiliser comme analgésique (dans d'autres pays, on utilise l'héroïne avec d'excellents résultats). Le domaine des drogues dures regorge de ces bizarreries. Aux États-Unis, pour soigner les héroïnomanes, on utilise largement la méthadone, qui est également un dérivé de l'opium. L'idée consiste à sevrer lentement le patient en substituant la méthadone à l'héroïne, puis en diminuant graduellement la dose. La méthadone crée le même genre d'accoutumance que le reste des opiacés, mais les médecins la prescrivent à qui mieux mieux parce qu'elle ne procure pas le sentiment de bien-être que laisse l'héroïne. Intéressant, n'est-ce pas?

L'héroïne, la morphine, la méthadone et autres opiacés causent véritablement de l'accoutumance parce qu'ils deviennent partie intégrante des réactions chimiques qui se produisent dans l'organisme humain et que, si vous cessez d'en prendre, vous ne tardez pas à vous retrouver en état de manque, *du moins pendant un certain temps.* Mais le tableau n'est pas aussi noir qu'on pourrait le croire, car il ne faut guère plus d'une semaine pour se débarrasser de l'asservissement *physique* résultant de l'absorption de ces stupéfiants. Les symptômes de retrait pourraient se comparer à ceux qu'on ressent après une gueule de bois carabinée, avec nausées, vomissements, anxiétés, douleurs et courbatures diverses. Des milliers de personnes ont abandonné la drogue du jour au lendemain. Elles se sont contentées de serrer les dents, d'en suer un bon coup et sont sorties de cette galère avec relativement de facilité. Il existe un aspect encourageant dans la tragédie qui frappe tous les «camés». C'est que l'héroïne et les drogues du même genre, vendues, on s'en doute, dans l'illégalité la plus complète, sont diluées à un tel point que les drogué(e)s ne sont pas aussi esclaves de leur manie qu'ils (ou elles) seraient porté(e)s à le croire. Cela veut dire que les syndromes de retrait ne risquent pas d'être aussi abominables que ceux qui sont décrits dans les manuels de médecine.

Il est préférable de mettre un terme à sa néfaste habitude sous surveillance médicale, c'est indéniable, car au cours de la première semaine de sevrage un bon médecin peut soulager 90% des douleurs et inconvénients qui vont de pair avec ce genre de traitement. Dès que ce cap est passé, la dépendance *physique* devient chose du passé. Je vous prie de relire cette dernière phrase, dont le mot-clé est bien «physique». Ce qui vous a poussé (ou qui a poussé quelqu'un que vous connaissez) à prendre de l'héroïne ou tout autre opiacé *n'a jamais été* un besoin physique pour ce genre de drogue. C'était, de toute évidence, pour «vous éclater» et «planer»... La vérité est que *la pénible semaine nécessaire pour vous libérer de la dépendance physique constitue la partie la plus facile du sevrage.* Le véritable défi reste encore à venir: il s'agit maintenant de surmonter le problème émotionnel qui vous a incité à prendre de la drogue. Ce chapitre ne traite malheureusement pas de ce dernier aspect du problème. Je laisserai donc de côté les détails sur le soulagement de ce genre de douleurs psychiques pour une autre section de cet ouvrage. Bien entendu, cela ne m'empêchera pas de faire des remarques d'ordre général au fur et à mesure que j'aurai l'occasion de traiter de ce sujet. Ce chapitre se bornera donc à traiter des drogues dures sur un plan purement pratique.

Mais résumons. Si vous-même ou quelqu'un que vous aimez bien se drogue aux opiacés: héroïne, méthadone, mépéridine, morphine, opium ou tout autre dérivé du genre, souvenez-vous de ceci: les réactions au sevrage ne sont jamais aussi dramatiques que celles que l'on peut voir au cinéma. Ce fait est des plus importants si vous voulez franchir un premier pas et réorganiser votre vie sur d'autres bases. Ne prenez pas la crainte des syndromes de retrait comme alibi pour continuer à vous empoisonner. Ce conseil s'applique également aux drogues qui ne créent *pas* d'accoutumance.

Le premier pas, le plus important aussi, consiste tout d'abord à cesser, rapidement et définitivement. Pourquoi? Parce que ce sont des drogues psychotropes et que, par définition, elles entravent le fonctionnement normal de votre psychisme et vous empêchent de vous ressaisir pour pouvoir enfin vous occuper sérieusement des difficultés sous-jacentes que vous éprouvez. La première étape consiste donc à vous arrêter. Point final. Passons en revue quelques drogues types.

Si vous vous êtes fait coincer par les amphétamines, vous pouvez vous arrêter sans grand danger, mais il faut que vous le fassiez sous surveillance médicale, peut-être dans un établissement spécialisé dans les cures de désintoxication. Si vous êtes un habitué des «downers» — barbituriques, «ludes» et autres sédatifs —, le secret du traitement est le même que précédemment: laissez tomber cachets et pilules. Si vous vous trouvez véritablement sous l'emprise de ces produits, il se peut que vous souffriez d'une réelle dépendance *physique*. Dans un tel cas — assez rare d'ailleurs —, vous pouvez souffrir d'un mini-syndrome de retrait qui durera une journée ou deux. Une fois de plus, avec l'aide d'un médecin compréhensif et expérimenté, il y a moyen de s'en tirer avec un minimum de douleurs; mais ne retardez pas le traitement: commencez à le suivre le plus rapidement possible!

Les drogues hallucinogènes comme le LSD, la psilocybine, la mescaline et autres sont extrêmement traîtresses, car elles peuvent causer des dommages

permanents — et foudroyants — à votre cerveau.
L'attitude la plus sage à prendre à leur égard est de *ne*
pas y toucher ou encore, si vous avez eu la fâcheuse
idée de les essayer, de ne plus jamais en prendre.
Toute personne douée du moindre bon sens doit fuir les
hallucinogènes comme la peste. Ces drogues semblent
avoir la propriété particulière d'engendrer de
monstrueux problèmes dont personne n'a vraiment
besoin, aussi je ne peux que vivement recommander
de ne pas jouer avec ces saletés...

Il nous faut maintenant parler de la cocaïne. Jusqu'à
une époque relativement récente, la «coco» était la
drogue de ce qu'il était alors convenu d'appeler «la lie
de la société». Les prostituées, les membres de la
petite pègre et le menu fretin du «milieu» reniflaient
allègrement de la cocaïne pour se donner le courage
dont ils avaient besoin pour supporter les tragédies de
leur difficile existence. Il fallait vraiment toucher le
fond de la misère morale pour s'amuser à renifler ces
hideux petits cristaux blancs. De nos jours, tout a
changé. Par un tour pendable du destin — et une
habile publicité de la part des trafiquants —, la
cocaïne est devenue la drogue à la mode dans une
certaine «haute société» un peu faisandée. Renifler de
la coco à l'aide d'un billet de cent dollars roulé est un
signe d'affranchissement et de pseudo-distinction
parmi les *beautiful people* — la faune — qui hantent
les discothèques et les surprises-parties dites chic. On
rencontre des vedettes de cinéma, des vedettes
sportives, des politiciens et des célébrités de tout poil
qui, à l'heure actuelle, font usage de cocaïne et vous
me demanderez pourquoi. Ces gens recourent à la
cocaïne pour les mêmes raisons que les prostituées et
que les petits casseurs l'utilisaient il y a une
cinquantaine d'années: *parce que la cocaïne est l'un*

des antidépressifs les plus puissants que l'on connaisse.

La vie n'est pas facile de nos jours. Probablement plus difficile qu'elle ne l'a jamais été depuis les cent dernières années. Après avoir sacrifié au rite familier des tranquillisants et des antidépressifs que l'on peut se procurer à la pharmacie du coin, certaines personnes n'en continuent pas moins à demeurer en état de déprime. Souvent, parmi celles qui souffrent des dépressions les plus noires se trouvent les super-arrivistes, les *beautiful people* (des gens pas toujours aussi «beaux» qu'ils voudraient nous le faire croire), les super-stars de notre société. Dans le même groupe des fervents de la coco se rangent également les arrivistes qui se trouvent au milieu du mât de cocagne et qui feraient tout pour parvenir au sommet. Pour eux, la cocaïne demeure le seul moyen de trouver la force de lutter jour après jour.

D'un point de vue strictement médical, disons que la cocaïne n'engendre pas d'accoutumance ni de phénomène de tolérance par l'organisme. On ne relève pas de syndrome de retrait et la dose qui vous fait planer aujourd'hui risque encore de vous faire planer de la même façon demain. Par contraste, les opiacés et les amphétamines engendrent un phénomène d'accoutumance par l'organisme: ceux qui utilisent ces drogues doivent graduellement accroître les doses qu'ils absorbent pour obtenir les mêmes résultats. La cocaïne possède toutefois un net désavantage: son coût très élevé mis à part, elle se révèle néfaste à la longue pour les muqueuses nasales. Ce n'est peut-être pas un problème dans l'immédiat, mais au bout de quatre ou cinq ans de prise de coco, je parie que vous voudrez encore pouvoir vous servir de votre nez pour respirer. La cocaïne peut également provoquer de graves modifications dans le cerveau avec, comme séquelles, la paranoïa et les hallucinations. Je dois toutefois préciser que de tels troubles surviennent lorsqu'on s'injecte cette drogue par voie intraveineuse. On est tenté de se demander qui peut être assez cinglé pour s'injecter une drogue aussi puissante mais, comme vous pouvez probablement le constater chaque jour, bien des gens font toutes sortes de choses bizarres en ce bas monde.

Le pire avec la cocaïne, ce sont les raisons sous-jacentes qui poussent les gens à en faire usage: cela indique tout simplement qu'ils ne sont pas capables de faire face aux difficultés de la vie quotidienne. Si vous êtes déprimé(e), si des obstacles se présentent sur votre chemin, si vous vous sentez abattu(e), désespéré(e), une petite «reniflette» et hop! tous les problèmes semblent s'estomper... Malheureusement, après quelques prises, la cocaïne s'envole et le problème demeure... Ah! oui, j'allais oublier. Il existe un problème supplémentaire: chaque petite prise vous coûte entre cinquante et cent dollars...

En fait, l'inconvénient majeur des drogues dites «dures», c'est que non seulement elles ne vous aident pas à résoudre vos problèmes, mais qu'elles vous permettent tout juste de ne les éluder que pendant quelques minutes par jour. Se faire piéger par n'importe quelle drogue dure est un peu comme conduire à tombeau ouvert pour atteindre une station-service dans l'espoir d'y faire le plein, alors que vous savez pertinemment, ainsi que tous ceux qui vous entourent (et moi en prime!) que votre réservoir est vide et que jamais vous n'y parviendrez...

En résumé, si vous faites usage de drogues dures ou si quelqu'un qui vous est cher glisse sur cette pente périlleuse, il n'existe qu'un seul moyen de vous en sortir et c'est de cesser aussi rapidement et aussi complètement que possible. Ne prenez pas comme excuse que le syndrome de retrait constitue quelque chose de terrible à vivre. À l'exception des opiacés, il n'y a rien de très pénible dans ce traitement, et comme il faudra bien que vous vous arrêtiez un jour, autant vous y mettre tout de suite. Et puis, depuis quelques années, même avec les opiacés, le sevrage est devenu beaucoup plus facile, grâce à de nouveaux médicaments psychotropes. Par ailleurs, à votre grande surprise, il se peut que vous découvriez que votre sale habitude n'était pas si tenace que vous l'imaginiez.

Il y a un autre point sur lequel j'aimerais insister. J'espère que vous ne croyez plus à ce vieux conte de fées voulant qu'on puisse devenir drogué(e) en se faisant soigner à la morphine dans un hôpital, par exemple à la suite d'une opération. En effet, chaque jour des millions de personnes reçoivent des injections de morphine sans devenir droguées pour cela. (Comme je l'ai mentionné précédemment, dans certains pays comme l'Angleterre, les médecins peuvent même administrer de l'héroïne à leurs patients pour calmer d'intenses douleurs.) On a calculé que seulement un pour cent des usagers de drogues dures ont contracté leur habitude après s'être fait administrer une drogue du genre sous contrôle médical. Je le répète: la raison pour laquelle on recourt aux drogues dures provient d'un problème émotionnel sous-jacent. Étant donné que les drogues dures affectent le cerveau, *la première chose à faire consiste à cesser afin de permettre à cet organe de fonctionner normalement.* De toute évidence, il est illogique de tenter de vous faire traiter alors que votre cerveau se trouve soumis aux effets implacables de la drogue. La deuxième chose à faire est, bien entendu, de vous attaquer au problème émotionnel responsable de votre habitude. Une fois ce dernier réglé, tout recours aux drogues devient non seulement sans objet, mais parfaitement inepte.

Vous me demanderez peut-être quel est le meilleur moment pour cesser de prendre ces drogues dures. La réponse est simple: tout de suite! Pourquoi pas? Voulez-vous essayer?

16
L'impuissance

L'impuissance... Voilà un mot qui donne bien des sueurs froides à tout homme normalement constitué. Il évoque quelque individu flasque, pâle, faible, tremblotant et totalement incapable de fonctionner sexuellement. *Rien n'est plus faux* et, pour vous le prouver, voici quelques données.

1. Il n'existe pas sur terre un seul homme qui, à un moment ou à un autre de son existence, n'ait souffert d'impuissance.

2. Les fonctions sexuelles de l'homme sont si incroyablement complexes que, quelquefois, on peut considérer comme une sorte de miracle le fait qu'elles ne se dérèglent pas plus souvent.

3. Tous les mécanismes de l'esprit et du corps humains se conjuguent pour prévenir et guérir l'impuissance. Tout ce que nous avons à faire est de leur donner la possibilité de se manifester.

Cela dit, voyons quelques détails qui ont leur importance. Tout d'abord, il y a des hommes qui se croient impuissants alors qu'il n'en est rien. Que pensez-vous des cas suivants?

John	Je vous le dis, Docteur. Ça me déprime vraiment. C'est-à-dire que... Oui, j'ai une érection, mais elle n'est pas suffisamment dure. Comme ci, comme ça... Oui, je me débrouille pour faire ma petite affaire, mais ce n'est pas du tout ce que je souhaiterais...
Chuck	Mon problème, c'est que je n'ai pas suffisamment de sensations. Lorsque j'éjacule, c'est un peu comme à regret. C'est-à-dire que ce n'est pas l'explosion à laquelle je m'attendais...
Neil	La première fois, ça va, mais quand j'essaie de remettre ça, mettons une heure plus tard, je ne peux plus... Qu'est-ce qui se passe?

Je vous vois déjà sourire et vous avez raison. John, pas plus que Chuck ou que Neil ne souffrent d'impuissance. Ils éprouvent bien quelques difficultés d'ordre mineur, mais sont tous trois raisonnablement «puissants». Hâtons-nous de préciser que *l'impuissance est l'incapacité d'avoir un pénis suffisamment rigide pour qu'il puisse pénétrer dans un vagin.* Lorsque vous avez compris cela, vous trouverez votre problème beaucoup plus facile à résoudre. Il n'est pas nécessaire d'avoir une érection aussi raide qu'un lampadaire d'acier galvanisé pour vous considérer vraiment viril. Une rigidité se rapprochant plus d'un tuyau d'arrosage de jardin sous pression suffit amplement. (Non, monsieur, le style «macaroni détrempé» ne fait pas l'affaire! Désolé...) *La vérité est que 99 pour cent des hommes de tous les âges peuvent se débrouiller pour obtenir un pénis suffisamment rigide et avoir des rapports sexuels normaux.* Quel est donc leur secret? Un instant: nous y arrivons, mais avant de poursuivre, prenons quelques instants afin de mieux comprendre en quoi consiste une érection.

Chez l'homme, le pénis est formé notamment de deux longs cylindres caverneux qui le parcourent de façon symétrique sur toute sa longueur, presque jusqu'au bout de l'organe. Leur consistance n'est pas sans rappeler celle d'une éponge. Lorsque le pénis se trouve en état de flaccidité et pend dans sa position normale, au repos, ces corps caverneux péniens se trouvent pour ainsi dire «vides» mais, dans certaines circonstances bien connues, de minuscules soupapes s'ouvrent dans les vaisseaux sanguins adjacents, le flot sanguin augmente dans le pénis et les sinus des corps caverneux se remplissent de sang. Le phénomène n'est pas sans similitude avec ce qui se passe lorsqu'on gonfle une chambre à air, à la différence près que le sang remplace l'air. Le tissu érectile durcit et, avec lui, tout le pénis, qui se tient au garde-à-vous, prêt à accomplir son office.

Le processus est plus compliqué que cela et je me dois de simplifier un peu. En effet, étant donné que le sang doit être en quelque sorte injecté dans les corps caverneux, la pression doit être constamment surveillée et les soupapes (ou valvules) maintenues en position fermée. Lorsque les choses tournent mal, le sang retenu s'échappe alors des corps caverneux et le pénis se met en berne, puis retombe de manière lamentable. Vous vous demandez peut-être ce qui contrôle le flot sanguin dans les corps caverneux, sa retenue dans ces corps et tout le reste. C'est simple: environ deux kilos et demi de substance gélatineuse extrêmement complexe située entre vos deux oreilles. Eh oui! l'érection se trouve sous le contrôle direct du cerveau humain. Si le cerveau fonctionne

parfaitement, le pénis fait de même. Si le cerveau a
«des ratés», le pénis se montre peu performant. Voici
un incident typique dont fut victime un de mes clients
que nous appellerons Dennis.

— Il n'y a aucune raison au monde pour que ça
m'arrive, Docteur...

Dennis s'essuya le front avec un mouchoir immaculé.
Le pli de son pantalon était tiré au cordeau, sa
chemise soigneusement empesée et ses chaussures
brillaient comme des miroirs. Il avait l'air de sortir
d'un magazine de mode masculine.

— Pouvez-vous vous expliquer, Dennis?

Il prit un air légèrement crispé.

— C'est difficile... Enfin, je suis là pour ça, n'est-ce
pas? Voilà... J'ai un problème d'ordre sexuel. Je
suppose qu'on appelle cela de l'impuissance. C'est-à-
dire que... je suis incapable de faire l'amour. Ça
devient à moitié dur pour commencer et puis quand
je... enfin, vous comprenez, quand je commence à
vouloir...
— ...Pénétrer?
— Oui, c'est ça. Je ne devrais pas être aussi gêné pour
en parler après tout, mais ça m'embarrasse tout de
même... Enfin bref, je suis tout remonté, prêt à
fonctionner, mais l'érection ne vient pas...
— Et comment votre femme réagit-elle à cette
situation?

Il se crispa à nouveau.

— C'est drôle ce que vous me demandez là, Docteur,
parce que c'est la partie la plus embêtante de mon
histoire. Elle fait une sorte de moue, se retourne et

s'endort. Elle me lance aussi un regard dégoûté et ne prononce pas un mot.

— Et comment vous sentez-vous, alors?

— Pas très bien, comme vous pouvez vous en douter... Je me sens comme coupable, comme si tout cela était de ma faute... Oui, je me dis toujours qu'il faut que je fasse quelque chose...

— Et, bien entendu, vous n'y pouvez rien?

— Bien sûr que je ne peux pas. Comment voulez-vous qu'un homme se guérisse lui-même? Ça prend deux personnes pour avoir des rapports sexuels... Non?

— Exact. Et comment me décririez-vous votre femme, Dennis?

Il réfléchit quelques instants.

— Hum... C'est une maniaque de la propreté. Elle est originaire de Suisse, vous savez... Regardez ma chemise et mes chaussures. Impeccables, n'est-ce pas? D'ailleurs, elle tient à cirer elle-même mes chaussures...

— Et comment fait-elle marcher sa maison?

Dennis fit une grimace.

— Comme une montre suisse, voyons! Une place pour chaque chose et chaque chose à sa place... Les repas sont à l'heure, mieux, à la minute près. Elle fait sa lessive tous les après-midi à la même heure. Notre maison est un modèle d'efficacité.

— Sauf dans la chambre à coucher...

Il fit signe que oui.

— Sauf là...

— Et quand tout cela a-t-il commencé? Je veux parler de votre «baisse d'efficacité» dans vos rapports sexuels...

Dennis fronça les sourcils.

— Comment pourrais-je oublier cela! C'était il y a environ six mois. Nous avions un peu traîné dans les boîtes après la soirée. Il faut dire que je suis dans l'importation et que je reçois la visite de nombreux clients européens. Ma femme assiste quelquefois à ces rencontres d'affaires, où elle joue le rôle d'interprète. Nous étions dans ce night-club où le spectacle était assez olé! olé! Un genre de revue de nus comme on peut en voir à Paris. Je pense que tout cela avait dû passablement émoustiller ma femme...
— Et lorsque vous êtes rentré chez vous...

Dennis se mit à sourire. C'était la première fois qu'il se déridait depuis qu'il avait mis pied dans mon bureau.

— Il n'y a rien de mal à ça, n'est-ce pas, Docteur?
— Non, Dennis, bien au contraire, mais poursuivez...
— Eh bien! ce soir-là, elle a voulu faire l'amour avec une intensité que je n'avais jamais vue chez elle auparavant. Je dois dire que, jusqu'à maintenant, elle s'était toujours montrée réservée sur le sujet. Je ne sais si, ce soir-là, quelque chose avait débloqué en elle, mais elle semblait vraiment dans de rares dispositions...
— Et son mari?

Dennis secoua la tête.

— Je ne sais encore ce qui m'est arrivé. J'avais passablement bu et je me faisais du souci à cause de ces clients, un groupe de Hollandais plutôt durs à la détente qui me menaçaient d'annuler les ententes que nous avions prises. Bref, ma femme s'est montrée comme une vraie tigresse et... et...
— ...et vous n'avez pu avoir une érection?

— Pas précisément. J'ai réussi à en avoir une, et
même une bonne à part ça... D'ailleurs, avec tout ce
qu'elle me faisait, je ne pouvais faire autrement, mais
dès le moment où j'ai voulu la pénétrer, pfuittt...
toutes mes bonnes intentions ont disparu... Plus rien!
— Et votre femme?
— Elle n'a pas dit un mot. Elle s'est juste détachée de
moi avec un regard chargé d'une telle haine et d'un tel
mépris que je le vois encore. Chaque fois que nous
nous mettons au lit, ce regard me hante et si j'éprouve
quelque difficulté à «garder la pose», elle me regarde
une fois de plus de la même façon...
— Vous dit-elle quelque chose?
— Oui, de petites vacheries dans le style: «Pourquoi
n'es-tu plus capable de faire l'amour?» Ou alors: «Il y
a une autre femme, n'est-ce pas?»
— Et y a-t-il une autre femme?

Dennis devint rouge comme une pivoine.

— Si vous voulez que je puisse vous aider, il faut tout
me raconter...
— Oui, je sais. Bien sûr que je suis allé voir d'autres
femmes... J'aurais été un parfait idiot si je n'avais pas
essayé avec quelqu'un d'autre, juste pour voir si mon
système était détraqué ou quoi. Bien sûr que j'ai fait
l'amour avec d'autres femmes...
— Et alors?
— Vous devez connaître la réponse d'avance. Avec
d'autres, ça marchait comme sur des roulettes et je
pense savoir pourquoi...
— Et pourquoi, à votre avis?
— Parce que je ne me trouve pas soumis à des
pressions indues. Comme il n'est pas plus important
que cela d'avoir une érection ou de ne pas en avoir,
alors tout fonctionne normalement. Seulement, je

préférerais faire l'amour avec ma femme, dans ma chambre à coucher, plutôt que de m'envoyer en l'air avec quelque poulette dans une sinistre chambre de motel...

Dennis avait raison à plus d'un titre et son expérience de l'impuissance ressemble à s'y méprendre à celle que vivent la plupart des hommes dans ce cas. Il existe mille et une raisons pour lesquelles vous risquez de vous montrer piteux pour les premières fois: l'alcool, la colère, l'anxiété, l'appréhension, etc. Les réflexes masculins sont des plus délicats et il ne faut pas grand-chose pour les dérégler. Seulement voilà, un premier échec ne tarde pas à en amener d'autres et à amorcer une sorte de réaction en chaîne. Comme certains hommes le disent: «L'impuissance commence la première fois que vous êtes incapable de faire l'amour une seconde fois et empire la seconde fois que vous n'êtes plus capable de le faire la première fois.»

La femme de Dennis était un exemple d'efficacité ménagère et ne pouvait supporter que le pénis de son mari ne fonctionne pas sur commande, aussi bien que sa machine à laver. À chaque fois que le couple décidait d'avoir des rapports sexuels, Dennis courait le risque de se faire railler et c'était justement ce genre de situation qu'il craignait le plus avec, comme résultat, que son membre viril avait abandonné d'avance la partie.

Avec d'autres femmes, c'était bien différent, car il se moquait de ce qu'elles pouvaient penser de ses performances. La situation humiliante se trouvait donc éliminée d'avance et, avec elles, tout risque d'impuissance. L'expérience vécue par Dennis nous donne en quelque sorte une vue panoramique de l'impuissance et nous laisse entrevoir la possibilité de résoudre ce problème une fois pour toutes. Il convient cependant de commencer par l'endroit où tout débute, dans le plus important des organes sexuels de l'homme: le cerveau.

La première étape de la chaîne d'événements qui produisent éventuellement une érection réside dans la stimulation psychologique du cerveau. Cette stimulation peut provenir des cinq sens: la vue d'une jolie femme, l'odeur de parfums pouvant rappeler des expériences érotiques, le goût d'un baiser, le timbre d'une voix féminine, le toucher d'une main de femme. N'importe laquelle de ces stimulations peut déclencher les impulsions nerveuses permettant d'ouvrir les «soupapes» qui permettront au sang de remplir les corps caverneux du pénis pour le placer en état d'érection. Si toutes ces stimulations surviennent en même temps, l'érection qui s'en suivra sera d'autant plus dure, rapide, intense.

Parfois — comme bien des hommes vous le diront — quelques pensées de nature érotique suffisent amplement à donner de bons résultats et les contacts physiques ne sont même pas nécessaires, du moins au début. Toutefois, pour que cette érection *se maintienne*, le contact physique devient nécessaire. Cette stimulation peut être manuelle, buccale ou vaginale, peu importe, mais elle doit avoir lieu. Tels sont les éléments positifs qui permettent de produire et de conserver une érection digne de ce nom. Voyons maintenant quels sont les éléments négatifs.

Le sexe est quelque chose qui a son importance dans la vie et personne ne dira le contraire. Toutefois, la survie proprement dite est autrement importante, si importante en fait que tout incident qui cause de l'anxiété ou de l'appréhension non seulement abolit tout espoir de relations sexuelles normales mais place l'homme dans un état d'agressivité ou encore lui fait choisir une solution éprouvée: le salut par la fuite. Des coups violents frappés à la porte, un cri de terreur poussé par la femme, un bruit signalant la présence de quelqu'un dans la pièce, la *réminiscence soudaine de quelque expérience effrayante* sont autant d'éléments susceptibles de faire ouvrir les valvules qui laisseront le sang se retirer des corps caverneux du pénis. *Dans la pratique, la puissance sexuelle est une bataille permanente entre les facteurs qui favorisent la stimulation sexuelle et les facteurs qui l'abolissent.* Par conséquent, le meilleur moyen de prévenir ou de guérir l'impuissance est encore de supprimer tous les facteurs qui *s'opposent* à la stimulation sexuelle et d'encourager ceux qui lui sont favorables. Il s'agit certes d'un travail long et compliqué, mais il en vaut vraiment la peine. Voici quelques remarques à ce propos.

1. *Le plus grand ennemi de la virilité elle-même est la société.* Depuis son plus jeune âge, presque chaque homme se fait répéter que la sexualité est une chose *mauvaise.* La société moderne fait énormément de choses pour supprimer tout ce qui est stimulation sexuelle sauf, on s'en doute, pour vendre des biens de consommation, comme de la pâte dentifrice, des stylos à bille, des collants pour dames ou du whisky. La première leçon que doit apprendre un homme aux prises avec des problèmes d'impuissance est que la sexualité est une chose non seulement bonne mais normale, humaine et désirable.

2. *Bonne santé égale saine sexualité.* L'organe sexuel numéro un — le cerveau — est un organe sensible et

délicat. Il répond mal aux substances intoxicantes et répond bien à toute mesure assurant son hygiène. Si vous voulez battre votre impuissance en brèche (ou du moins la prévenir), la première chose à faire est de cesser de boire, de fumer et d'utiliser des stupéfiants. Cela inclut également tous les médicaments que l'on peut obtenir avec une prescription en bonne et due forme, car même les drogues d'apparence anodine peuvent avoir des effets désastreux sur la virilité. S'il faut absolument que vous preniez des médicaments pour des questions de survie, c'est une autre affaire. Voilà pourquoi il serait sage de consulter votre médecin traitant pour qu'il vous aide à interrompre toute absorption de médicaments non absolument indispensables. Il est entendu que nul médecin digne de ce nom ne vous prescrira de la marijuana, de la cocaïne ou toute autre drogue psychotrope, pas plus qu'il ne vous recommandera de boire ou de fumer. Tous ces produits agissent de manière négative sur la sexualité. (Je regrette sincèrement de vous l'apprendre si vous ne le savez déjà, mais c'est, hélas! la réalité...)

La prochaine étape consiste à améliorer votre état général par tous les moyens possibles. Souvenez-vous que votre cerveau et que votre système nerveux font partie de votre organisme et que si celui-ci fonctionne mal, ses composantes risquent de ne pas être en meilleur état. Une nourriture saine, beaucoup d'air frais, un programme d'exercices physiques bien compris sont encore les meilleurs facteurs pour conserver une bonne santé.

3. *Il faut que quelqu'un prenne votre parti.*
L'impuissance peut se révéler un sérieux problème, surtout quand on s'arrête à penser à tous les facteurs

positifs qu'il faut mobiliser pour obtenir une érection alors qu'il suffit d'un seul facteur négatif pour tout flanquer par terre. Par conséquent, il faut que votre partenaire se montre compréhensive et enthousiaste. Votre femme ou votre amie devrait être prête à tout mettre en œuvre afin d'augmenter la stimulation sexuelle au maximum et éliminer toutes les influences qui ne sont pas propices à des relations sexuelles harmonieuses. À moins qu'elle ne comprenne cela, les chances de régler votre problème d'impuissance avec cette personne se trouveront réduites à zéro. Si, par contre, elle comprend par où vous passez et fait preuve de la meilleure volonté possible pour vous aider, les possibilités de récupérer vos capacités sexuelles et de les conserver intactes par la suite seront excellentes.

4. *Tout est permis en amour... et aussi pour retrouver votre virilité!* Le défi consiste à irriguer votre cerveau avec suffisamment de stimulations érotiques pour écraser toutes les impulsions négatives, qu'elles appartiennent au passé ou au présent. Cela veut dire que vous pouvez faire appel à presque tous les moyens raisonnables pour augmenter votre excitation sexuelle. Si vous aimez faire l'amour dans une certaine position ou dans un certain décor, allez-y carrément. Si les stimulations buccales ont pour vous un charme particulier, entendez-vous avec votre partenaire. De même, peut-être serez-vous tenté par des lectures salaces ou des illustrations lestes. Après tout, vous vous battez pour votre survivance sexuelle et vivre sans sexe ne constitue pas une perspective bien gaie pour la plupart des hommes. Il y a, bien sûr, des limites. S'il faut qu'on vous ligote sur une table de torture et qu'on vous fouette avec des chaînes pour que vous obteniez une érection, c'est que vous

souffrez probablement d'un conflit émotionnel qu'il conviendrait de faire soigner. Mais à part ce genre d'attirances bizarres, qui relèvent de la pathologie, ne craignez pas de puiser dans le répertoire des jeux érotiques parfaitement sains afin d'accroître les impulsions positives qui parcourent votre système nerveux.

5. *Une réussite en amène une autre.* Dès que vous avez recouvré votre virilité, ne vous reposez pas sur vos lauriers. Dans le domaine de la sexualité comme dans bien d'autres, le mot d'ordre pourrait être: «Ne pas l'utiliser, c'est la laisser décliner...» Des rapports sexuels réussis et satisfaisants renforcent les réflexes salutaires et amoindrissent de plus en plus les risques de vous montrer piteux à l'avenir. C'est pourquoi il est recommandé — dans des limites raisonnables toutefois — d'avoir des relations sexuelles le plus fréquemment possible. Pour résumer tout cela, disons qu'une vie sexuelle active constitue le meilleur remède contre l'impuissance.

Rappelons-nous que l'impuissance n'est pas une maladie incurable. Ce n'est même pas une maladie; tout au plus un déséquilibre entre les impulsions positives et négatives qui atteignent le cerveau. Si vous faites tout ce qui est en votre pouvoir pour accroître les impulsions positives et fermer la porte aux impulsions négatives, votre problème devrait se résoudre à court terme.

17
L'insomnie

«Je ne peux pas dormir!»

«Je n'ai pas dormi de la nuit!»

«Je ne dors presque plus!»

«Je n'ai pas fermé l'œil!»

Avez-vous déjà dit cela? Bien sûr que oui parce que, de temps en temps, tous les êtres humains éprouvent certaines difficultés à trouver le sommeil. La plupart du temps, nous rattrapons ce manque de sommeil la nuit suivante ou même dans la journée, mais il y a véritablement des moments où le sommeil ne vient pas. Dans la vie de chacun d'entre nous, il existe des nuits où, malgré tous nos efforts, il nous semble impossible de dormir.

Avant de poursuivre, regardons un peu en quoi consiste le sommeil. Le cerveau humain est en constante activité pendant les trois quarts de la journée et, pour récupérer et fonctionner convenablement, il lui faut se reposer pendant le quart du temps qui reste. C'est ce laps de temps que nous appelons «sommeil». De toute évidence, le cerveau ne s'arrête pas entièrement de fonctionner pendant ce temps, car il a de très importantes fonctions de gardiennage et de maintenance à accomplir. Il doit surveiller les battements de votre cœur, la respiration, le travail d'épuration des reins et bien d'autres fonctions vitales. De plus, il est constamment à l'écoute de l'environnement ambiant. Même lorsque vous êtes profondément endormi(e), votre cerveau est à l'affût des bruits, changements de température, augmentation d'intensité de la lumière, vibrations diverses et une douzaine de signaux tout aussi importants.

Pendant que vous dormez, votre cerveau surveille l'activité d'une gigantesque usine dans laquelle sont fabriqués des centaines d'enzymes et d'hormones, de sucs digestifs, où le sang subit un traitement de filtration et où toutes sortes de produits chimiques se trouvent mélangés ou dissous. Il y a aussi un studio de cinéma ultra-moderne, qui ne cesse de produire des films que nous appelons «rêves». Lorsqu'on y pense, un rêve constitue véritablement une production cinématographique. Tout y est: la couleur, le son, le dialogue, le suspense, de dramatiques changements de scènes et un indubitable impact émotionnel. Presque toutes les nuits, votre cerveau produit toute une gamme de films allant de la comédie au drame, en passant par le suspense et, à l'occasion, le super porno.

Pendant près d'un million d'années, les êtres humains ont pratiquement dormi par simple réflexe. À l'époque préhistorique, l'homme se levait aux premières lueurs de l'aube, travaillait jusqu'à l'épuisement puis s'endormait rapidement et profondément dès la nuit tombée. Les plus grands ennemis du sommeil naturel et ininterrompu ont probablement été ceux qui ont découvert la lumière artificielle. La chandelle, la lampe à huile et, plus tard, l'ampoule électrique ont tout simplement perturbé les cycles très simples dictés par la nature et préparé la route à l'insomnie. Le cycle normal des fonctions cérébrales, jusqu'alors réglé sur le lever et le coucher du soleil, se trouva brutalement bouleversé par la possibilité de pouvoir rester éveillé jusqu'à une heure avancée de la nuit et le cerveau n'a pas accepté ce changement de bonne grâce.

Lorsqu'un être humain est éveillé, son cerveau bat — physiquement et électriquement — à un rythme donné. Lorsqu'on observe un cerveau normal et vivant, on remarque qu'il se dilate et se contracte doucement, de façon rythmique. En même temps, il produit une série d'impulsions électriques connues sous le nom d'ondes cérébrales, que l'on peut visualiser et mesurer sous forme de lignes sinueuses sur un graphique. Sans entrer dans les détails compliqués de l'électroencéphalographie, disons que lorsqu'une personne s'apprête à s'endormir, son cerveau produit une série d'impulsions électriques entièrement différentes de celles qui se manifestent chez l'individu éveillé. Si ces impulsions électriques n'apparaissent pas sur l'électroencéphalogramme, c'est que le sujet ne dort pas. Ce fait des plus simples, et dont on ne fait pas suffisamment état, contient pourtant la clé de la lutte à l'insomnie elle-même.

En effet, l'insomnie survient lorsque quelque événement, soit à l'intérieur soit à l'extérieur du cerveau, gêne la production normale d'ondes cérébrales du type de celles qui sont émises pendant le sommeil. Vous vous demanderez peut-être quels sont les événements qui peuvent ainsi contrarier l'émission des ondes nécessaires au sommeil. Voici quelques exemples.

La tension nerveuse. Rex a trente-quatre ans. Il est président de sa propre société immobilière, une affaire des plus dynamiques. Tout en remuant sur sa chaise, il soulève ses lunettes de soleil de luxe, ce qui permet de constater qu'il a de grands cernes autour des yeux.

— Je sais, cela peut paraître bizarre, Docteur, mais il m'est impossible de m'arrêter de faire des affaires. Il est généralement dix heures du soir quand je me décide à raccrocher le téléphone. Le temps de me calmer, et c'est déjà minuit. Ensuite, je passe la plus grande partie de la nuit à rester éveillé, à refinancer des hypothèques, à calculer des pourcentages de rendements sur les placements, les dépréciations et à élaborer des ententes d'achat en copropriété...

Rex secoua la tête et rechaussa ses lunettes.

— L'embêtant c'est qu'en général je m'endors deux heures, entre trois et cinq heures du matin et, lorsque je me réveille, j'ai oublié toutes les affaires géniales que j'ai mises au point au cours de la nuit!

Karen possède un point de vue différent sur la question, mais son problème ne manque pas de similitude avec celui de notre agent immobilier.

— Je suis créatrice de mode. Vous ne pouvez pas vous imaginer combien notre industrie est devenue un véritable panier de crabes ces derniers temps. On dirait que plus personne ne veut créer et que tout le monde se contente de voler les idées des autres! Je passe la moitié de la nuit à essayer de trouver de nouveaux styles accrocheurs et l'autre moitié à me faire du mauvais sang en me demandant si mes concurrents ne vont pas me voler mes idées avant d'avoir eu le temps de les réaliser et de les commercialiser. À moins d'abandonner ce travail de fou, je pense que jamais plus je ne serai capable de trouver le sommeil.

La crainte de l'insomnie. Aussi étrange que cela puisse paraître, avoir peur de ne pas pouvoir dormir est l'un des principaux facteurs qui peuvent effectivement vous causer de l'insomnie. Carl constitue un exemple de victime type.

— Voilà un an, mon commerce a connu des hauts et des bas et mon sommeil s'en est trouvé perturbé. Pendant près d'un mois, j'ai souffert d'une insomnie terrible. C'est alors que je me suis juré que cela ne devait plus jamais arriver. Malheureusement, aujourd'hui, ça ne va guère mieux qu'à cette époque...
— Mais, plus spécifiquement, quel est au juste votre problème, Carl?
— Moi, pour bien dormir, il faut que tout soit parfait: la chambre doit être sombre, le voisinage tranquille, la température ni trop chaude ni trop froide... Si c'est la pleine lune, je sais d'avance que je vais avoir des difficultés à dormir. Si des gens donnent une réception dans le pâté de maisons où j'habite, je ne peux fermer l'œil que lorsque le dernier invité s'en est allé. Si la température extérieure est très chaude ou très froide, je sais que ça ne marchera pas non plus. Si je mange quelque chose d'un peu lourd, je peux faire mon deuil de ma nuit de sommeil. Je vous le dis: je ne peux pas dormir de crainte de ne pas pouvoir dormir!

Les conflits d'ordre émotionnel. Il est étonnant de constater combien de gens choisissent le moment de se

211

mettre au lit pour aborder des sujets controversés. Écoutons Lydia et dites-moi si son problème ne trouve pas chez vous quelque résonance...

— Je ne peux pas y croire! Pourtant, Frank devrait bien le savoir car, presque chaque soir, il commence à me chercher noise juste quand nous nous apprêtons à aller nous coucher. Des fois, il en profite pour me dire que j'engraisse exagérément. D'autre fois, il critique ce que je lui ai fait pour dîner ou commence à argumenter sur des histoires concernant les enfants. Je ne sais vraiment pas quoi faire. Je me sens maudite, non seulement pour tout ce que je fais, mais également pour ce que je ne fais pas!
— Que voulez-vous dire, Lydia?
— Que si je tente d'amener Frank à la raison, nous finissons par avoir une terrible scène de ménage et que je ne dors pas de la nuit. Si je ne fais pas attention à lui, il se met en rogne, reste éveillé et ne cesse de s'agiter toute la nuit, si bien que je ne peux pas dormir à cause de tout le raffut qu'il fait. Que puis-je faire?

Voilà une bonne question. Oui, c'est vrai: que peut-on faire contre l'insomnie? Il suffit de prendre avantage de ce que nous connaissons des mécanismes physiques et psychologiques du sommeil et de combiner ces connaissances avec ce que nous savons de la nature humaine. Il suffit ensuite d'arranger les choses de manière à trouver un sommeil calme, paisible et régulier. Voici quelques moyens d'y parvenir.

1. *Cessez de droguer votre cerveau.* L'une des manières de faire échec à l'insomnie est d'ajuster votre cycle cérébral à ceux du jour et de la nuit. Dès la nuit tombée, vous devriez éviter tous les stimuli artificiels pouvant affecter votre cerveau. Cela veut

dire que vous ne devriez ni boire, ni fumer, ni absorber de drogue quelconque. Cessez donc de consommer tout alcool, tabac ou drogue (peu importe quel genre) au moins quatre heures avant de vous mettre au lit.

2. *Cessez de surexciter votre cerveau.* Aussi étrange que cela puisse paraître, le pire ennemi d'une bonne nuit de sommeil peut être votre poste de télévision. Oh! je sais... certaines personnes aiment s'endormir devant le petit écran. La platitude et la monotonie de la plupart des programmes les aident à se placer dans une sorte de transe propice au sommeil. Toutefois, pour un nombre appréciable de gens, la télé donne exactement des résultats contraires et voici pourquoi. L'image que l'on voit sur un tube cathodique ne ressemble pas à un dessin ou à une photo. Elle se compose d'une myriade de points lumineux et de zones sombres projetés par balayage à l'intérieur de l'écran. Le papillotement des images se trouve directement transmis à votre cerveau où il influence le rythme de vos ondes cérébrales. Le scintillement de la télévision est si puissant que, chez certaines personnes souffrant de difficultés dans l'émission de leurs ondes cérébrales — les épileptiques par exemple — il peut produire des crises d'apoplexie et des convulsions. Vous me direz que vous ne risquez probablement pas d'avoir une crise devant le téléviseur familial. Une chose est certaine toutefois: cet appareil d'apparence parfaitement innocente peut fortement affecter les ondes cérébrales propices au sommeil.

3. *Vivez selon un rythme régulier.* Toutes les fonctions de l'organisme se déroulent beaucoup plus harmonieusement lorsqu'on adopte des habitudes de vie régulière, et le sommeil ne fait pas exception à la

règle. La meilleure illustration que je puisse donner de cette réalité est ce qui arrive à l'occasion de voyages intercontinentaux. On sait combien le décalage occasionné par le passage d'un voyageur par plusieurs fuseaux horaires peut perturber son rythme biologique normal et bouleverser ses habitudes de sommeil. Aidez votre cerveau à établir un cycle de sommeil normal en adoptant des habitudes ponctuelles. Essayez de toujours vous coucher à la même heure et respectez l'horaire que vous vous fixez.

4. *Évitez les soirées un peu trop excitantes.* Si vous avez vraiment l'intention de vous calmer physiquement et mentalement de manière que votre cerveau puisse connaître quelques heures de repos bien mérité, à quoi sert de vous exciter tous les soirs en espérant qu'à la suite d'un tel traitement votre infortuné cerveau pourra encore trouver quelque moment de répit? Si vous faites la tournée des boîtes de nuit, prévoyez, une fois rentré chez vous, une heure de repos mental avant de tenter de vous endormir. Si vous donnez une importante réception, prenez une heure pour vous calmer, après le départ du dernier invité. Vous vous endormirez ensuite plus rapidement, plus facilement et vous reposerez plus longtemps le lendemain.

5. *N'ayez pas peur de l'insomnie.* Perdre des heures de sommeil ne peut vous faire de mal, à moins que vous ne vous fassiez exagérément de mauvais sang à ce sujet. Voici quelques faits scientifiques.

Si vous vous contentez de demeurer immobile au lit, même éveillé(e) vous obtenez soixante-dix pour cent du repos que vous prendriez si vous dormiez profondément. Cela veut dire que si vous passez dix heures au lit *sans même fermer l'œil,* vous obtenez l'équivalent de sept heures de sommeil, ce qui est amplement suffisant.

Si vous vous détendez sur votre lit en essayant de ne plus vous tracasser, *vous finirez par dormir beaucoup plus que vous ne le pensez.* Lorsque *vous estimez* ne pas avoir dormi, ne serait-ce qu'un seul instant, au cours d'une nuit que l'on présume remplie d'insomnie, vous avez, en réalité, dormi au moins la moitié du temps. Impossible! me direz-vous. Et pourtant, des douzaines d'insomniaques se sont soumis à des tests de laboratoire, et voici ce que l'on a découvert. Lorsqu'ils se levaient le matin, ils soutenaient ne pas avoir dormi un seul instant mais, en examinant les rubans magnétoscopiques enregistrés pendant la nuit, on s'apercevait que ces personnes avaient dormi en moyenne cinquante pour cent du temps! Comme vous le voyez, il n'y a pas là de quoi se faire du mauvais sang.

6. *Aidez-vous vous-même... Mais laissez votre cerveau faire le reste.* Je n'oublierai jamais ce fameux programme de télévision au cours duquel on avait promis à un concurrent de lui donner 2 000 $ s'il était capable de s'endormir au bout d'une heure. Afin de lui «faciliter» la tâche, on lui demanda de s'allonger sur un matelas super confortable avec un billet de mille dollars dans chaque main; un orchestre de vingt-cinq musiciens se mit à jouer des berceuses à son chevet; enfin, on installa un pont de bois au-dessus de lui, sur lequel on fit passer des moutons un par un afin que le candidat au sommeil puisse les compter et sombrer plus facilement dans les bras de Morphée. Que pensez-vous qu'il arriva? Je vous laisse deviner...

Tout ça pour dire que la chambre à coucher devrait être réservée à des choses importantes comme dormir et faire l'amour. Ne laissez pas les tracas journaliers, les soucis du bureau, les querelles domestiques y pénétrer comme des intrus. Si, au moment de dormir, les affaires courantes reviennent vous assaillir, dépêchez simplement ce message à votre subconscient: *Ce bureau est fermé jusqu'à demain matin. Il n'ouvre qu'à huit heures!*

Cette recette a l'air un peu simpliste mais son efficacité est vraiment surprenante! Et puisque nous parlions de sexe, disons en passant qu'il s'agit de l'un des moyens les plus agréables de combattre l'insomnie. La sérénité physique et mentale qu'apportent des relations sexuelles bien conduites rend le sommeil non seulement inévitable, mais tout ce qu'il y a de plaisant. Tenez-vous-le pour dit afin que votre partenaire et vous puissiez transformer le mot «insomnie» en quelque vocable aussi étranger que du patagon.

J'aimerais bien poursuivre sur le sujet mais, pour vous dire la vérité, à force de vous entretenir de tous ces excellents moyens de trouver le sommeil, la torpeur commence à me gagner. Par conséquent, je vous demande de bien vouloir m'excuser, car je m'en vais faire une petite sieste...

18
La solitude

Solitaire. Seul(e). Seulet(te). Solitude. Voilà des mots qui n'ont rien pour réjouir le cœur de l'homme et qui sont encore moins réjouissants lorsqu'on les vit. Être seul(e), c'est un peu comme vivre au milieu du Sahara, mais avec plein de gens qui s'agitent sans cesse autour de vous et vous ignorent comme si vous n'étiez qu'une sorte d'ectoplasme. C'est rentrer tous les soirs dans un logement vide pour se préparer un repas individuel sans attrait, que l'on mange devant un poste de télévision qui jacasse. Ce sont des dimanches après-midi solitaires, dans un jardin public, alors que tout le monde se promène bras-dessus bras-dessous. C'est se rendre à une réception, toujours seul(e) alors que tous les autres gens sont accompagnés. C'est manger en ermite dans un restaurant tout en lisant un livre et en faisant semblant de fort bien s'en trouver. La solitude, c'est tout cela et bien plus. Bien plus? Oui, car *la solitude est totalement inutile!*

Que cela vous plaise ou non, les faits parlent d'eux-mêmes. Dans le monde où nous vivons, le fait de vivre en solitaire ne peut être que le résultat d'efforts extraordinaires de votre part. Etant donné qu'il existe quatre milliards de personnes sur cette planète, à chaque instant donné il faut que vous en fassiez abstraction pour vous décerner le titre de «solitaire». En d'autres termes, si vous souffrez réellement de solitude intense, prolongée, vous devriez vraiment tenter votre chance aux tables de roulette. En effet, vous faites mentir tous les calculs de probabilités en jouant constamment *à quatre milliards contre un!*

Facéties mises à part, être seul(e) exige sans nul doute beaucoup de temps et d'efforts. Soyons sincères: les gens constamment seuls doivent se défendre contre le danger de se faire des amis. Si vous avez franchement décidé de vivre en solitaire, il faut que vous soyez constamment sur vos gardes afin de ne pas vous lier avec les personnes qui vous témoignent quelque intérêt. Écoutons comment Chuck nous décrit cette situation.

Âgé d'une trentaine d'années, Chuck est vêtu de jeans un peu fatigués, d'une chemise Lacoste et d'un sweater de polo négligemment jeté sur l'épaule. Un mètre quatre-vingts, svelte, il se laisse tomber sur sa chaise et se met à me raconter son histoire posément, d'une voix grave et expressive.

— Vous savez, c'est seulement en regardant en arrière que j'ai pris conscience du fait que cela m'avait pris énormément d'efforts *inconscients* pour parvenir à vivre en solitaire, Docteur... J'avais tout fait pour cela. D'abord mon travail: je suis — plus exactement j'étais — dans l'informatique. Programmeur pour être exact. Ça commençait bien. Je passais mes journées à parler à des machines et me concentrais si fort que personne ne prenait le risque de m'interrompre. Ensuite, je rentrais complètement crevé à la maison. Une vie vraiment morne...

— Mais vous aviez beaucoup de temps libre... N'est-ce pas, Chuck?

— Bien entendu, mais je savais comment l'utiliser pour *demeurer* solitaire. J'étais devenu ce que nous appelons un «snob informatisé». Avez-vous déjà entendu cette expression, Docteur?

— J'avoue que non... Pouvez-vous m'expliquer?

Chuck se mit à rire.

— C'est un peu comme construire un mur de brique de quinze mètres de haut et de trois mètres d'épaisseur autour de vous afin de décourager qui que ce soit d'envahir votre solitude. Il suffit de s'exprimer exclusivement dans un langage informatique truffé de mots comme «intrant», «extrant», «logiciel», «cellule pié-zoélectrique», «circuit neutrodyne», etc., et autres termes techniques que le commun des mortels n'est pas censé connaître. Ensuite, il suffit de s'habiller comme son grand-père!

Chuck sortit de sa poche une photo plutôt malmenée et la laissa tomber sur mon bureau.

— Voyez-vous ce que je veux dire?

Il s'agissait de la photo d'un homme d'environ quarante-cinq ans. Il portait une veste de tweed élimée et des pantalons qui faisaient des poches aux genoux. Le personnage portait non seulement les cheveux en bataille, mais ceux-ci auraient eu besoin d'un bon shampooing. Il tentait de voir à travers de minuscules lunettes rondes cerclées d'or et avait l'expression d'un être complètement perdu dans les nuages.

— C'est vous?

— Moi-même, dans mon ancien rôle de repoussoir professionnel à copains... Les seuls êtres vivants qui daignaient m'approcher étaient les mites. Et encore, seulement à cause de ma veste de tweed!

— Et comment en êtes-vous sorti, Chuck?

— Justement, je n'en suis pas sorti et c'est pour cela que je suis ici. Étant donné que j'ai oublié d'être entièrement bête en naissant, j'ai réalisé que je me trouvais sur une voie d'évitement dont j'ai tout de même réussi à me dégager. Un samedi après-midi, toujours seul, comme d'habitude, je flânais aux alentours d'une fête foraine lorsque je me suis soudainement décidé à faire prendre ma photo. Une impulsion en quelque sorte. Lorsque je l'ai vue, j'ai été littéralement ébranlé. Alors je me suis mis à réfléchir, puis à analyser ma situation avec la logique implacable de l'informaticien, afin de découvrir ce qui ne fonctionnait pas dans ma vie. Comme toute personne confrontée à un problème, j'ai réussi à parcourir une partie du chemin tout seul, mais à un moment donné, j'ai plafonné. J'ai changé de vie en surface, mais je sais qu'il y a encore bien d'autres choses à régler dans le substrat... Maintenant, je repousse davantage les mites que les humains, mais je ne parviens pas encore à m'intégrer véritablement au monde. Quelle est la prochaine étape, selon vous?

Pour Chuck, cette prochaine étape consistait à comprendre les quatre techniques de base que les gens qui désirent vivre en solitaires utilisent pour s'isoler des quelque quatre milliards d'êtres humains qui les entourent comme des grains de sable sur une plage. Si tel est votre désir, voici un plan qui vous permettra de vivre dans la solitude la plus complète possible.

1. *Les solitaires adorent leur état.* Ils portent leur isolement sur eux, comme un macaron publicitaire ou politique. Ils vous racontent qu'ils veulent apprendre «à mieux se connaître» ou vous affirment que «la solitude élève l'âme». Je ne doute point de ces intentions louables et, dans la vie, il y a un temps pour ce genre d'introspection. Cependant, on ne peut vivre ainsi *en permanence*! Ce qu'il y a de pire, c'est que ces ermites parviennent à repousser tous ceux qui ne demanderaient pas mieux que de devenir leurs amis en ne cessant de répéter aux bons Samaritains combien il est *merveilleux* de rester seul(e). Je suis certain que vous avez déjà entendu ce genre de dialogue:

Le garçon	Que fais-tu ce soir?
La fille	Ce soir? Je m'apprêtais à lire ce nouveau livre que je viens tout juste d'acheter. Puis j'avais l'intention d'écouter ce nouveau 33 tours...
Le garçon	Ne préférerais-tu pas sortir, aller te balader, enfin, quoi, faire un tour?
La fille	(faisant une grimace) Oh! je ne sais pas. Le cinéma m'ennuie de façon magistrale (elle fouille dans son sac, extirpe un livre de poèmes abstrus puis continue à parler sans lever les yeux). La plupart des films ne sont qu'une perte de temps... Au fait, que joue-t-on en ville?
Le garçon	... (Il s'en va sur la pointe des pieds, en faisant le moins de bruit possible.)

2. *Les solitaires sont des gens difficiles.* Gloria nous l'explique en ses propres termes.

— Vous savez, Docteur, il n'est pas drôle d'être seule... Mais il est si difficile de trouver quelqu'un qui vaille la peine d'être fréquenté. Ce qu'il me faudrait, c'est un garçon instruit, intelligent, beau et...

— Puis-je me permettre de vous interrompre un instant, Gloria?

Elle fit la moue et prit un air légèrement contrarié.

— Puisque vous me le demandez...

— Merci. Serais-je loin de la vérité, Gloria, si je disais que vous êtes en train de rechercher l'homme parfait?

— C'est-à-dire pas exactement *parfait*, mais...

— ... mais quelqu'un qui friserait la perfection, n'est-ce pas, Gloria?

— Peut-être...

— Mais n'avez-vous jamais pensé que si vous dénichiez cet homme parfait, peut-être serait-il lui-même à la recherche de la femme parfaite?

Les solitaires sont des perfectionnistes. Tout comme Gloria, ils recherchent constamment la perfection, mais *chez les autres*. Avant de se résigner à se rengager une fois de plus en qualité de loyaux soldats de la grande armée des solitaires, ils passent généralement par une phase où ils consomment leurs amis comme un saint-bernard consomme de la viande hachée de premier choix. Soudainement — et cela survient à la vitesse de l'éclair — personne n'est plus assez bon pour eux. Les vieux amis perdent toute leur valeur et les nouveaux amis ne sont pas dignes de l'ineffable compagnie de ces isolés volontaires. Ce qu'ils font en réalité, c'est abolir systématiquement tout contact humain afin de se préparer à se retirer dans le désert de la solitude pour s'y apitoyer en toute quiétude sur leur propre sort. Si je parle d'apitoiement sur leur petite personne, c'est qu'il s'agit là d'un ingrédient essentiel dans le livre de recettes psychiques de chaque amateur de solitude.

3. *Les solitaires sont des martyrs de leur solitude.* La solitude constitue le plus grand plaisir de leur vie.

Vous ne me croyez pas? Demandez à Helen.

Helen est une petite brunette au début de la trentaine. Elle porte un ensemble coordonné beige pâle avec un foulard de soie retenu au cou par un anneau d'or. Dire qu'elle est ravissante serait faire preuve d'un manque total de vocabulaire. Aujourd'hui, la seule chose qui ne soit malheureusement pas ravissante chez elle est l'expression qu'elle arbore sur son visage — une expression de pur ennui.

— Pouvez-vous vous imaginez ce que c'est que d'être toute seule à Los Angeles, Docteur?
— Non, Helen, je ne le peux pas... Et vous non plus d'ailleurs!

Sa voix ne tarda pas à trahir un immense agacement.

— Que voulez-vous dire?
— Vous m'avez bien entendu. Tout comme il est impossible de sauter dans une piscine sans se mouiller, il est matériellement impossible d'être *seule* dans une ville de sept millions d'habitants...

Elle prit un air de plus en plus agacé.

— Mais voyons, Docteur, vous savez très bien ce que je veux dire!
— Certainement. Ce que vous voulez me dire c'est que vous n'avez absolument rien à faire, nulle part où aller, personne avec qui communiquer. En somme, vous vous sentez comme si vous vous trouviez au pôle Nord, à la différence près que vous avez le chauffage central et un panorama tout de même un peu plus gai...

Un chiche sourire apparut sur ses lèvres adorables.

223

— ... C'est ça... Et des impôts en dehors de toute proportion raisonnable! D'accord, Docteur, je comprends le message que vous désirez me passer, mais cela ne m'empêche pas de me sentir seule dans la foule. C'est un sentiment que j'ai depuis l'âge de douze ans, il faut bien que je l'admette. C'est comme s'il existait un mur de verre entre moi et les gens. Maintenant que je me suis confessée, que puis-je faire pour remédier à la situation?

— Nous commencerons par identifier les problèmes de base que vous-même et tous les solitaires ont en commun et nous les résoudrons un par un. C'est d'ailleurs ce que nous faisons actuellement...

Les caractéristiques communes de toutes les personnes qui se disent seules sont les suivantes.

4. *Les solitaires sont des gens qui ont peur.* Le degré de peur éprouvée par des solitaires dépend des expériences qu'ils ont vécues, de leur âge et de plusieurs autres facteurs. Mais il existe un dénominateur commun: plus le temps passe, plus les peurs s'intensifient et plus la solitude devient difficile à maîtriser. Voilà pourquoi, si vous avez sérieusement l'intention de terrasser la solitude qui vous ronge, mieux vaut vous y attaquer *immédiatement, sans perdre un seul instant*! Je voudrais tout d'abord que quelque chose soit bien clair entre nous: *la solitude est une maladie que nous nous infligeons nous-mêmes.* Il ne s'agit pas d'une question d'hérédité, d'affection transmise par des insectes ou de malchance. *Si vous êtes solitaire, c'est que vous l'avez bien voulu. Vous êtes toutefois capable de conjurer ce triste destin si tel est vraiment votre désir.*

La vitesse avec laquelle vous romprez votre solitude dépend précisément de votre réel désir de vous débarrasser de cette plaie. D'accord. Alors comme ça vous êtes prêt(e) à tenter l'expérience?

«Pardon? direz-vous peut-être. Et la société, qu'en faites-vous? Ne pensez-vous pas que, dans la société, tout semble concourir à ce que les gens soient seuls dans la foule?» Vous avez parfaitement raison. C'est vrai! Dans cette société dite «moderne», il existe quatre facteurs de solitude.

1. *La concurrence.* Dans une culture où chacun d'entre nous devient le concurrent de son vis-à-vis, la solitude est à l'ordre du jour. L'envie, l'appât du gain et la méfiance généralisée constituent les éléments essentiels d'une «saine concurrence». Additionnez le tout et vous obtenez le mot s-o-l-i-t-u-d-e.

2. *L'industrialisation.* Une industrie efficace exige la plus parfaite et la plus massive déshumanisation. On ne transige plus avec des gens: ce sont des ordinateurs, des robots, des messages enregistrés, des moniteurs vidéo qui prennent la relève. Jour après jour, les gens s'isolent de plus en plus les uns des autres.

3. *Les modèles sociaux.* Un «modèle social» n'est rien d'autre qu'une sorte d'exemple qu'on tente de nous imposer. Les modèles qu'on propose à notre admiration nous sont, entre autres, imposés par la télévision, le cinéma, l'école, le milieu de travail. Le modèle social le plus courant à l'heure actuelle, celui qu'on nous encourage à suivre est le solitaire, *celui ou celle qui fait cavalier seul*, une personne qui n'a besoin de personne. Ce ou cette solitaire est généralement de haute taille, hautain(e) et débrouillard(e). Ces modèles méprisent généralement tout contact humain et ne daignent entrer en contact

qu'avec des spécimens de la même espèce qu'eux. En réalité la plupart de ces gens sont si malades qu'ils ne peuvent survivre en dehors des annonces de cigarettes et de produits de beauté. Fort heureusement, ils n'existent qu'en nombre très limité.

4. *La structure sociale.* Nos sociétés dites démocratiques se trouvent quand même compartimentées en classes sociales et ce, de façon rigide. Ce cloisonnement dépend des structures familiales et de l'origine ethnique des citoyens. Dans les sociétés les plus matérialistes, les barrières de classe dépendent de la fortune ou du niveau social des gens (quelquefois, en Amérique du Nord, les classes sociales se trouvent déterminées par les nantis qui donnent les réceptions les plus somptueuses). Même dans un pays démocratique comme les États-Unis, ces inflexibles barrières de classes empêchent les douzaines de contacts que les gens ne manquent pas d'avoir quotidiennement entre eux de se transformer en amitiés durables.

Tout cela signifie-t-il que la solitude ne dépend pas entièrement des personnes qui en sont victimes? «Cela va de soi!» direz-vous peut-être... Eh bien! moi je vous dis que *c'est faux*! Cela signifie seulement que la société complètement folle dans laquelle nous vivons ne fait que favoriser votre désir de vivre en solitaire. Maintenant que vous connaissez les obstacles à franchir, vous devriez les trouver plus faciles à surmonter. Prêt(e)? Allons-y!

La première chose à faire est de *couper le contact* de ce que j'appelle votre «*machine à repousser les gens*». Cessez d'émettre de ces vibrations néfastes qui, silencieusement, ordonnent de façon péremptoire à toute personne qui a le malheur de s'approcher à moins d'un mètre de vous d'aller se faire voir ailleurs. Vous ne pensez pas vous livrer à ce manège? Eh bien! tentez donc l'expérience suivante.

Faites-vous prendre en photo. Oh! rien de bien élaboré. Un simple appareil à développement instantané suffira. Ne souriez pas et prenez soin de conserver l'expression que vous arborez habituellement lorsque vous rencontrez des gens pour la première fois. Faites ensuite prendre une deuxième photo de vous mais, cette fois-ci, prenez un air *plus amical, plus ouvert, plus chaleureux, plus bienveillant.* Tentez de laisser votre vraie personnalité transparaître dans votre expression. Maintenant, comparez les deux photos. Si elles se ressemblent, la situation est grave! (Je blague un peu, car si vous vous êtes appliqué(e) à bien marquer la différence, les deux photos devraient être dissemblables.)

C'est de cette manière graphique que vous pourrez visualiser une grande partie de votre problème. Toute personne qui regarde votre visage recevra un message sans équivoque: celui de quelqu'un qui ne tient absolument pas à communiquer — et je pèse mes mots! Poussons un peu plus loin cette expérience. Demain ou la prochaine fois que vous aurez l'occasion de vous plonger dans une marée humaine, affichez votre visage *avenant* des jours de fête pour tous les gens que vous croiserez dans la rue. Enfin, presque tous: nous ferons abstraction des tapeurs professionnels et des inévitables désaxés que l'on peut rencontrer partout. Disons simplement tout être humain relativement raisonnable.

Soyez aimable envers les chauffeurs de taxi, les poinçonneurs de tickets, les employés de banque, les vendeurs et vendeuses des magasins, les gens qui vous demandent un renseignement, ceux avec lesquels vous travaillez, prenez votre pause-café, participez à des réunions. Cela comprend également vos interlocuteurs et interlocutrices au téléphone. Souvent, sur la ligne, vous vous apercevrez que c'est un *autre personne* qui vous parlera et non quelque zombie à la voix métallique comme un enregistrement à bon marché. (N'est-il pas vrai que, quelquefois, si vous étiez certain(e) qu'il s'agissait d'un enregistrement, vous pourriez au moins vous permettre de vous défouler à cœur joie! Mais faites attention... En effet, de nos jours, de plus en plus de personnes parlent au téléphone comme si on avait préalablement enregistré leurs paroles sur bande magnétique...)

Maintenant, ne vous attendez pas à des miracles, à quelque *deux ex machina*: c'est l'un des autres problèmes de la solitude. On dirait que de nombreuses personnes esseulées souffrent de ce que j'appelle le syndrome du Prince (ou de la Princesse!) charmant(e). Elles espèrent toujours entendre un bruit de sabots derrière la porte de leur chambre, où leur bien-aimé(e) les attend, chevauchant un blanc destrier ou roulant carosse doré. Si vous vous attendez à une telle éventualité, je dois vous avouez que les chances sont contre vous. Tout ce que je peux vous *garantir*, c'est que votre vie changera de façon radicale dès le jour où vous vous débarrasserez du fumet plutôt âcre dégagé par votre lotion «antigens». Vous vous retrouverez entouré(e) d'ami(e)s (même superficiels, peu importe...) et non plus par de parfaits étrangers. Quatre-vingt-dix-neuf pour cent des gens que vous rencontrez ont autant besoin d'amis et de connaissances que vous. Vous verrez ce que je veux dire lorsque vous aurez l'occasion de mettre cette formule à l'épreuve.

L'étape suivante consiste à établir des relations plus durables, un peu comme celles que vous vous êtes faites au collège, à l'université, au régiment. La bonne manière de commencer consiste à dresser la liste des endroits qu'il ne faut surtout pas fréquenter. En voici quelques-uns.

1. Les clubs de célibataires.

2. Les organisations paroissiales pour cœurs solitaires.

3. Les organisations qui se spécialisent dans la thérapie de groupe.

4. Les clubs de personnes séparées, divorcées ou veuves.

5. Les maisons de rapport n'abritant que des appartements pour célibataires.

6. Toute autre association dont le but est de regrouper les solitaires chroniques.

Cela vous surprend, n'est-ce pas? Avec ce que vous connaissez maintenant sur la solitude, vous ne devriez pas être surpris. En effet, ce sont précisément ces groupes qui attirent les esseulées et esseulés professionnels, avec tous leurs problèmes et leur désir profond de demeurer solitaires. Je sais ce que vous pensez: vous vous souvenez de ces merveilleux films d'amour où le pauvre garçon, seul dans la vie, rencontre à la bibliothèque municipale une jeune fille dans la même situation. Ils s'aiment, se marient et ont beaucoup d'enfants! Je suis désolé mais c'est du cinéma et la vie quotidienne est très différente de ce genre de tableau idyllique. En réalité, lorsque vingt-cinq solitaires se rencontrent à l'occasion d'une réception ou d'un pique-nique, ils dégagent tant de fumet «antigens» que l'atmosphère ne tarde pas à devenir bientôt irrespirable! Si, par malheur, quelqu'un a la mauvaise idée de vous inviter à l'une de ces réunions de solitaires, prenez vos jambes à votre cou et filez dans la direction opposée. En agissant de cette façon, vous aurez au moins la possibilité de bousculer une personne normale pendant votre fuite!

Les groupes de gens que vous devriez fréquenter sont ceux qui attirent les hommes et les femmes dynamiques qui ne se donnent jamais pour but de demeurer dans la solitude ou l'isolement miasmeux. Voici quelques solutions éprouvées. Si vous ne les trouvez pas suffisamment excitantes, ne vous découragez pas et poursuivez votre lecture. Je vous indiquerai certains choix qu'il vous sera difficile de refuser en fin de chapitre. Si vous essayez sérieusement et que vous soyez encore isolé(e), eh bien!... Tout ce que je peux vous dire, c'est que cela n'arrivera pas!

1. *Fréquentez la permanence d'une organisation politique de votre choix.* On y trouve généralement des gens qui travaillent sérieusement et n'ont pas de temps à perdre. Assurez-vous d'adhérer à un parti actif et non à des associations para-politiques et nébuleuses du genre «Le Regroupement des femmes pour la candidature de Gérard D. Laflaque» ou «l'Association des cadres pour un meilleur gouvernement». Accrochez-vous carrément à un parti reconnu, qu'il soit de droite, de gauche, centriste ou écologique, et travaillez vigoureusement pour la cause que vous défendez. Au bout d'une semaine, vous serez surpris(e) de voir votre solitude s'estomper. De plus, vous contribuerez à faire vivre la démocratie, ce qui n'est pas sans importance.

2. *Adhérez à un groupe de pression.* Une fois de plus, cela ne veut pas dire de ces passives associations du style «pour un meilleur gouvernement», qui se composent habituellement de maîtresses de maison bien intentionnées cherchant à meubler leurs temps libres. Je veux parler des associations militantes de progrès social du type «comités de citoyens». Qu'il s'agisse de désarmement nucléaire, d'avortement, d'environnement ou de tout autre sujet controversé, le choix demeure vôtre et c'est une question d'option personnelle, que vous soyez «pour» ou que vous soyez «contre». Une chose est certaine: si vous choisissez une cause sérieuse, défendue par des gens sérieux, vous ne pourrez qu'oublier très vite votre solitude. Choisissez soigneusement votre association et assurez-vous que ses objectifs cadrent avec les vôtres. Évitez toutefois les groupuscules aux actions débridées, qui ne peuvent que vous causer maints ennuis. Une fois la question soigneusement pesée, donnez-vous corps et âme à la cause que vous avez choisie. Adieu, solitude...

3. *Un nouvel emploi.* Réfléchissez quelques instants et analysez ce que vous faites pour gagner votre vie. Il est possible qu'avant d'y avoir pensé sérieusement, vous vous êtes retrouvé dans un emploi qui vous tient à l'écart de la race humaine. Tapez-vous des lettres pour Pierre, Paul, Jacques dans un service général de dactylographie? Faites-vous un travail de bureau parfaitement anonyme? Travaillez-vous à la chaîne dans une usine ou empilez-vous des caisses dans un entrepôt? Si tel est le cas, chaque jour, vous voyez la même quinzaine de visages, le travail est routinier et l'avancement nul... Le monde est pourtant rempli de possibilités qu'il vous faut apprendre à découvrir. Pourquoi ne pas travailler comme préposé(e) au

comptoir d'une compagnie d'aviation ou devenir vendeur (vendeuse), employé(e) dans une agence de voyages, dans un bureau de relations publiques, bref une occupation qui vous force à rencontrer des gens? Vous me direz peut-être que vous n'avez pas d'expérience, que vous gagnerez peut-être moins d'argent, que ce genre d'emploi se situe à un niveau inférieur au vôtre, etc. Eh bien! il faut que vous vous souveniez d'une petite chose: il ne s'agit pas ici d'établir un plan de carrière, mais de déclarer la guerre à une situation tragique: celle qui consiste à vivre en solitaire. Si vous vous trouvez un emploi où vous vous faites des amis, où règnent la camaraderie et un bel esprit de corps, que peuvent bien signifier quelques dollars de plus? Laissez-moi vous donner quelques exemples puisés auprès de certains de mes anciens clients qui n'ont pas hésité à changer d'emploi et à s'en mieux porter.

1. Une décoratrice d'intérieur est devenue serveuse dans un restaurant chic: son salaire a augmenté de vingt-cinq pour cent et elle a troqué sa dépression pour de l'enthousiasme.

2. Un rédacteur de manuels scolaires est devenu professeur dans un collège d'enseignement général et professionnel: il gagne le même salaire, mais travaille dorénavant sur du «matériel humain», ce qui a substantiellement modifié sa vie.

3. Une secrétaire de direction est devenue préposée au comptoir pour une compagnie d'aviation: non seulement a-t-elle augmenté son salaire de dix pour cent, mais encore peut-elle faire des voyages et rencontrer une foule de gens intéressants.

4. Un surveillant en informatique est devneu planificateur dans le service d'informatique de la

police. Non seulement a-t-il l'impression de faire œuvre utile mais, surtout, il sent qu'il fait partie d'une équipe pour la première fois de sa vie. Il gagne dix pour cent de moins que dans son précédent emploi mais cette perte de revenus se trouve compensée par plusieurs bénéfices sociaux.

Vous me direz peut-être que changer d'emploi ne constitue pas une solution suffisamment rapide pour vous. Peut-être qu'après avoir lu ce chapitre jusqu'ici vous avez décidé que vous n'aviez plus un instant à perdre. Si tel est le cas, chapeau! Et puis, voici une solution super instantanée pour régler, tel que je vous l'avais promis, le problème de la solitude. Cette solution a été maintes fois mise à l'épreuve par mes clients. Cela prend un peu plus de courage que la moyenne, mais les résultats sont sensationnels. Si vous êtes en mesure de vous en tenir à votre résolution, vos problèmes se régleront en deux temps, trois mouvements.

Retournez sur les bancs de l'école, mais dans une discipline qui n'a rien à voir avec vos occupations habituelles.

En planifiant soigneusement vos affaires, faites intervenir un concours de circonstances qui donnera exactement les résultats que vous en attendez. Par exemple, faites quelque chose dans le genre de ce qu'a fait Lois.

— D'accord... Vous aviez raison et j'avais tort, Docteur...
— Que voulez-vous dire par là, Lois?

Elle se mit à sourire tout en secouant ses cheveux blonds.

— Je suis certaine que vous saviez très bien ce que vous vouliez faire, sacré Docteur, en m'envoyant à l'école de soudage...

— N'exagérons rien... Je ne vous ai pas envoyée à l'école de soudage, tout au plus prendre un cours dans un programme d'éducation pour adultes au collège d'enseignement général et professionnel... N'est-ce pas plutôt cela?

Lois se mit à rire de bon cœur.

— Peut-être, mais pour moi, ce fut la vraie bombe A! Tout ce que je sais, c'est que je me suis présentée à ce cours comme une petite chose fanée, misérable, seule au monde. Vous m'avez placée dans une classe avec seize hommes: quatre ingénieurs, deux médecins, un dentiste, six bonshommes en train de monter leur propre affaire, un type qui fabrique des voiliers et deux sculpteurs, dont l'un est marié. Après une douzaine de semaines, j'avais dix-huit nouveaux amis et plus de contacts sociaux que je pouvais en espérer. Et...

— Un instant, s'il vous plaît... Vous m'avez bien dit qu'il y avait seize hommes dans cette classe et que vous vous étiez retrouvée avec dix-huit amis? Comment cela se peut-il?

— Vous ne m'avez pas écoutée, Docteur. Souvenez-vous: l'un des sculpteurs est marié à une femme extraordinaire que je rencontre au moins une fois par semaine.

— Et qui est le dix-huitième copain?

— Chaque classe compte un instructeur, n'est-ce pas? Et puis, j'ai bénéficié de quelque chose d'autre, d'une chose à laquelle je ne m'attendais vraiment pas...

— C'est-à-dire?

— Dans tout ce remue-ménage, j'allais oublier le principal: j'ai appris à souder!

Lois était gagnante sur toute la ligne. Elle avait réussi à transformer sa vie du tout au tout. Jeune, intelligente, blonde comme les blés, elle s'était retrouvée la seule femme dans un groupe d'hommes sortant de l'ordinaire. Voilà le genre de chose que presque chaque personne esseulée peut faire pour retourner la situation en sa faveur. Cela fonctionne de la même manière pour les hommes.

Walt et un garçon de taille moyenne avec des cheveux bruns qui semblent toujours lui retomber sur le front. Ses yeux sombres, expressifs, pétillent littéralement en me racontant son expérience.

— Vous savez... Je pensais tout d'abord que vous étiez cinglé, Docteur. Moi, un professeur de chimie... et vous m'avez envoyé dans une école d'esthétique! Si je ne m'étais pas senti si abattu et si désespéré, je me serais sauvé et j'aurais été consulter un médecin un peu moins dingue...
— Si vous n'aviez pas été si abattu et si désespéré je ne vous aurais pas envoyé suivre des cours dans une école d'esthétique! Aux grands maux les grands remèdes! Racontez-moi comment ça a marché...

Il haussa les épaules de manière emphatique.

— Au-delà de mes espérances. Tout d'abord, j'ai fait la connaissance de vingt-cinq jolies filles — les plus mignonnes qu'il m'ait été donné de rencontrer! Je commence à croire que ces écoles-là doivent posséder une sorte d'aspirateur à beautés... Ensuite, il m'est arrivé quelque chose d'absolument inattendu...
— Et quoi donc?
— Elles se sont mises à *se disputer* pour savoir qui pourrait s'occuper de moi! Après la deuxième semaine de cours, nous devions étudier la coiffure pour

hommes. Étant donné que j'étais le seul mâle disponible, à l'exception de quelques vénérables retraités qui venaient se faire couper les cheveux de temps en temps, imaginez un peu ce vieux Walter, le pauvre petit prof d'université solitaire, en train de se bagarrer avec ses charmantes condisciples afin de savoir qui pourrait le prendre comme modèle... Inutile de dire que je suis fendu en quatre pour leur faire plaisir...

— Et comment avez-vous donc pu vous départager ainsi entre toutes?

— Avez-vous oublié que, dans toutes les écoles, on ne manque pas de vous donner des devoirs à faire à la maison? C'est très simple, j'ai pris en pitié celles qui avaient l'impression d'être un peu délaissées et je les ai invitées chez moi, après la classe, pour qu'elles puissent faire à leur aise leurs travaux pratiques. C'étaient toutes de chic filles. Elles m'apportaient des gâteaux et, un soir, plusieurs d'entre elles m'ont même préparé un repas de roi. Je leur avais rendu service et elles me rendaient la politesse.

Walter me gratifia d'un sourire qui se rendait d'une oreille à l'autre, puis redevint sérieux.

— Comme vous vous en doutez bien, je n'ai pas l'intention de devenir esthéticien... mais je n'ai pas plus l'intention de retourner enseigner la chimie à l'université.

— Que comptez-vous faire alors?

— Je vais combiner les deux métiers, Docteur. De nos jours, le domaine de la beauté est de plus en plus l'affaire des chimistes et puis, ces jeunes femmes sont si gentilles... Je veux dire qu'à part certaines relations sur lesquelles je n'ai pas besoin d'élaborer, je préfère sans aucun doute la compagnie de ces charmantes personnes à celle de vieux profs grognons et d'étudiants qui s'ennuient à cent dollars l'heure pendant mes cours... Alors, vous savez quoi? Je suis en train d'ouvrir ma propre école d'esthétique. Je joins l'utile à l'agréable et ne puis que remercier un certain médecin, pas si cinglé que cela, de m'avoir fait une suggestion apparemment complètement folle!

Voilà, voilà... Tout comme vous n'êtes pas devenu solitaire en une seule journée, vous ne devez pas vous attendre à vous débarrasser de votre solitude en l'espace de vingt-quatre heures. Toutefois, vous êtes sur la bonne voie. Vous avez sans nul doute compris où résidait le problème et, avec deux armes efficaces à votre disposition: l'expérience de ceux qui ont réussi à le résoudre et plusieurs techniques efficaces auxquelles vous pouvez recourir, il n'en tient qu'à vous de vous arracher à l'enfer de la solitude.

19
L'argent

L'argent... Que voilà un bien étrange mot...
L'a-r-g-e-n-t. Pour la plupart d'entre nous, cela
signifie des dollars, des francs, des roubles, des pesos,
des billets et des pièces sonnantes et trébuchantes.
Cela signifie des comptes en banque, des lingots d'or,
des placements sûrs. Nous nous trompons cependant
de façon grossière, car *l'argent* c'est tout cela, bien
sûr, mais, en même temps, ce n'est pas cela du tout.
En effet, *l'argent* est quelque chose de plus
élémentaire: *l'argent,* c'est la différence entre la vie et
la mort, entre le bonheur et la misère, entre la santé et
la maladie. L'argent est à la base de tout ce qui est
bon et de tout ce qui est pourri dans le monde. Toutes
les guerres n'ont qu'un seul enjeu, *l'argent* (on dit
d'ailleurs qu'il en est le nerf)! Les plus grands
mensonges de l'Histoire ont été commis pour lui. Que
vous vouliez gagner de l'argent, en posséder ou le
faire fructifier, il faut d'abord que vous compreniez
en quoi il consiste. La définition la plus simple que je
pourrais en donner, c'est que l'argent n'est rien
d'autre que du *pouvoir concentré.* Pas plus et pas
moins que cela.

Considérons la question de la façon suivante.

Quel poids pensez-vous être en mesure de soulever? Cinquante kilos? Cent, peut-être? Mettons. Eh bien! Moi je peux soulever deux cent cinquante kilos avec seulement deux doigts. Comment? mais c'est facile. Il me suffit de prendre quatre billets de dix dollars dans mon portefeuille et quatre costauds s'approchent pour soulever la charge de deux cent cinquante kilos pour moi. En d'autres termes, j'ai concentré la force de quatre êtres humains dans quatre petits morceaux de papier.

Êtes-vous capable de voler dans les airs comme un oiseau? Je le peux et n'ai pas besoin pour cela de battre des ailes. Il me suffit de décrocher mon téléphone et de donner à quelqu'un un chiffre gravé sur une plaquette de plastique pour, une heure plus tard, m'envoler pour Manille, Helsinki ou Bogotá. C'est le pouvoir de l'argent qui me permet de voler. J'ai concentré le pouvoir de cinquante mille chevaux dans une petite carte de crédit qui n'est rien d'autre que ce qu'on appelle couramment de «l'argent plastique».

Même le nombre de jours que vous devez passer sur cette terre dépend de l'argent que vous possédez. Si vous en possédez suffisamment, vous pouvez vous payer la meilleure nourriture disponible, les meilleurs soins médicaux, les meilleurs logements dans des conditions climatiques saines, bref, tout ce qu'il faut pour rendre votre vie longue et heureuse. Par contre, si vous n'avez pas assez d'argent, il vous faut respirer un air pollué, manger des aliments plus ou moins équilibrés, attendre de longues heures dans des cliniques médicales dépendant d'œuvres de charité pour vous faire soigner, vivre dans des logements insalubres pleins de courants d'air.

De là à dire que tout ce qu'il faut pour être heureux ne tient que dans un mot, l'argent, il n'y a qu'un pas. Mais l'équation n'est pas aussi simpliste. Pour parvenir à trouver un certain bonheur, il vous faut aussi de l'intelligence, de la maturité, de la compréhension et de l'expérience. Malheureusement, même si vous possédez ces qualités et que vous n'avez pas un sou, elles ne vous procureront même pas une prosaïque tasse de café. Nous serons peut-être tentés de corriger notre tir et de dire: «C'est simple, obtenons d'abord l'argent et, avec les qualités que nous venons d'énumérer notre bonheur est assuré!» C'est possible, seulement il existe un attrape-nigaud: l'argent ne se trouve qu'en quantités limitées dans le monde et beaucoup de gens voudraient en accumuler toujours davantage. Pour compliquer les choses, ceux qui possèdent beaucoup d'argent se trouvent engagés dans un perpétuel combat pour *vous* empêcher de vous approprier votre part du gâteau. D'ailleurs, ils ne s'arrêtent pas là: leur but premier est de vous arracher le peu d'argent que vous avez réussi à mettre de côté. Comment? Écoutons le témoignage de Bill.

Vêtu d'un pantalon de flanelle grise, d'un blazer de laine bleu marine rehaussé d'une cravate club, chaussé de mocassins en cuir de Cordoue, l'homme ne manque vraiment pas de classe. Il sort de sa poche un étui à cigarettes en or guilloché garanti 18 carats et me l'ouvre sous le nez. Il contient des cigarettes turques. Je refuse d'un bref merci. Il hausse les épaules, sort son briquet Dupont en or et laque de Chine, allume sa cigarette et la pièce s'emplit de l'arôme âcre du tabac de Latakieh.

— Auriez-vous objection à ce que je devine ce que vous allez me dire, Bill?

Il grimaça et ajouta d'un air enjoué:

— À quoi jouons-nous? Au Dr Freud ou au petit télépathe? En tout cas... Allez-y!

— Vous vous apprêtez à me dire que peu importe l'argent que vous pouvez gagner, vous ne semblez pas capable d'épargner un seul sou...

Bill prit une généreuse bouffée, puis écrasa nerveusement sa cigarette dans le cendrier qui se trouvait sur mon bureau.

— Épargner, dites-vous? Je souhaiterais seulement que ce soit cela. Toutes les cinq minutes, je m'enfonce un peu plus dans les dettes! Tenez: je fais cent vingt-cinq mille dollars par année et ne possède même pas un sou d'économie. J'ai même emprunté sur mes polices d'assurance-vie!

Bill sortit son portefeuille, leva le bras et un compartiment en plastique, plié en accordéon, se déplia pour montrer une douzaine de cartes de crédit bien connues.

— Je peux acheter tout ce qui me passe par la tête, mais ne suis même pas capable de mettre un sou de côté! Tenez, j'ai cinquante-huit ans et je sais que je ne pourrai pas travailler toute ma vie. Je suis représentant. Je vends des jets d'entreprise, des avions aux dirigeants et propriétaires de grandes sociétés. Malheureusement, dans ma boîte je ne bénéficie d'aucun fonds de retraite. Que vais-je faire? Serai-je bientôt forcé de vivre des maigres revenus de la Sécurité sociale, assis toute la journée dans un jardin public en compagnie de vieux gagas pendant que les pigeons s'oublieront sur mes cheveux blancs? Écoutez, j'ai l'habitude de vivre largement et ne pourrais pas survivre longtemps dans de telles conditions...

— Bill, que voulez-vous dire au juste par «vivre largement»?

Bill sembla estomaqué.

— Eh bien! *largement,* quoi... Un petit voyage en France tous les étés, du ski tous les hivers, une voiture pour la ville et une voiture de sport — peut-être même deux —, le grand restaurant une ou deux fois par semaine, de bonnes écoles privées pour les enfants, recevoir mes amis avec classe... Après tout, je travaille dur et je mérite bien ces petites compensations. Non?

— Je n'en doute point, mais dites-moi quelque chose, Bill: quelle est, selon vous, l'utilité numéro un de l'argent?

Il fronça les sourcils.

— Quoi? Mais acheter des choses, bien sûr!

— D'accord, Bill, et c'est votre problème, mais «acheter des choses» n'est que l'utilité numéro *quatre* de l'argent. L'utilité numéro un est de vous garder en vie. L'objectif numéro un consiste à vous acheter un minimum de nourriture, à vous protéger des éléments et à assurer votre sécurité. En tel cas, l'argent sert à vous donner un toit, suffisamment d'aliments pour que votre corps et que votre esprit puissent continuer à fonctionner et pour vous permettre de vous payer les services de médecins, d'avocats ou encore vous donner la possibilité de travailler. L'utilité numéro *deux* de l'argent est de vous donner accès à l'éducation, dans le sens le plus large du terme «éduquer». L'argent vous donne les moyens d'obtenir des informations, de rassembler des faits, d'avoir accès à un enseignement qui vous permette de vous intégrer à la collectivité. Cela peut aller de l'achat d'un vulgaire journal à l'obtention d'un diplôme universitaire.

Bill me regardait d'un œil plutôt vitreux.

— Me suivez-vous toujours, Bill?

Il fit un signe affirmatif.

— Je pense que oui... Vous savez, tout ça c'est un peu académique pour un homme de mon acabit, qui n'a jamais réussi à conserver un billet de dix dollars plus d'une heure dans sa poche... Mais continuez, ça me passionne.

— Le troisième objectif de l'argent est *d'en faire davantage!* Comme vous le savez fort bien, l'argent ne se trouve pas dans les pas du cheval. Si vous travaillez pour mériter salaire, vous faites appel à ce que l'on peut appeler une «ressource non renouvelable» et cette ressource c'est *vous-même*. Chaque fois que vous encaissez un chèque de paie, vous avez une semaine de vie de moins à vendre.

Bill m'interrompit.

— Que voulez-vous dire par «une semaine de vie»? Je ne vends pas de semaines à ce que je sache...

— Vous pensez? Réfléchissez bien: lorsque vous occupez un emploi, quel qu'il soit, il ne vous reste qu'un certain nombre de mois, de semaines, d'heures *à vendre* avant que vous ne puissiez plus travailler. Votre patron achète vos prestations de service à dix dollars l'heure, cinq cents dollars par semaine ou cent vingt-cinq mille dollars par année. Même si vous travaillez à commission, vous n'êtes payé qu'au prorata du temps que vous investissez dans votre travail. Même si vous n'aimez guère penser à tout cela, Bill, il ne faut pas oublier qu'au cours de votre vie, il ne vous reste qu'un nombre limité d'heures, de semaines ou de mois à vendre, si bien qu'en fin de compte vous finissez tout de même par vendre des semaines. Le jour où vous ne pourrez plus les vendre, votre source de revenus sera tarie.

Bill prit un air déprimé.

— Réjouissez-vous cependant, car c'est là le troisième objectif de l'argent. Tôt ou tard, la possibilité de «vendre des semaines» s'estompera, *mais celle qu'a votre argent de «faire des petits» vivra toujours.* Prenons un exemple très simple: Si vous placez mille dollars en banque à un intérêt annuel de dix pour cent, ces mille dollars vous donneront cent dollars d'intérêt au bout de la première année. Ce qui est intéressant, c'est que ces cent petits dollars naîtront toujours, que vous soyez ou non en train de travailler. Pour rendre la chose plus intéressante, disons que même lorsque vous ne serez plus sur le marché du travail ces nouveaux dollars continueront à faire des petits et cela ne s'arrêtera pas là. Si vous n'y touchez pas, à la fin de la première année, vous pourrez ajouter à votre capital les cent nouveaux dollars que vous avez gagnés et qui, à leur tour, deviendront de «gros dollars» puisqu'ils auront la faculté de se *reproduire.* La deuxième année, vos intérêts seront donc de cent dollars plus dix sur vos intérêts; la troisième de cent plus *vingt et un* et ainsi de suite. Combien d'intérêts votre étui à cigarettes en or vous rapporte-t-il? Quel est le pourcentage que vous obtenez sur l'argent que vous dépensez dans les grands restaurants?

Bill prit un air agacé.

— Mais, Docteur... Vous savez, l'homme ne vit pas que de pain... Il lui faut non seulement nourrir son corps, mais son âme aussi...

— Je suis heureux que vous me mentionniez cela, Bill. C'est ce que je veux dire lorsque j'affirme que les gens qui possèdent les plus grands capitaux de ce monde travaillent jour et nuit pour vous arracher le peu que vous possédez. Comment espérez-vous «nourrir votre âme» dans quelques années lorsque vous serez assis sur un banc public en train d'essayer de ne pas vous faire déshonorer par la fiente des pigeons? Souvenez-vous, Bill: c'est vous qui m'en avez parlé le premier. Dans de telles conditions, je ne crois pas que votre veste de sport de quatre cents dollars supportera très longtemps ce genre de traitement...

Bill eut un faible sourire.

— Je crois que je commence à comprendre, Docteur...

— Je l'espère bien, Bill. Voyez-vous, l'une des réussites les plus impressionnantes des communications modernes a été de convaincre les gens d'acheter des choses dont ils n'avaient par réellement *besoin*. La technique la plus commune consiste à dissimuler l'usage véritable que l'on peut faire des objets matériels.

Bill m'interrompit. Il se prenait au jeu...

— Comme un étui à cigarettes?

— Précisément. Si vous tenez à fumer, le paquet où les cigarettes sont emballées suffit amplement à les protéger en attendant que vous les consommiez. L'étui en or n'améliore pas leur goût et ne vous protège pas du cancer... si je puis me permettre de glisser en passant mon petit message médical...

Bill continuait à sourire.

— Et si je tenais *absolument* à posséder un étui à cigarettes en or, Docteur?

— Cela vous regarde, bien sûr, mais vous feriez bien de vous demander *pourquoi* vous tenez tant à en faire l'acquisition. Ensuite, si vous rêvez toujours de le posséder, achetez-le, mais avec de l'argent que vous n'avez pas à gagner...

— Vous voulez parler de ces dollars qui font des petits?

— Exactement. Si vous vendez vos semaines pour payer ce dont vous avez vraiment besoin pour vivre et si vous dépensez les intérêts de vos placements pour vous offrir ces petits jouets auxquels vous ne pouvez résister, vous n'aurez pas à passer votre troisième âge à frissonner dans un jardin public en attendant que la soupe populaire ouvre ses portes...

— Mais qu'appelez-vous «petits jouets», Docteur?

— Et que croyez-vous qu'ils soient?

— Pendant que vous parliez, je tentais d'analyser tout cela. L'un des exemples auxquels je pensais était ma voiture de sport. Comme vous le dites, lorsqu'ils essaient de vous vendre quelque chose dont vous n'avez pas besoin, ils tentent de dissimuler son utilité véritable. Le but d'une voiture est de vous transporter du point A au point B. Je suppose que le moyen le moins rationnel d'y arriver consiste à placer un moteur de 300 chevaux sur un châssis de 50 000 dollars. Seulement voilà, ils vous vendent l'aspect snob et romantique de la chose. En tant que propriétaire d'une Ferrari, je peux l'attester.

— Vous êtes sans nul doute sur la bonne voie. Tous ces merveilleux gadgets dont vous n'avez vraiment pas besoin sont ces «petits jouets» dont nous parlions. Parmi ceux-ci vous pouvez inclure votre briquet

Dupont qui a bien dû vous coûter deux cent cinquante dollars...

— Trois cent vingt, Docteur...

— D'accord, Trois cent vingt. Votre maison de campagne serait plutôt une sorte de «gros jouet». Calculez combien de fois vous vous en servez par année et peut-être vous déciderez-vous alors à la vendre et à louer plutôt la maison de quelqu'un d'autre. Toutefois, ce n'est pas votre plus gros problème à l'heure actuelle...

Bill prit un air surpris.

— Et quel serait, selon vous, mon plus gros problème?

— Tout d'abord assainir votre situation financière. Comme vous me le mentionniez, il ne vous reste qu'un certain nombre de semaines avant que vous n'alliez vous asseoir sur un banc public. Essayez de mettre en pratique le programme qui suit et voyez à l'appliquer à votre cas particulier.

a. *Vivez selon vos moyens.* Au lieu de dépenser comme un monsieur qui gagne 125 000 $ par année, essayez plutôt de dépenser comme quelqu'un qui en ferait 50 000 $. Vous serez surpris de constater que votre standard de vie baissera moins rapidement que votre compte en banque augmentera.

2. *Ne dépensez pas votre énergie inutilement.* N'oubliez pas que vous gagnez chaque sou à la sueur de votre front. Lorsque vous vous payez un écran de télévision géant avec télécommande et enregistreur magnétoscopique incorporé, cela vous coûte bien plus que de l'argent: cela vous coûte au moins un mois de

votre vie, un mois à convaincre des clients récalcitrants, à argumenter, à défendre votre produit. L'argent que vous gagnerez à la suite de ces efforts ne sera rien d'autre que de l'énergie physique et mentale que vous aurez déployée et qui se retrouvera concentrée dans de petits certificats de papier. Si vous gaspillez cet argent, vous gaspillerez votre propre réserve d'énergie — une réserve très limitée.

3. *Le plastique ne fait pas le bonheur.* N'entretenez pas de fallacieuse illusion en vous disant qu'un objet matériel est susceptible de vous apporter le bonheur. Je connais trop bien les messages de ces pleines pages en quadrichromie que l'on trouve dans les magazines et ceux des annonces télévisées: «Je n'étais qu'une ménagère frustrée (ou un célibataire déprimé) jusqu'à ce que je puisse me procurer mon four à micro-ondes (ou mon fer à cheveux à chobilgotron compensé, ou mon stéréo octophonique à synchro-séparation ou mon appareil-photo polaroïd ou encore...).

«Je suis certain que vous pouvez allonger la liste. Ne vous laissez pas berner par les beaux sourires des gens dans ces annonces. S'ils ont l'air si satisfaits, ce n'est pas parce que l'objet en question réussit à les maintenir dans un état d'extase permanent. S'ils font des sourires radieux, c'est qu'il n'est pas facile de se placer comme mannequins publicitaires et qu'ils sont heureux de pouvoir travailler. Votre bonheur ici-bas dépend de ce que vous pouvez accomplir, des relations que vous entretenez avec les gens que vous aimez et de ce que vous faites pour rendre le monde qui nous entoure encore un peu meilleur. C'est très simple: être bien dans sa peau, avoir la satisfaction du devoir accompli, être en paix avec sa conscience, voilà des choses *que l'on ne peut* acheter.

4. *Achetez seulement ce dont vous avez besoin.* Vous souvenez-vous de cette vieille histoire texane à propos de ce quidam qui voulait économiser de l'essence? Il commença par acheter un filtre qui devait lui permettre d'économiser un litre d'essence aux cent kilomètres, puis un distributeur censé réduire sa consommation de «deux litres aux cent». Il fit ensuite installer un nouveau carburateur, qui lui faisait encore gagner quelques litres et enfin un système d'échappement perfectionné qui lui permettait de couper sa consommation de moitié. Lorsque notre automobiliste en eut terminé avec toutes ces améliorations, savez-vous ce qui arriva? Toute l'essence qu'il avait économisée faisait déborder son réservoir!

Avant d'acheter quoi que ce soit, assurez-vous donc que vous en avez vraiment besoin. Si vous investissez de l'argent dans un four à micro-ondes pour économiser de l'électricité, il vous faudra au moins dix ans pour récupérer votre mise de fonds. Si vous vous débarrassez de votre voiture de format standard à vil prix pour acheter dare-dare une voiture beaucoup plus petite dans l'espoir d'économiser de l'essence, mieux vaudrait passer vos calculs à la loupe, car toutes les économies d'essence que vous allez faire risquent de se trouver annulées par la dépréciation et les frais de financement du nouveau véhicule. Combien d'années vous faudra-t-il pour amortir cette nouvelle dépense? N'oubliez pas qu'*épargner* de l'argent peut se révéler une excellente excuse pour en *dépenser!* Je vous en prie: ne tombez pas dans ce piège. N'achetez pas quelque chose sous prétexte que l'article est en solde ou qu'il peut éventuellement vous faire faire des économies. Mieux vaut l'acheter parce que vous en avez vraiment besoin et que vous ne pouvez vraiment vous en passer. Si vous agissez ainsi, vous tirerez davantage de satisfactions de ce que vous achetez tout en vous le procurant à bon compte.

5. *Fixez-vous des priorités et souvenez-vous-en.* Tout d'abord, procurez-vous des aliments sains. Deuxièmement: installez-vous dans un logement confortable. Troisièmement, épargnez suffisamment d'argent pour les urgences. (Au fait, n'allez pas croire ce que les promoteurs des cartes de crédit vous racontent lorsqu'ils soutiennent que leur carte est équivalente à de «l'argent instantané» en cas d'urgence. En effet, les banquiers ont la mauvaise habitude de vous retirer votre carte de crédit lorsque vous en avez le plus besoin et que vous ne les remboursez pas suffisamment rapidement à leur gré.)

Le niveau prioritaire suivant consiste à vous instruire et à acquérir le savoir qui vous est nécessaire. Dans le monde actuel, l'éducation se doit d'être permanente. Il faut que vous en appreniez toujours davantage sur votre métier ou sur votre profession, que vous suiviez des cours de recyclage, que vous soyez renseigné sur les fluctuations monétaires et sur l'économie. Bref, la formation est un processus sans fin et il vous faut constamment apprendre à faire face à une foule de situations nouvelles imposées par un monde qui vous semble chaque jour de plus en plus fou.

Le troisième niveau de priorités consiste à utiliser votre argent afin qu'il vous rapporte quelque chose. Ce niveau de priorité se rattache d'ailleurs au précédent, mais souvenez-vous de ceci: aujourd'hui, la plupart des paris *ne se prennent pas* dans les casinos mais à la Bourse, dans les cotations à terme de denrées et marchandises, dans l'immobilier, les fonds mutuels et les refuges fiscaux. Pour chaque personne qui a dix mille dollars à placer, on trouve un nombre égal de requins qui n'attendent que le moment propice pour la déposséder. Étudiez soigneusement ce qu'on vous offre dans ces différents domaines et apprenez à séparer ce qui est vraiment rentable de ce qui n'est que miroir aux alouettes. Il est parfaitement inutile de faire des sacrifices pour économiser quelque argent si, en fin de compte, on le perd. Ce qui constitue un bon placement un certain mois peut se révéler désastreux le mois suivant. Ainsi, certaines obligations et bons du Trésor peuvent constituer un excellent placement aujourd'hui et un placement médiocre demain, surtout avec l'inflation qui peut radicalement changer les règles du jeu en l'espace de quelques heures.

Tel que je le mentionnais au début de ce chapitre, avoir de l'argent, c'est avoir un certain *pouvoir*. Si vous n'avez pas un sou, vous ne pouvez rien faire. Si vous en possédez suffisamment, ce pouvoir est entre vos mains. C'est évidemment une question de choix. Quel est le vôtre?

20
L'obésité

L'obésité ne se décrit pas. On se contente d'en faire le diagnostic. Être gros n'est pas un accident: c'est une façon de vivre. En effet, être obèse signifie beaucoup plus que porter des vêtements foncés et transpirer abondamment. Lorsque vous grossissez, vous mettez en branle toute une série de circonstances qui rendent votre vie radicalement différente de celle des gens dont le poids est normal.

Par exemple, lorsque votre poids est de vingt-cinq pour cent supérieur à votre poids idéal, certains changements importants surviennent dans vos fonctions vitales. En voici quelques-unes.

1. *Votre appétit commence à changer.* Les gens sveltes se contentent d'un repas relativement léger mais les obèses peuvent continuer à manger sans atteindre le niveau de satisfaction normal qui les ferait refuser une deuxième ou une troisième portion. C'est ce que j'ai appris il y a environ vingt-cinq ans avec une cliente que nous appellerons Élizabeth. Avec sa jolie chevelure blonde et ses yeux bleu faïence, à 29 ans Élisabeth ressemblait véritablement à une poupée — une poupée un peu boudinée puisqu'elle atteignait déjà les cent kilos et ne cessait de prendre du poids.

— Envisageons le problème de cette façon, Élisabeth. Lorsque vous commencez à manger quelque chose, la première bouchée est toujours la meilleure. La seconde n'est pas aussi succulente que la première et, lorsque vous en êtes rendue à la dixième bouchée, c'est tout juste si vous vous donnez la peine de goûter à vos aliments. Faisons maintenant une petite expérience. Quel est votre plat favori?

Son visage, d'un naturel aimable, s'éclaira d'un sourire radieux.

— La tarte à la crème aux bananes!
— Parfait. Essayons cela: demain, achetez-vous une grosse tarte à la crème aux bananes. Au déjeuner, installez-vous à table avec cette tarte, un crayon et du papier. Coupez-vous une portion de tarte et notez quel est son goût. Coupez-vous une seconde portion, mangez-la et notez également vos impressions. Recommencez autant de fois que vous le voudrez. D'accord?

Elle me gratifia d'un autre sourire radieux.

— Voilà une idée formidable, Docteur!

Une semaine plus tard, Élizabeth revint au bureau, plus replette que jamais, serrant un bout de papier dans sa main potelée.

— Et comment cela a-t-il fonctionné?
— Très bien. Puis-je refaire la même chose cette semaine?
— Voyons d'abord comment vous vous y êtes prise. Auriez-vous l'obligeance de me lire vos notes?
— Certainement. Premier morceau: goût merveilleux! Deuxième morceau: formidable! Troisième: délicieux! Quatrième: délectable! Cinquième: divin!

— Un instant, Élisabeth. Combien de morceaux de tarte avez-vous mangés?

Elle se mit à sourire d'un air innocent.

— Pourquoi? Douze morceaux, Docteur. Après tout, vous m'aviez bien dit d'acheter toute une tarte, non?

— C'est juste, Élisabeth. Et quel était le goût de ce douzième morceau?

Elle fit mine de consulter sa liste.

— Voyons voir... Ah! oui, voilà: «douzième morceau: c'est vraiment sensationnel! je pourrais en manger une douzaine d'autres...»

1. *Vos pulsions sexuelles commencent à se modifier.* Tandis qu'une partie de plus en plus importante de vos tissus et des organes de votre corps se convertissent en graisse ou se trouvent enrobés par elle, vos glandes endocrines commencent à ralentir leurs activités. Les hommes perdent graduellement de leur virilité et les femmes perdent de plus en plus d'intérêt pour les activités d'ordre sexuel. Il s'opère également un glissement, étrange et graduel, vers les caractéristiques du sexe opposé. Les hommes grassouillets ont en effet une peau plus lisse et un système pileux moins fourni que ceux qui sont sveltes tandis que les femmes corpulentes semblent avoir un don pour récolter davantage de poils sur le visage et sur le corps que les femmes de poids normal. Ces anomalies résultent probablement d'un déséquilibre hormonal engendré par des troubles du métabolisme, eux-mêmes causés par la prolifération de tissus adipeux. Ces difficultés en provoquent souvent d'autres, parce que le manque de satisfaction au plan sexuel pousse de nombreux obèses à tenter de prendre

leur plaisir où ils le trouvent, c'est-à-dire dans les excès alimentaires.

3. *L'obésité occasionne des changements au plan mental.* Vous avez peut-être déjà entendu le dicton malicieux voulant que les obèses soient des gens d'un naturel agréable parce qu'ils ne sont pas capables de courir assez vite. Il s'agit là d'une manière ironique de décrire les changements de personnalité bien connus que subissent presque toutes les personnes dont le poids est au-dessus de la normale. Il est vrai que les grosses personnes semblent toujours être liantes et de bonne humeur. Mais attention: il s'agit là d'un comportement *superficiel.* Pourquoi? Parce qu'elles ne peuvent pas faire autrement. Étant donné qu'elles savent pertinemment qu'elles ne possèdent pas le charme des personnes normales, elles doivent compenser pour leur petite infirmité en se montrant plus avenantes que les autres. Obtenir un emploi et *le garder,* se faire des amis et *les conserver* exigent beaucoup plus d'efforts de la part d'un ou d'une obèse que de la part d'une personne plus mince. Deuxièmement, même si cela ne semble guère les affecter en surface, la plupart des obèses sont des gens perpétuellement déprimés. Si vous avez des amis un peu trop replets ou ventrus, vous comprendrez ce que je veux dire. Ils se donneront volontiers en spectacle pour amuser la galerie mais, au fond d'eux-mêmes, ils savent fort bien qu'ils n'ont guère de bonnes raisons de se réjouir.

Charlie était un homme dans ce cas. Il entra dans mon bureau en me saluant d'un jovial Ho! Ho! Ho! à en faire trembler son double menton.

— Je ne sais vraiment pas ce que je fais ici, Docteur... Je ne me suis jamais aussi bien senti de toute ma vie! Dites-moi... Savez-vous pourquoi il faut beaucoup de patience à un couple d'obèses qui veulent faire l'amour? C'est simple: c'est parce qu'ils doivent se débrouiller avec deux grosses bedaines et une... quéquette naine! Hi! Hi! Hi!

Il se remit à rire bruyamment, en battant toujours la mesure avec son double menton.

— Quel genre de travail faites-vous, Charlie?
— Je suis dans l'assurance, Docteur, l'assurance-vie. Je vends pour un million de dollars de polices par année et ça dure depuis dix ans... Un vrai jeu d'enfant! Maintenant, je sais ce que vous allez dire: «Un jeu, peut-être, mais il faut crever pour gagner... Hi! Hi! Hi!»

Il s'était remis à rire de ses propres blagues.

— Mais rien n'est plus inexact, Docteur. L'assurance-vie constitue le meilleur placement qui existe, je vous l'assure. Tenez, je vous propose un marché: vous me faites maigrir et moi je fais votre fortune!
— Nous discuterons de cela plus tard. En attendant, qu'est-ce qui vous amène ici?
— Ce qui m'a amené ici? Un grand taxi avec une suspension renforcée!

Il éclata d'un autre rire homérique. Il était temps de passer aux choses sérieuses.

— Charlie... Combien pesez-vous?
— Oh! Je dirais... deux fois par mois... Hi! Hi! Hi! Non, sans blague... Lorsqu'il fait chaud dehors je dirais... Dix kilos...
— Cent dix kilos?
— Non, non, je dis bien dix kilos parce que lorsque la graisse a fondu, c'est tout ce qu'il reste...

257

Décidément, les choses ne progressaient guère.

— Et depuis quand êtes-vous si déprimé, Charlie?

Il y eut comme un long silence. Plus de rigolade, plus de sourire, plus de double menton ballotant dans la brise. Finalement, d'une voix lasse, mon interlocuteur s'ouvrit.

— Depuis environ dix ans, je pense... Mais je ne savais pas que ça se voyait tant que ça...
— Réjouissez-vous Charlie... Je suis peut-être le seul à m'en apercevoir! Je vous dis cela parce que la dépression est chose courante chez les grosses personnes. Et puisque vous n'êtes pas précisément mince... Mais dites-moi, sérieusement, combien pesez-vous?
— Cent vingt-cinq kilos, avoua-t-il d'une voix atone.
— Et vous mesurez combien?
— Un mètre soixante-sept...
— Et votre âge?
— Cinquante-trois ans cette année.

Sa voix était devenue pratiquement inaudible.

— Je commence à comprendre... Vous avez cinquante-trois ans et pesez quarante-cinq kilos de trop. Votre tension est trop élevée, n'est-ce pas?
— Oui, comment le savez-vous?
— Si vous pesez quarante-cinq kilos de trop il est presque obligatoire que vous fassiez de l'hypertension. De plus, vous devez bien faire un peu de diabète... Non?

Charlie fit la grimace.

— N'a-t-on pas déjà trouvé du sucre dans vos urines, de temps en temps?

Il fit signe que oui.

— Et puis, votre vie sexuelle laisse parfois à désirer, n'est-ce pas?

Pour la première fois depuis les dix dernières minutes, Charlie sembla retrouver sa bonne humeur.

— C'est l'euphémisme de l'année, Docteur! Vous voulez dire que ma vie sexuelle laisse *grandement* à désirer!
— Et, pour corser le tout, vous vendez de l'assurance-vie! N'avez-vous jamais lu le bulletin émis périodiquement par votre compagnie d'assurance, où l'on explique qu'après l'âge de quarante-cinq ans vous écourtez votre vie de un pour cent chaque fois que vous pesez cinq kilos de trop?

Charlie fronça les sourcils.

— Tout ça c'est des conneries! Des racontars de toubibs... Ça ne signifie pas grand-chose...

— Un instant, Charlie... Qu'arrive-t-il soudainement à l'homme plutôt jovial que vous êtes?

Son front se rembrunit quelque peu.

— D'accord, Charlie, ne vous énervez pas... Vous savez pertinemment — et moi aussi — que vos beaux sourires et que vos bonnes blagues font partie du mécanisme de défense des grosses personnes. Je pense qu'il est temps de regarder la vérité en face. Je me bornerai à vous poser cette simple question: votre compagnie serait-elle prête à assurer un homme tel que vous?

Charlie se tint coi, se contenta de serrer les lèvres et de secouer la tête de gauche à droite.

Six mois plus tard, il était de retour dans mon bureau. Son traitement était terminé. Il avait maigri de quarante-quatre kilos et sa bonne humeur proverbiale n'avait pas changé.

— O.K. Docteur... Vous avez gagné...
— Vous voulez dire que *vous* avez gagné, Charlie...

Il me fit son sourire des grands jours.

— C'est vrai. Plus de diabète, plus d'hypertension, plus de dépression et, la semaine dernière, j'ai réussi à me vendre une police d'assurance-vie. Il y a encore quelque chose que je dois régler avec vous. Depuis que je vous consulte, vous vous obstinez à me qualifier de «gros» ou de «gras»... Pourquoi n'utilisez-vous pas une expression plus délicate, comme «obèse», par exemple?

C'était à mon tour de sourire.

— Je vais vous dire la vérité: c'est parce que j'aime appeler un chat un chat. Ce gentil petit mot, «obèse», vient du latin «obesus», qui ne veut rien dire d'autre que gras. Oui g-r-a-s!

Charlie se mit à rire de bon cœur et avec raison, puisque c'était lui qui riait le dernier.

Mettons que vous soyez atteint d'obésité et que vous désiriez maigrir. La première chose à faire est de passer un examen médical afin d'éliminer l'infime possibilité que votre état soit dû à une raison purement physique n'ayant rien à voir avec l'absorption exagérée de calories. Il est sage, en effet, de vous assurer que vous ne souffrez pas d'une affection thyroïdienne ou de toute autre maladie du genre. L'étape suivante consiste à vous mettre au régime. Lorsqu'on évoque ce mot, la *grande* question qui revient toujours est: «Quel régime?» En réalité, il s'agit d'une question *mineure*. «Comment ça, mineure? répondrez-vous peut-être. Il existe tant de régimes: le régime à base d'œufs, celui à base de pamplemousse, le régime à haute teneur en hydrates de carbone et celui qui en est exempt, le régime aqueux, celui à base d'alcool, celui de la Clinique Mayo, celui de l'Académie navale, celui de la Police, le régime à la citrouille et j'en passe...»

Pour moi, si vous tenez vraiment à perdre du poids et à rester mince, il n'existe qu'un *seul* régime, que j'appelle le *Régime-régime*.

1. *Pour perdre du poids, vous devez d'abord manger moins.* La plupart des régimes fantaisistes possèdent un charme bien particulier: celui de vous laisser croire que «vous pouvez manger tout ce que vous voulez» en perdant, malgré tout, du poids. C'est exact, à condition de vous astreindre à ne manger que du caoutchouc mousse ou des emballages de bonbons. Ces exceptions mises à part, si vous continuez à manger ce que bon vous semble, vous continuerez à grossir. En effet, vous grossissez parce que vous absorbez trop d'aliments et le seul moyen de maigrir consiste à réduire votre absorption de calories, du moins pendant un certain temps.

2. *Pour perdre du poids, il faut bien manger.* Votre régime doit être à base d'aliments de haute qualité, capables d'entretenir les activités de votre corps et de votre esprit, mais contenant un minimum de calories. Si votre régime se compose de cinquante pour cent d'aliments sans valeur nutritive réelle, votre corps devra puiser cent pour cent son énergie dans cette moitié de produits à valeur douteuse. La plupart des régimes à la mode tournent court, parce qu'ils ne suffisent pas à nourrir votre cerveau (siège de l'esprit) ainsi que votre corps. Si votre cerveau ne se trouve

pas convenablement alimenté, il lui est impossible de régir les activités du reste du corps et de vous aider à persévérer dans votre régime. Quand je parle d'aliments de haute qualité, je ne parle pas de ces produits de luxe ou à la mode ni de ces fruits rares et exotiques. Je veux simplement parler des fruits et des légumes frais (vous souvenez-vous de ces merveilles oubliées?), des aliments à base de grain entier et surtout pas de ces saletés qu'on peut se procurer dans tous les snack-bars où la graisse flotte en suspension dans l'air.

3. *Si vous désirez perdre du poids de façon permanente, il vous faudra surveiller votre régime tout au long de votre vie.* Si vous ne mangez que des noix de coco bouillies ou des épinards cuits à l'eau, au bout d'un mois, il est certain que vous perdrez du poids. Malheureusement, dès que vous vous remettrez à manger du pain blanc et du sucre raffiné, dès que vous vous remettrez à boire des sodas, vous reprendrez des kilos qui, chaque fois, seront de plus en plus difficiles à perdre (vous vous en étiez déjà aperçu, n'est-ce pas?). Si vous désirez vraiment diminuer votre poids et le maintenir à un niveau normal, il faut que vous choisissiez un bon régime et que vous le suiviez votre vie durant. Il existe un régime que j'affectionne particulièrement et non seulement parce que je l'ai mis au point. Il est très simple, à base de fruits, de légumes, de grains entiers et autres aliments dont j'ai parlé précédemment. Il contient une part appréciable de fibres végétales, un élément important qui offre une certaine protection contre le cancer et les affections cardiaques et qui retarde toute rechute dans l'obésité. Il s'agit d'un

régime facile à suivre puisque la moitié des gens de cette planète y adhèrent de façon empirique tout au long de leur existence et semblent, en général, s'en porter beaucoup mieux que nous.

4. *Perdre du poids? Le choix vous appartient.* Oui, la décision finale, le désir de mener une vie meilleure vous appartiennent. D'un côté, il vous faut laisser tomber les hamburgers et Wimpys graillonneux, les tablettes de chocolat écœurantes, le pain dévitalisé et autres *fast foods* que l'on peut trouver dans les casse-croûte qui envahissent les abords des grandes artères et des autoroutes des pays occidentaux.

En contrepartie, vous éliminez le besoin d'aller acheter vos vêtements dans des magasins spécialisés pour les grosses personnes, vous éliminez des visites chez le médecin afin de subir des examens périodiques, notamment pour vérifier ou en est votre diabète, tandis que la perspective de voir votre vie raccourcie de manière substantielle s'estompe quelque peu, avec tous les inconvénients que doivent supporter les gras et les ventripotents. Autrement dit, si vous ne voulez absolument pas être obèse, il n'en tient qu'à vous. La décision de ne pas vous laisser sombrer dans cette décrépitude adipeuse vous revient entièrement, car la sveltesse et tout ce qui va de pair avec elle ne se trouve, dans le fond, qu'à quelques bouchées de l'état dans lequel vous vous trouvez actuellement.

21
L'éjaculation prématurée

Les seules personnes qui souffrent de l'éjaculation dite «prématurée» (ou précoce) sont les femmes. D'abord, ce sont elles qui perdent tout le plaisir. En effet, les hommes qui éjaculent trop rapidement ne perdent rien. Ils passent par les stades normaux de l'érection, de l'orgasme et de l'éjaculation. Un peu rapidement peut-être, mais y trouvent tout de même leur plaisir. En fin de compte, c'est la femme qui «reste en rade», lésée et... détrempée!

Comme me le disait si bien un de mes patients:

— Docteur, cette histoire d'éjaculation prématurée ne serait pas si terrible si seulement ma femme ne s'en plaignait pas tout le temps!

Bien sûr, et c'est justement là que réside le hic: ce sont les femmes et les petites amies qui se plaignent — et à juste titre. Comme tant d'autres, Sylvia est de celles-là.

Sylvia est l'une de ces jolies filles aux yeux bleus, aux cheveux d'or. Portant jeans ajustés et T-shirt moulant, elle pourrait hanter les fantasmes des hommes du monde entier lorsqu'ils s'imaginent les belles Américaines des plages de Californie. Elle a vingt-sept ans et parle d'une voix déformée par l'émotion.

— Docteur Reuben, vous ne pouvez pas vous imaginer combien c'est affreux! Je dois avouer que j'aime bien faire l'amour, mais que je n'obtiens vraiment pas ce que je désire...

Elle se mord la lèvre inférieure d'un air déçu.

— Je veux dire que je fais l'amour mais que tout ça ne rime pas à grand-chose. Jim, mon mari, n'est peut-être pas mauvais au lit, mais insuffisamment performant, pour moi en tout cas. Parfois, il ne me reste que quelques secondes pour obtenir un orgasme mais hop! il a déjà fini. «Clic! Clac! Merci Kodak!» comme dit la publicité. Vous pouvez vous imaginer dans quel état ça me laisse. Il me faut souvent finir le boulot à la main, de façon «artisanale». Pour vous dire la vérité, ce n'est pas pour ça que je me suis mariée...

Sylvia a de bonnes raisons de se plaindre, mais qu'est-ce que Jim peut bien avoir à dire pour sa défense? Écoutons-le.

— Docteur, je ne sais vraiment pas ce qui m'arrive. Je pense beaucoup aimer Sylvia et je ne voudrais surtout pas lui faire de mal, mais il doit y avoir quelque chose qui ne doit pas fonctionner avec mon pénis. Que voulez-vous, je ne suis pas capable de me retenir. Peu importe la rapidité avec laquelle elle parvienne à avoir un orgasme, on dirait que j'arrive toujours à jouir un peu plus rapidement qu'elle. Oui, il doit y avoir quelque chose qui ne fonctionne pas dans mon machin...

L'éjaculation prématurée n'a *rien* à voir avec quelque infirmité imaginaire du pénis ou de la prostate, pas plus qu'avec la sécrétion hormonale ou toute autre partie du corps humain située en dessous de l'arcade sourcilière. L'éjaculation précoce est le résultat direct d'un message spécifique envoyé du cerveau aux mécanismes qui commandent l'éjaculation. Ce message pourrait s'énoncer à la manière de celui qui commande le décollage d'une fusée: «Cinq...quatre... trois...deux...un...zéro... *Lancement*!»

Et c'est parti! Oui mais...

Examinons ensemble quelques cas. Tout d'abord, comment pourrait-on définir l'éjaculation prématurée? Comme tout autre aspect du fonctionnement émotionnel des êtres humains, pour obtenir une définition pertinente, il faut d'abord répondre à certaines questions comme: Qui? Quoi? Où? Si un homme éjacule en quatre minutes et que sa femme parvient à obtenir un orgasme en trois minutes cinquante-cinq, en ce qui la concerne, elle a, selon l'expression populaire «attrapé le train en marche». Toutefois, s'il éjacule trente secondes et cinq à-coups pelviens après avoir commencé, on peut dire que le monsieur souffre sans nul doute d'éjaculation prématurée.

Il existe également des limites dans l'autre direction. Si une femme prend une heure pour avoir un orgasme et que son mari soit incapable de se retenir pendant tout ce temps, on ne pourrait accuser ce dernier. Pour compliquer légèrement les choses, certains hommes ont des éjaculations prématurées avec leur femme et non avec leur petite amie et vice versa. Certains hommes sont de «petits rapides» avec les prostituées tandis que d'autres n'arrivent à faire durer le plaisir qu'avec ces péripatéticiennes. Ce simple fait prouve hors de tout doute — encore faut-il que doute il y ait

— que l'éjaculation prématurée est un problème émotionnel et non un problème physique. Généralement parlant, si un homme prend moins de cinq à dix minutes pour éjaculer et moins de cinquante à cent à-coups pelviens, il souffre probablement d'éjaculation précoce.

Tout cela est très joli, direz-vous probablement, mais que peut-on faire pour remédier à cette situation? La première chose à faire est, de toute évidence, de comprendre en quoi consiste cette petite anomalie.

1. *L'éjaculation prématurée est un moyen de régler ses comptes avec les femmes.* Peu importe combien vous pouvez aimer une femme de manière consciente, si vous la décevez en lui faisant régulièrement le coup de l'E.P., vous réglez de toute évidence quelque vieux compte avec elle. Elle en fait peut-être à sa tête dans votre ménage, a peut-être raison la plupart du temps, est parfaitement égale à vous, très «libérée», mais lorsque vous en arrivez aux rapports physiques essentiels qui caractérisent la vie du couple, vous lui faites sentir qui est le patron dans la maison. Enfin, c'est une manière de parler puisque vous ne lui faites *rien* sentir du tout... Le but principal de l'E.P. est de nier à une femme le plus grand des plaisirs physiques qui est l'orgasme.

2. *Le pénis n'a rien à voir avec l'éjaculation prématurée.* Voilà pourquoi toute solution qui se baserait sur des principes physiques ne pourrait être que vouée d'avance à l'échec. Étendre quelque onguent anesthésiant sur le gland de votre pénis est parfaitement idiot. Si vous pouviez tartiner cette pommade miracle sur le bout de votre cerveau, vous obtiendriez probablement de meilleurs résultats. La fameuse technique dite «du pincement», dont certains

sexologues parlent beaucoup dans les cliniques, est tout juste bonne à alimenter les conversations de discothèques et à faire des gauloiseries. Vous avez peut-être lu de ces articles vous expliquant comment la femme doit commencer à masturber son partenaire et comment, au moment où celui-ci s'apprête à éjaculer, elle doit pincer fortement le bout de son pénis. Aïe! Aïe! Aïe! La seule utilité de cette manœuvre est de substituer un geste sado-masochiste à une anomalie de nature émotionnelle. Non, le problème ne se situe pas dans la tête de votre pénis, mais bien dans votre tête tout simplement. C'est en tenant ce fait pour acquis que nous parviendrons à résoudre le problème.

3. *Il y a moyen de guérir l'éjaculation prématurée une fois pour toutes.* Dès que vous aurez réellement compris — et j'insiste sur ce terme — ce que votre E.P. essaie de vous dire, elle disparaîtra comme par enchantement. L'éjaculation prématurée n'est rien d'autre qu'une sale blague que votre subconscient vous joue en prenant les femmes comme victimes. Il vous joue cependant un double tour en ricochant sur la victime pour revenir frapper le «coupable». Comme vous le savez fort bien, dans l'arène sexuelle où se mesurent hommes et femmes, les «petits rapides» ne jouissent pas précisément de la faveur de ces dames. Vous pouvez jouer une ou deux fois à Jeannot-Lapin avec la même partenaire, mais, la troisième fois, elle vous enverra exercer vos douteux talents dans quelque clapier.

Arrivons-en au cœur du problème. Une profonde signification symbolique sous-tend le comportement sexuel humain. Ce que vous faites le soir dans votre chambre à coucher dépend de ce que vous avez (ou n'avez pas) fait voilà quelques décennies, alors que vous n'étiez qu'un innocent bébé. Ne perdez pas ce fait de vue, car la suite ne manquera pas de vous surprendre.

La première expérience humaine, *une expérience qu'inconsciemment vous n'oublierez jamais*, est celle de l'allaitement, probablement dispensé par votre mère. Elle prenait son sein ou un biberon, plaçait le tétin ou la tétine dans votre bouche et un liquide blanc en jaillissait. Ce fut la première expérience de votre vie, la plus excitante, la plus importante, la plus inoubliable. Non seulement s'agissait-il là d'une fonction vitale, mais d'une fonction des plus agréables. Vous aimiez recueillir ce bon lait chaud dans votre bouche, sentir le contact de ce tétin ou de ce petit bout de caoutchouc dispensateur de vie.

Vingt-cinq ans plus tard, l'homme qui recueillait ce doux liquide nourricier, blanc et chaud, dans sa bouche, au bout d'un émouvant tétin, administre sans le savoir le même traitement à sa femme. Seulement, cette fois-ci, le pénis remplace le tétin et c'est le vagin qui fait office de cavité buccale. Le liquide séminal a remplacé le lait mais, aux yeux du subconscient, la valeur symbolique *n'a aucunement changé*. Souvenez-vous de cela, car nous allons revenir au temps plus ou moins béni de votre enfance.

Qu'arrivait-il lorsque maman tardait à donner à boire à son petit bébé? Ce dernier avait faim, il souffrait de crampes d'estomac et le lait n'arrivait pas (ou trop tard pour ses exigences). Pourquoi? Il y avait des circonstances atténuantes, bien sûr: un coup de fil intempestif, un autre enfant qui accaparait l'attention de la mère, la soupe qui débordait sur le feu, bref, mille petits avatars de la vie quotidienne. Pendant ce temps, le bébé garçon commençait à paniquer, se mettait en colère et, à sa manière, nourrissait du ressentiment envers la personne qui le privait ainsi du principal plaisir de sa petite vie. Plus tard, bébé a grandi et, *consciemment*, a oublié ces frustrations. Toutefois, cette expérience malheureuse, *comme toute expérience humaine* est demeurée gravée dans son subconscient de manière indélébile.

Retournons dans la chambre des adultes. Cette fois-ci, le «bébé» (un bébé fille de vingt et un an parfaitement développé) est tout nu sur le lit, tout comme le petit garçon qui attendait sa tétée. Comme cet enfant, elle est excitée; pas pour de la nourriture, certes, mais pour des sensations d'ordre sexuel. Elle aussi voudrait recevoir de ce liquide chaud qui s'apprête à sourdre de ce gros tétin (et souvenons-nous qu'au moment de l'orgasme, le vagin se contracte de manière rythmique, tout comme une bouche qui avale du liquide). Le tétin-pénis pénètre dans la bouche-vagin et, entre 10 et 60 secondes, avant qu'elle n'ait eu la possibilité de pouvoir «boire», le lait semence se trouve inutilement répandu. Excitant tout cela? Pas pour elle en tout cas!

La chose est maintenant beaucoup plus drôle pour le bébé garçon devenu grand qui, maintenant, peut se venger des injustices qu'il a subies voilà une vingtaine d'années, dans son berceau. Il s'amuse inconsciemment comme un petit fou parce que, maintenant, il joue le rôle de la maman. Ce vilain bébé fille n'aura pas de lait... Il faut s'attendre à ce qu'éventuellement notre bébé frustré trouve quelqu'un qui le satisfasse tandis que le gaspilleur de lait devra, pour sa part, se trouver d'autres «bébés» pour poursuivre sa vengeance.

Maintenant que vous connaissez le mécanisme, que pouvez-vous donc faire pour remédier à cette situation? C'est simple: il vous suffit de cesser d'éjaculer prématurément. «Facile à dire», direz-vous. Comme je le mentionnais au début de cet ouvrage, mon objectif est de vous aider à trouver une solution rapide dans les cas de stress les plus courants de la vie quotidienne. Loin de moi l'idée d'entreprendre ici un traitement psychanalytique approfondi (j'aimerais mentionner en passant que les traitements à long terme n'ont jamais donné de résultats spectaculaires dans les cas d'éjaculation précoce, ce qui fait que vous ne manquez pas grand-chose). Par conséquent, je vous propose une méthode que je me garderai bien de vous garantir par contrat notarié. Je ne sais en effet qu'une chose: c'est qu'elle s'est révélée d'une grande efficacité avec la majorité de mes patients. Je ne peux qu'espérer qu'il en sera de même pour vous. Un détail: vous risquez de vous trouver ridicule en mettant cette méthode en application, mais vous ne le serez pas plus qu'en jouant à Jeannot-Lapin et en éjaculant au cours des trente premières secondes de l'acte sexuel.

1. *Avant d'avoir des relations sexuelles, prenez conscience de tout ce qu'elles peuvent signifier pour vous et votre partenaire.* Prenez le temps de réfléchir pendant cinq minutes en vous disant *que vous n'êtes pas* quelque mère dénaturée qui va gaspiller son lait avant que le pauvre petit bébé n'ait eu le temps de le boire. Cela vous semble étrange, n'est-ce pas? C'est normal, parce que vous ramenez en surface des faits enfouis dans le plus profond de votre subconscient. Vous n'avez d'ailleurs pas tellement le choix, à moins que vous ne teniez à faire une chasse perpétuelle aux filles qui aiment se faire chauffer à blanc pour ensuite

passer à la douche froide. En tel cas, vous vous apercevrez très rapidement que ce genre de «clientes» ne court pas les rues. Ne vous lassez pas de répéter ma petite formule jusqu'à ce qu'elle s'imprime fortement dans votre mémoire ainsi que dans votre subconscient. Souvenez-vous que vous n'avez rien à perdre, sinon votre éjaculation prématurée!

2. *Dès que vous vous préparez à avoir des relations sexuelles, au moment où vous vous déshabillez, efforcez-vous de vous rappeler que vous n'avez aucune intention de vous venger sur votre partenaire.* Ensuite, même si cela peut vous sembler inepte, répétez-vous constamment: «Je ne gaspillerai pas *le lait*! Je ne gaspillerai pas *le lait*! Je ne gaspillerai pas *le lait*!» Au moment le plus critique de l'acte sexuel insistez de manière encore plus forte sur le fait que vous n'avez aucunement l'intention de «gaspiller votre lait». Les moments les plus cruciaux se situent lorsque vous insérez votre pénis dans le vagin, lorsque votre partenaire commence à montrer des signes d'excitation et lorsque vous sentez que l'éjaculation est imminente. Si vous semblez être sur le point de perdre le contrôle de la situation, la meilleure tactique est de *vous arrêter,* de prendre conscience de ce qui risque de se produire et de vous répéter: «*Rien à faire... je ne gaspillerai pas le lait*!»

Tout cela vous semble-t-il débile? Vous ne comprenez pas comment une telle méthode peut porter fruits? Votre cousin, qui est médecin, n'y croit pas? Qu'en avez-vous à faire *tant que cela fonctionne? Et, je vous l'assure, cela fonctionne vraiment!*

3. *Changez votre attitude envers les femmes.* Mis à part tous les efforts que vous entreprendrez pour vous guérir, il est intéressant d'étudier les aspects sous-

jacents à l'E.P. Il faut que vous appreniez aussi comment vit l'autre moitié des êtres humains — les femmes — et comment elles peuvent être vos alliées. Après tout, ce sont des personnes aimables et aimantes qui peuvent rendre votre vie beaucoup plus heureuse que vous ne l'imaginez. Il est possible que, dans votre tendre enfance, vous ayez été un tout petit garçon dominé par une mère autoritaire, mais tout cela appartient dorénavant au passé. Pour un homme digne de ce nom, la femme ne constitue pas une menace. Elle n'est ni un ennemi ni une source de crainte. Les femmes sont des gens adorables et plus vite vous prendrez conscience de ce fait, plus vite vous réussirez à conquérir et à maîtriser définitivement ce fléau que l'on appelle «éjaculation prématurée».

22

La vengeance

Sans l'avoir vraiment voulu, la vengeance a réussi à s'établir une sinistre réputation. Lorsqu'on entend ce mot, on s'imagine un peu trop aisément quelque créature aux yeux hagards, glissant dans de sombres ruelles, prête à accomplir quelque abominable forfait. Dès les premières années d'école, on nous apprend que la vengeance est un péché, qu'il s'agit là d'une idée ignoble et que la meilleure chose à faire est encore de souffrir en silence, peu importe l'injustice dont on a pu être victime. Dans la Bible, plus précisément dans l'Évangile selon saint Matthieu, il est dit que si l'on vous donne un soufflet sur la joue droite, il faut tendre l'autre à son agresseur.

Avez-vous compris? Un agresseur vous donne une gifle magistrale sur la joue droite et si vous pouvez encore remuer la tête, «redemandez-en», en lui exposant votre joue gauche. Plus tard, lorsque vous vous réveillerez à l'hôpital — à condition de vous réveiller, bien sûr — vous pourrez toujours vous demander ce qui vous est arrivé. Deux ou trois jours après cet incident, après avoir servi de punching-ball humain, vous aurez perdu toutes vos possessions matérielles au profit de la racaille et vous vous retrouverez handicapé pour le restant de vos jours. Au cas où vous auriez mal compris, toujours dans l'Évangile selon saint Matthieu, un peu plus loin il est dit: «Aimez vos ennemis, priez pour vos persécuteurs.»

Comme le savent toutes les personnes respectueuses des Écritures, il faut se garder d'interpréter la Bible sans préparation et de manière un peu trop littérale. Ces saintes paroles étaient — peut-être — applicables telles quelles aux temps bibliques, lorsque les gens se montraient pieux et respectueux d'autrui (?) mais, dans le monde chaotique et violent qui caractérise notre époque, prendre ces paroles au mot à mot ne vous permettrait pas de survivre pendant 24 heures.

Il existe un point de vue un peu plus pratique, qui a été énoncé par un sage qui vivait en Chine environ cinq cents ans avant l'ère chrétienne et qui s'appelait K'ung Fu Tzu (nom qui, latinisé, devint Confucius). Il disait notamment: *Si vous récompensez le mal par le bien, comment récompenserez-vous donc le bien?*

Pas bête... D'ailleurs, se faire blesser et ne pas tenter de se défendre va à l'encontre de tout instinct animal comme de tout instinct humain. En d'autres termes, si quelqu'un vous attaque, vous devez vous défendre. La moindre petite fourmi connaît cela sans qu'on le lui ait enseigné. Il y a mieux: vous devez prendre les mesures nécessaires pour empêcher votre agresseur de récidiver. Cela fait malheureusement partie de l'essence de la survie dans un monde difficile. C'est aussi simple et évident que cela. Mais si tout cela est si simple et si évident, comment se fait-il que l'on soit aussi opposé à l'idée même de vengeance? Il est facile de répondre à cette question. Les individus qui sont en concurrence avec vous, les institutions qui tiennent à vous garder docile, vous prêchent la tolérance, la patience, vous recommandent de souffrir en silence. Ces recommandations ne s'appliquent qu'à vous, bien sûr, car ce beau monde ne manque pas de prendre tous les moyens de progresser et de devenir prospère. On comprendra facilement que ces gens vous décrivent la vengeance comme quelque chose d'illégal, d'immoral et de dangereux pour votre santé.

Regardons bien ce qu'est la vengeance et voyons en quoi elle consiste. Le mot en lui-même signifie «la punition de l'offenseur afin de dédommager moralement l'offensé». Si nous retournons à la Bible, dans le livre de l'Exode, nous découvrons d'ailleurs un point de vue différent de celui que nous avons vu précédemment: «(...) tu donneras vie pour vie, œil pour œil, dent pour dent, main pour main, pied pour pied, brûlure pour brûlure, meurtrissure pour meurtrissure, plaie pour plaie.»

À méditer, n'est-ce pas?

Alors comment pouvons-nous appliquer à l'époque actuelle des conseils dont la sagesse remonte à la nuit des temps? C'est ce que Tony voulait savoir.

S'il me fallait décrire Tony en un seule mot, j'utiliserais le qualificatif «délavé». Ses blue jeans, ses chaussures de tennis et son maillot orné d'un Mickey avaient perdu leurs couleurs au lavage il y a fort longtemps. L'expression de leur propriétaire ne valait guère mieux.

— Je ne sais pas, Docteur, je n'ai jamais eu à faire face à une telle situation. Je ne pense pas que ma formation ni que mon éducation m'aient préparé à *cela*...
— Et que voulez-vous dire par «*cela*»?

Tony soupira et s'appuya au dossier de sa chaise.

— Oh! c'est une longue histoire, mais je vais tenter de la résumer en quelques mots. Voici: je suis ingénieur en électronique, dans une branche relativement nouvelle de cette science. Je me spécialise, en effet, dans la surveillance des réactions chimiques par microprocesseurs. Il s'agit de microcircuits électroniques intégrés — de minuscules ordinateurs en quelque sorte — de la taille de votre ongle. On les utilise, entre autres, pour contrôler les différentes étapes des processus de fabrication industrielle. C'est un domaine passionnant. Vous pouvez faire entrer l'équivalent de cinq cents transistors dans un espace plus petit qu'un timbre poste. Enfin, avec un de mes amis, j'ai conçu une nouvelle espèce de super-microprocesseur...

— Votre microprocesseur ordinaire a déjà l'air impressionnant. Quelle est la différence avec le «super»?

Tony fit une légère grimace.

— C'est ce qu'on appelle aussi une «super puce». Celle que nous avons mise au point surveille mille quatre cents étapes dans les opérations de raffinage du pétrole et remplace de l'équipement lourd dont la valeur est évaluée à trois millions de dollars. En tout cas, ça vous abat un sacré travail et c'est justement là le problème...

— Il doit y avoir quelque chose qui m'échappe, Tony... car je vois mal où se trouve le problème...

Il se gratta la tête.

— C'est de ma faute, Docteur. Quelquefois, je m'égare dans les détails techniques et je perds le fil de la conversation. C'est d'ailleurs pourquoi je me suis probablement fourré dans ce guêpier... Tel que je vous l'ai mentionné, j'ai mis ce dispositif au point avec un associé. Nous avons travaillé comme des bêtes pendant quatre ans et consenti à bien des sacrifices. Je pense que j'ai foutu mon mariage en l'air par la même occasion. Il est difficile de trouver une femme qui consente à rester seule à la maison le soir, pendant quatre ans, pendant que son mari joue du fer à souder toutes les nuits dans les circuits imprimés. Lorsqu'est venu le moment de déposer le brevet du super-microprocesseur, j'ai découvert que mon associé l'avait déjà déposé, mais *sous son propre nom!* Il a vendu le premier microprocesseur, pris des commandes pour vingt-deux autres et gardé tout l'argent. Maintenant, il prétend que mon seul rôle dans toute cette affaire, n'a été que celui de vague conseiller technique. Il m'a offert cinquante mille dollars pour ma part, versables à raison de cinq mille dollars par année. Et encore! Il me dit qu'il me fait là une faveur...

—Et qu'en pensez-vous?

Tony pencha le buste en avant et murmura:

— Je pense que c'est un faux frère... Un petit escroc pourri et de bas étage...

— Et qu'allez-vous faire maintenant?

— Ça, c'est *mon problème!* J'ai déjà consulté mes avocats. Ils m'ont laissé entendre que j'avais certaines possibilités de gagner ma cause à condition de passer quelque cinq années à défiler à la barre des tribunaux et à dépenser au moins 300 000 dollars en frais juridiques. Docteur, je ne possède ni ce genre de patience ni cette somme considérable. Je ne sais vraiment quoi faire...

— Êtes-vous certain que vous n'avez pas une petite idée derrière la tête, Tony?

Un sourire énigmatique se dessina sur son visage.

— Peut-être bien que oui... Voyez-vous, alors que je terminais la mise au point de mon dispositif, j'ai découvert une paille dans le programme...
— Une paille?
— Une défectuosité si vous préférez, un «glitch», comme l'appellent aussi les informaticiens... Il s'agit d'un vice caché dans les microplaquettes de silicone. Dans le cas qui nous intéresse, cette paille ne dérangera pas le programme pendant à peu près un mois puis...

Tony eut une grimace de satisfaction.

— Et alors?
— Et alors mon microcircuit risque de se mettre à faire des choses intéressantes, comme fabriquer de l'alcool quand on veut faire de l'essence, du kérosène quand on veut de l'alcool ou même décider de prendre de l'essence pour la retransformer en huile lourde. En réalité, tout cela est très aléatoire et peut fonctionner à coups perdus...
— C'est-à-dire?
— ...Que le microprocessuer peut se mettre à faire des siennes au hasard et fonctionner avec autant de logique qu'un chauffard ivre qui circule d'une voie à l'autre à 150 kilomètres/heure. Lorsque cela arrive, il n'y a pas moyen de prévoir le coup ou de corriger la situation...
— En avez-vous parlé à votre ex-associé?

Tony secoua la tête.

— J'ai bien essayé. Il était au courant, mais n'a même pas voulu m'écouter. C'était à l'époque où ma femme et moi nous sommes séparés... Alors je n'ai pas insisté, mais maintenant je ne sais trop quoi faire. Il n'est pas question de faire fortune avec ce projet-là, mais je ne veux pas non plus me faire rouler. Et puis, mes parents m'ont toujours dit qu'il ne fallait pas chercher à se venger. Je ne sais vraiment quoi faire...

— Et que recherchez-vous vraiment, Tony?

— Tout ce que je veux, c'est pouvoir gagner honorablement ma vie sans que quelqu'un essaie de me poignarder dans le dos. Si je ne donne pas une bonne leçon à mon associé, il continuera à me faire du tort. Nous avions travaillé ensemble sur une douzaine de projets et j'ai entendu dire qu'il allait aussi tenter de les commercialiser sans me demander l'autorisation. Voici mon plan. Je perfectionne mon super-microprocesseur et j'attends. Dès que j'ai réussi à améliorer ses performances, je le fais breveter à mon nom; je laisse mon cher ex-associé vendre le modèle défectueux et observe ce qui va se passer. Je vous le dis: ça va faire un tel ravage dans les raffineries que je serai le seul à pouvoir réparer les dégâts. Dès que j'aurai installé mon premier microprocesseur, les commandes ne tarderont pas à affluer. C'est tout ce que ça prend. Mon ex-associé sera tellement pris par les poursuites judiciaires qui seront déclenchées contre lui qu'il n'aura même plus le temps de brancher un malheureux fer à souder. Si vous appelez cela de la vengeance, eh bien! j'ai bien l'intention de me venger!

— Tony, non seulement j'appelle cela de la vengeance, mais je la qualifie de vengeance constructive...

Tony fit un signe affirmatif.

— Mmmm... J'aime assez votre appellation... Vengeance constructive... Mais qu'est-ce que cela veut dire au juste?

«La vengeance constructive» est le seul genre de vengeance valable. Examinons ses éléments.

1. *La vengeance constructive devrait dissuader toute autre tentative visant à vous causer préjudice.* L'idée de base n'est pas tant de déclarer la guerre que de montrer à l'offenseur qu'il n'est guère rentable de s'attaquer à vous. La vengeance constructive règle le problème une fois pour toutes et n'en engendre pas d'autre.

2. *Elle est légale.* Plastiquer la voiture de votre ennemi ou mettre le feu à sa maison sont des actes qui satisferont votre vengeance à court terme, mais qui ne manqueront pas de vous attirer de gros ennuis. Mieux vaut se servir de son intelligence pour régler le conflit de manière définitive.

3. *Elle constitue une leçon pour votre adversaire.* La vengeance la mieux pensée et la mieux exécutée n'a aucune valeur si votre adversaire ne sait pas ce qui lui arrive. Il faut que vous vous assuriez que le message concernant votre action défensive lui soit clairement transmis.

4. *Elle n'est pas destructive, mais créatrice.* La vengeance constructive vous débarrasse des obstacles qui vous barrent la route et vous permet de progresser. Elle vous donne la possibilité de réaliser des choses qu'on ne vous permettrait pas d'accomplir autrement.

Tony se leva.

— Tout cela tient debout, Docteur, se contenta-t-il de me dire.

Un mois plus tard, il était de retour. Cette fois-ci, il n'avait plus l'air délavé du tout, plutôt flamboyant. Il était vêtu d'un pantalon de daim synthétique bleu nuit, d'une chemise de cow-boy bleue et jaune à rivets et d'Adidas citron, mais ce qui était le plus voyant chez notre brillant ingénieur de Silicon Valley, c'était encore son sourire.

— Et comment vous débrouillez-vous, Tony?

— Au-delà de toutes mes espérances, toubib. Deux semaines après son installation, le microprocesseur de mon cher ex-associé faisait du goudron! La compagnie pétrolière le poursuit pour six cents millions et je parie qu'il en a pour les soixante prochaines années à courir les prétoires!

Il ouvrit son attaché-case Gucci et en sortit une poignée de paperasses.

— Tenez: j'ai des commandes pour trente-deux de mes super-microprocesseurs. Me voilà remis en selle comme jamais auparavant. Ah! oui... Ma femme et moi reprenons la vie commune. Notre divorce n'était pas encore définitif, alors nous avons arrêté toutes les procédures. Si c'est ce que vous appelez une vengeance constructive, eh bien! je suis plutôt pour... J'ai puni un salaud, remis mon affaire à flot et sauvé mon ménage de la faillite. Il n'y a pas moyen d'être plus constructif que cela... Non?

Moralité: n'ayez pas peur de la vengeance. Encore faut-il l'utiliser de manière judicieuse et à bon escient. N'hésitez toutefois pas à l'employer lorsqu'il s'agit de protéger votre emploi, vos droits et votre bonheur.

23
Les graves maladies

L'une des craintes les plus communes de l'être humain du XXᵉ siècle est de se retrouver soudainement atteint d'une grave maladie. Quelles que soient la notoriété que vous avez acquise, votre réussite sociale ou les espèces que vous avez accumulées dans votre compte en banque, si vous tombez malade, réellement malade, tout ce que vous avez accumulé dans la vie semble se retrouver instantanément balayé comme fétu de paille dans la tempête en quelques instants de terreur. Lorsque le médecin vous regarde par-dessus ses lunettes et qu'il ou elle prend son air de circonstance, vous savez tout de suite que quelque chose ne tourne pas rond et que les nouvelles qu'on va vous donner seront loin d'être réjouissantes. Écoutons Gerri nous raconter son expérience.

Gerri est une femme élancée, mince, toute en jambes, très belle. Sa peau a une apparence presque translucide qui donne l'illusion que son visage est illuminé de l'intérieur. Ses pommettes sont légèrement proéminentes et ses yeux noisette mis en valeur par une superbe chevelure châtaine. Sa voix séduit par son timbre harmonieux.

— Docteur, le qualificatif de «veinarde» ne suffit pas à décrire la chance dont j'ai bénéficié jusqu'à maintenant. Je suis mannequin de haute couture depuis les cinq dernières années — depuis l'âge de dix-sept ans pour être précise — et ma vie s'est toujours déroulée comme dans un conte de fées. Je gagne davantage en une heure que la plupart des jeunes femmes gagnent en une semaine; je rencontre des gens fabuleux et j'adore mon travail. Voilà encore six mois, je ne savais absolument pas ce que le mot «souci» pouvait vouloir dire. Je l'ai appris très rapidement depuis...

— Qu'est-il arrivé, Gerri?

— Vers cette époque, j'ai commencé à me sentir toute chose. Au beau milieu de mon travail, j'étais soudainement prise d'une soif inextinguible: il fallait que je laisse tout tomber pour boire au moins un litre d'eau.

— Et ensuite vous vous êtes mise à avoir un appétit d'ogre?

Les yeux de Gerri s'écarquillèrent.

— Oui, mais comment le savez-vous?

— Je suis médecin, ne l'oublions pas. Mais poursuivez, je vous prie.

— Je me suis mise à dévorer des montagnes de boustifaille, des sandwiches géants, des frites, des gâteaux au chocolat, des milk-shakes... J'avais une peur bleue de me transformer en une masse de graisse informe mais, à ma grande surprise, je ne gagnais pas un gramme. Et puis, il fallait toujours que je me rende au petit coin où j'urinais des litres et des litres... Je me suis finalement résignée à consulter un médecin qui m'a fait passer tous les tests possibles. Je n'oublierai jamais la scène finale...

Gerri sortit un petit mouchoir bleu et essuya quelques larmes qui commençaient à perler au coin de ses yeux.

— C'était exactement comme à la télévision. Mon docteur se trouvait derrière un immense bureau encombré de dossiers et prenait un air sinistre comme si je n'avais que trois semaines à vivre. Il s'éclaircit la gorge et me déclara: «J'avais espéré ne pas avoir à vous apprendre de telles nouvelles, mais vous avez...»

Gerri frissonna.

— Tandis qu'il tournait autour du pot, toutes sortes d'idées noires se mirent à m'assaillir. Je pensais qu'il allait m'annoncer que je souffrais du cancer, de leucémie, de sclérose en plaques, que sais-je, et je commençais à perdre le contrôle de moi. Soudainement, comme dans le lointain, j'entendis résonner un mot que je compris: *diabète*! Ce stupide médecin me faisait tout un cinéma pour m'annoncer tout simplement que je faisais du diabète! Quelle salade!

Le visage de Gerri montrait des signes de colère et elle serrait ses poings menus.

— Il m'en avait fait tout un plat comme si j'allais crever dans les vingt-quatre heures et je ne souffrais que de diabète! Vous savez, Docteur, je m'étais toujours dit que mon travail de mannequin ne pouvait pas durer indéfiniment. C'est pourquoi, depuis deux ans, je suivais des cours du soir. Un de ces jours, je vais me marier et avoir des enfants. Je vais prendre du poids et vous savez comment cela se passe dans ce métier: si vous pesez plus lourd qu'une sauterelle affamée, ils vous envoient faire le mannequin, mais pour des paires de gants et des souliers. Savez-vous ce que je fais à l'université? Je prépare ma licence en diététique, alors vous comprenez que le diabète est quelque chose dont j'ai déjà entendu parler. Cette maladie n'est pas drôle, c'est certain, mais ce n'est pas non plus la fin du monde. J'ai changé de régime, je ne mange plus de cuisine de casse-croûte et, bientôt, n'aurai même plus à me faire des piqûres d'insuline, mais savez-vous que, pendant quelques instants, je souffrais de deux maux: le diabète et la terreur panique provoquée par ce médicastre imbécile...

Gerri est une fille intelligente et courageuse et elle possède les deux qualités primordiales de ceux qui sont atteints d'une grave maladie. Tout comme pour Gerri, la première réaction — et la plus naturelle — que vous pouvez avoir dans un cas similaire en est une de terreur aveugle. La soudaine révélation du fait *que vous n'êtes pas* immortel(le) dérange considérablement votre vie. Comme bien d'autres, Steve l'a découvert à ses dépens.

— Je n'oublierai jamais la nuit que j'ai passée après avoir appris que je souffrais d'un cancer des ganglions lymphatiques. C'était juste avant Noël et je venais de commencer une nouvelle carrière en qualité de chargé de comptes dans une agence de publicité. Je me suis dit alors: «Steve... Tu vas faire un macchabée... C'est certain... Ton cou est tout enflé et, pour sûr, c'est le dernier Noël que tu passeras ici-bas... Oui, tu vas faire un beau mort...» C'est alors que je me suis mis à réfléchir. Qui donc m'avait promis que j'allais vivre éternellement? Qui donc pouvait m'assurer avec certitude que j'allais pouvoir assister aux prochaines festivités de Noël (oui, seulement aux prochaines!)? Qui donc m'avait donné, à l'image des constructeurs d'automobiles, un certificat me garantissant pour un million de kilomètres ou cent ans d'existence (dépendant de la première éventualité)? Tandis que je gisais sur mon lit dans la pénombre, transpirant comme un veau, j'en vins à la conclusion que tout ce que j'avais eu jusqu'à présent s'était révélé comme une sorte de cadeau de la vie, pour lequel je devais me montrer reconnaissant. Je me suis alors endormi et ne me suis plus jamais fait de souci pour cette histoire depuis lors...

— Et il y a combien de cela, Steve?

Il eut un large sourire.

— Vingt-deux ans le mois dernier, Docteur... Voilà vingt-deux Noëls de cela...

Lorsque vous vous trouvez confronté à une grave maladie, que vous soyez directement impliqué ou qu'elle affecte quelqu'un d'autre, surtout quelqu'un qui vous est proche, il y a, avant de faire quoi que ce soit, certaines mesures à prendre.

1. *Renseignez-vous au maximum sur votre état de santé*. Beaucoup d'eau a coulé sous les ponts depuis l'époque où le médecin pouvait justifier le fait de dissimuler la vérité à son malade. Un patient qui souffre d'une maladie grave, susceptible de se terminer de façon tragique, a le droit de connaître *toute la vérité* sur son état et de chercher à obtenir le meilleur traitement possbile, même un traitement auquel son médecin n'a pas pensé ou avec lequel il ne s'est pas encore familiarisé. Insistez, gentiment mais avec fermeté, pour que votre médecin vous dise *toute la vérité* ou du moins tout ce qu'il en sait.

2. *Consultez plusieurs médecins*. Les médecins ne sont que des êtres humains et ils le reconnaissent volontiers. Si votre vie et votre santé sont en jeu, obtenez un maximum d'opinions médicales auprès du

plus grand nombre possible de spécialistes. Les sociétés qui fabriquent de la nourriture pour chiens consultent une douzaine d'experts avant de commercialiser leurs produits. Votre vie n'est-elle pas aussi importante qu'une nouvelle pâtée pour toutous? Les médecins peuvent commettre des erreurs, personne ne dira le contraire, et *vous ne tenez aucunement à être l'une de ces erreurs*. Même si cela vous occasionne des dépenses supplémentaires, mettez toutes les chances de votre côté pour sortir de cette épreuve en aussi bon état que possible. Ne tentez pas d'économiser quelques sous par ci, par là, en vous promenant d'un praticien à l'autre avec vos tests de laboratoire et vos radiographies sous prétexte qu'il est inutile de les faire reprendre. Parfois, un praticien devra établir un diagnostic aux conséquences très sérieuses sur la foi de tests au cours desquels on a pu commettre des erreurs. Il est déjà arrivé que les tests d'un malade se soient glissés dans le dossier d'un autre. Je n'oublierai jamais le cas de ce confrère qui avait traité la femme d'un pasteur pour une syphilis qu'elle n'avait pas. Mon confrère ne l'oubliera pas non plus, car elle le fit citer en justice et le jury le condamna à payer 250 000 $ pour avoir commis cette malencontreuse erreur de diagnostic.

3. *Insistez pour obtenir les meilleurs traitements disponibles*. Je pourrais vous parler longtemps de patients qui ne sont plus de ce monde parce qu'ils ne voulaient pas se donner la peine d'obtenir les meilleurs traitements disponibles au moment où ils se faisaient soigner. La tentation de se faire opérer dans un hôpital proche de chez soi, de se faire examiner dans une clinique où le stationnement est facile, de prendre des médicaments qui ne dérangent pas votre estomac, constitue le genre de décisions qui peuplent

les cimetières. Lorsque vous souffrez d'une grave maladie, peu importe laquelle, consultez les meilleurs médecins et obtenez les meilleurs traitements que vous pouvez obtenir. Ne perdez pas votre temps avec un aimable docteur qui possède des dons de société mais qui ne se trouve pas en mesure de mettre à votre service les techniques les plus avancées de son art. S'il vous faut consulter un véritable dragon qui vous donne des frissons chaque fois que vous lui rendez visite mais qui vous offre les meilleures possibilités de traitement, n'hésitez pas!

4. *Apprenez et apprenez encore...* Vous avez avantage à apprendre un maximum de choses sur votre maladie. Ne vous fiez pas seulement aux petits dépliants que l'on trouve généralement dans la salle d'attente des médecins (prose du genre: «Le diabète et vous» ou encore: «Ce que vous devriez savoir sur l'hypertension»). Ces lectures, bien qu'utiles, sont un peu trop superficielles pour des gens qui souffrent d'une grave maladie et qui se trouvent automatiquement engagés dans une véritable lutte pour la survie. Rendez-vous à la bibliothèque publique de votre localité et demandez aux bibliothécaires de vous trouver dans les revues spécialisées des articles traitant de la maladie dont vous souffrez. Lisez soigneusement ces textes et assimilez au maximum ce que leurs auteurs disent d'elle. Ce n'est qu'un début. Vous devez ensuite lire des articles plus techniques décrivant votre état ainsi que les traitements que vous êtes susceptible de recevoir pour corriger la situation. N'hésitez pas à poser des questions à votre médecin ou à toute autre personne qualifiée que vous pouvez trouver. Si votre docteur refuse de répondre à vos questions, c'est que vous devriez peut-être en chercher un qui soit prêt à vous renseigner. Ne vous laissez pas

impressionner par les praticiens qui, d'un ton plein de reproche, vous demandent: «Vous n'avez pas confiance en moi?». Ce n'est pas un guérisseur dont la thérapeutique se fonde sur la prière ou sur la suggestion que vous consultez, mais une personne censée posséder les connaissances scientifiques les meilleures et les plus avancées dans son domaine. Votre objectif premier n'est pas de faciliter la vie de votre médecin mais de guérir et de vivre le plus longtemps possible. Il est surprenant de voir le nombre de patients qui, après avoir étudié leur état, ont contribué de manière importante à améliorer leurs possibilités de guérison. Les médecins sont des gens qui, par leur formation et leur expérience, connaissent beaucoup de choses, mais le patient est loin de tout ignorer sur son état. Après tout, c'est *sa* vie qui est en jeu.

5. *Préparez-vous à faire des sacrifices.* Lorsque vous tombez gravement malade, il vous faut apprendre à mûrir très rapidement. S'il faut que vous arrêtiez de fumer, comme dans les cas d'emphysème pulmonaire ou de maladie de Raynaud, *arrêtez de fumer!* Ne vous contentez pas de diminuer: *arrêtez!* Lorsqu'on parle en termes de vie ou de mort, ce n'est pas le moment des demi-mesures. S'il faut que vous cessiez de boire, cessez *complètement* et tout de suite. S'il faut que vous changiez radicalement votre mode de vie pour obtenir la guérison, vous devriez vous réjouir de pouvoir encore faire quelque chose pour vous donner un coup de pouce. S'il vous faut perdre du poids, perdez-en rapidement et en gardant le sourire. S'il vous faut faire de l'exercice, faites-en avec régularité et bonne humeur et s'il vous faut changer de régime, changez-en avec confiance et sans jérémiade. Dès que vous savez avec certitude qu'un changement

d'habitude, d'emploi, de mode de vie est devenu nécessaire pour améliorer votre état de santé, pliez-vous de bonne grâce à cette exigence et faites tout ce qui est en votre pouvoir pour que cela fonctionne au mieux pour vous. Autrement, vous ne faites que perdre votre temps et... votre vie avec!

6. *Posez-vous la question de confiance, la question à laquelle il est extrêmement difficile de répondre: «Pourquoi me suis-je rendu malade?»* Je sais, je sais... Il existe mille et une excuses. Vous pouvez toujours dire que personne ne sait avec certitude ce qui rend les gens malades, que personne ne sait vraiment ce qui cause le cancer, qu'il y a encore beaucoup de choses à connaître sur les affections cardiaques. Vous savez cependant — et moi aussi — que l'esprit humain a souvent le dernier mot lorsqu'il s'agit de ce qui arrive au corps. Posez-vous cette question troublante: «*Quel est le but caché de ma maladie?*» Vous serez peut-être agréablement surpris(e) de votre réponse. Je dis «agréablement», parce que dès que vous découvrirez la raison *émotionnelle* de votre maladie, il ne faudra souvent que très peu de temps pour que ses symptômes se mettent à disparaître. Voici quelques exemples.

a) L'arthrite est une maladie qui cause une diminution physique, mais il faut avouer qu'elle libère également la personne handicapée par cette affection d'une foule de responsabilités. Avez-vous remarqué combien de fois les gens dont la subsistance dépend de leur travail manuel peuvent «soudainement» se trouver affligés d'arthrite? C'est peut-être le seul moyen qu'elles ont découvert pour arrêter de travailler sans trop se culpabiliser.

b) On dit que, dans le monde des affaires, les ulcères d'estomac font partie de la rançon du succès. La plupart du temps, on découvre des ulcères d'estomac chez les gens qui sont littéralement consumés par l'ambition et l'arrivisme. Le mot «consumés» n'est pas trop fort. En effet, l'estomac de ces malades s'autodétruit en se dévorant lui-même et en dévorant par la même occasion son propriétaire.

c) Une affection cardiaque peut se révéler le seul moyen de prendre des vacances. Combien de fois n'avons-nous pas entendu des administrateurs surmenés déclarer: «Si je ne ralentis pas, je vais me retrouver avec une crise cardiaque...» Bien sûr, ils ne s'arrêtent pas et, bien sûr, se retrouvent victimes d'un infarctus. Quelquefois, c'est la seule excuse de ceux dont le travail est la seule raison de vivre pour s'absenter du bureau de façon légitime. Quelquefois, ils ont une surprise, lorsque la condition cardiaque qu'ils ont eux-mêmes créée et qu'ils ont tant désirée leur permet une mutation soudaine, dans un emploi idéal: assis sur un nuage, une harpe à la main...

d) Même le cancer, cette maladie qui nous fait si peur, peut avoir à l'origine de bien étranges causes. Vous souvenez-vous de cette célèbre potinière, crainte dans le monde entier pour sa verve vitriolique, qui mourut d'un cancer de... la langue? Il est incroyable de voir le nombre de femmes culpabilisées par tout ce qui concerne le sexe se retrouver avec des cancers du col de l'utérus. Elles semblent d'ailleurs soulagées lorsqu'on leur apprend la mauvaise nouvelle... Vous seriez surpris(e) de constater combien il existe de gens qui, après avoir secrètement désiré un cancer décident, à la suite d'un changement subit dans leur vie, qu'ils peuvent fort bien *se passer* de cette maladie. Le plus intéressant, c'est qu'ensuite ils guérissent.

La chose la plus importante dont vous devriez vous souvenir est qu'une grave maladie exige que vous preniez des mesures draconiennes pour lutter contre elle. Si vous êtes victime d'une maladie, vous n'avez pas à demeurer placide et à encaisser toutes les calamités qui s'abattent sur vous. Les moyens dont vous disposez pour contre-attaquer et lutter sont plus nombreux que vous ne l'imaginez. Ce que vous entreprenez pour améliorer votre situation *est au moins aussi important* que ce qu'entreprennent vos médecins. En effet, vos efforts personnels peuvent faire la différence entre la santé et la maladie, entre le bonheur et le désespoir. Souvenez-vous en.

24
Le tabagisme

«Ah! non! Pas encore un de ces sermons contre le tabac!...» vous exclamerez-vous probablement en voyant ce titre. Rassurez-vous: je n'ai pas la moindre intention de vous imposer un sermon. Nous nous contenterons d'examiner rapidement ce qu'est le tabagisme, puis je me retirerai sur la pointe des pieds et n'en parlerai plus. Comme d'habitude, le reste dépendra de vous car, en fin de compte, la décision vous appartient.

En quoi peut donc bien consister l'action de fumer? Prenons, si vous le voulez bien, un point de vue parfaitement objectif, celui du classique extra-terrestre, du «Martien» de service en quelque sorte.

RAPPORT SUR LES OBSERVATIONS AU RADAR À HAUTE RÉSOLUTION DES HABITANTS DE LA PLANÈTE TERRE

À l'intention du: Centre d'études terriennes, Université intergallactique, deuxième cycle, module d'étude sur le comportement des habitants de la planète Terre.

Provenance: Unité de téléradar ZXZ 95.
Source: surveillance des Terriens au téléradar.

Date: 6ff Ptolmey 45G67H
Heure: 8:112

Une analyse détaillée des cassettes vidéo révèle un comportement inexplicable de la part des Terriens. Des millions d'adultes mâles et femelles de différentes espèces transportent de petits objects cylindriques blancs et minces dissimulés dans leurs vêtements ou encore dans les endroits où ils vivent et travaillent habituellement. On a pu observer qu'ils plaçaient ces petits tubes dans un des orifices de leur système de support vital («système respiratoire») et qu'ensuite ils oxydaient («enflammaient») ces tubes ainsi que leur contenu pour aspirer le produit de la combustion («fumée») directement dans leurs poumons.

Au moyen de la téléspectrographie nous avons pu analyser les gaz brûlés qu'ils absorbent et avons fait des découvertes étonnantes. Ces gaz sont extrêmement toxiques et contiennent des substances hautement délétères comme du cyanure de sodium, de l'arsenic, de la nicotine, du goudron et de l'oxyde de carbone en importantes concentrations. Nos autres observations ont démontré que ces substances chimiques étaient susceptibles d'occasionner la mort des créatures terriennes. De plus, nous possédons des preuves formelles que ces gaz sont susceptibles de provoquer des proliférations erratiques («cancer») dans leur système de support vital. Nous avons pensé prévenir les Terriens des dangers auxquels ils s'exposaient mais nous avons appris par notre équipe de traduction qu'ils connaissaient déjà les dangers qui vont de pair avec cette habitude inexplicable. Après écoute de leurs réseaux de communication, nous avons intercepté des messages les prévenant des dangers que cette coutume présentait pour leur existence.

Nous avons pu obtenir des échantillons de la substance qu'ils font oxyder (source: projet interplanétaire — classification secrète OZZXXZZO). Il s'agit de fragments d'une plante fermentée combinée à plusieurs matières dangereuses. Nous avons procédé à la prise de télé-encéphalogrammes afin de mesurer les ondes des cerveaux des Terriens et nous avons découvert que ces créatures n'obtenaient guère de satisfaction à consommer la «fumée» émise par les petits tubes blancs. Nous ne sommes absolument pas en mesure de comprendre la signification de ce comportement singulier.

Nous poursuivons donc nos recherches et ferons rapport dans 45 T6 mégaminutes. La seule hypothèse que nous avons pu développer est que «fumer» constitue un rituel religieux au cours duquel un grand nombre de victimes sont lentement sacrifiées afin d'apaiser le courroux de dieux non encore identifiés. Il existe toutefois un indice: des inscriptions ainsi que des illustrations représentant ces dieux apparaissent sur les emballages contenant les petits tubes blancs.

Signé: Station de téléradar ZXZ-95

Hum... Ces extra-terrestres ont vraiment l'air de savoir travailler (je me demande encore ce que peut bien signifier le «projet interplanétaire — classification secrète OZZXXZZO! Mieux vaut peut-être ne pas le savoir...). La description que ces créatures d'une autre planète font de notre singulière habitude semble être le fruit d'une longue et perspicace observation. Sur Terre nous savons tous, bien sûr, que les cigarettes sont mortelles, qu'elles contiennent une longue liste de produits chimiques dangereux et que, de toute évidence, elles peuvent provoquer le cancer de notre «système de support vital».

Il y a toutefois un point qui nous semble un peu fantaisiste dans le rapport de nos amis de l'espace et c'est lorsqu'ils mentionnent que les inscriptions et que les illustrations que l'on trouve sur les paquets de cigarettes représentent des sortes de divinités adorées par les fumeurs. Nous pouvons même affirmer que cette déduction est ridicule. Mais *l'est-elle vraiment?*

Pensons-y bien. La vérité est que presque toutes les cigarettes ont le même goût. Je sais, il y a les cigarettes au menthol, les blondes, les brunes, les fortes et les douces, mais la vérité est que toutes les cigarettes, à condition d'appartenir à la même famille (américaines, brunes, anglaises, turques, etc.) ont pratiquement le même goût. Pour s'en convaincre, il suffit de placer un bandeau sur les yeux d'une centaine de fumeurs et de leur faire essayer une douzaine de marques de cigarettes différentes de la même famille. On s'aperçoit alors qu'ils ont beaucoup de mal à les identifier.

Nos extra-terrestres ont également découvert un autre fait troublant: les cigarettes ne produisent pas de plaisir émotionnel notable! Elles occasionnent un changement de pouls, une modification des battements cardiaques, des sécrétions gastriques et autres phénomènes de ce type, *mais elles ne procurent aucune satisfaction physique quantitativement mesurable.* N'est-ce pas surprenant?

Mais alors, pourquoi les gens fument-ils? Pour plusieurs raisons, toutes réellement intéressantes. Entre autres, les gens fument pour *manger* un style de vie. Cela peut vous sembler cocasse et *ça l'est, en effet.* D'ailleurs, vous n'êtes pas obligé(e) de me croire. Regardez un peu les annonces de cigarettes. Chaque marque a quelque chose à vendre et ce n'est pas de l'herbe fermentée enveloppée dans un papier ayant préalablement baigné dans des produits chimiques. Regardez bien la marque de cigarettes que fume d'un air satisfait le viril cow-boy du haut de sa monture. Regardez la marque que fument les femmes émancipées qui semblent regarder le monde d'un air détaché. Regardez la marque que fument ces jeunes gens qui se promènent dans de frais pâturages. Ce que les compagnies qui fabriquent ces cigarettes vous disent revient à ceci: vous pouvez effectivement *avaler* ce style de vie, ce monde magique, ce monde onirique en achetant tout simplement (et en faisant brûler) les petits bâtons d'encens que nous vendons. Des bâtons d'encens? Oui, c'est bien cela. Il vous suffit de les faire brûler, de respirer, d'avaler la fumée qui s'en dégage et, comme par enchantement, le genre de vie exotique que l'on peut voir dans les annonces de cigarettes se retrouvera automatiquement greffé sur votre humble quotidien.

Toute cette affaire est en réalité un truc psychologique très efficace emprunté directement aux croyances religieuses des cannibales. Malgré tout ce que vous avez pu entendre, les cannibales mangent rarement leurs victimes parce qu'ils ont faim. Ils les mangent pour s'approprier les qualités de celles qu'ils admirent le plus. Ils dévorent généralement les ennemis les plus braves et les étrangers qui leur semblent les plus remplis de ressources (c'est peut-être pourquoi tant de missionnaires ont fini dans la marmite de peuplades anthropophages!). Aujourd'hui, dans les pays dits «civilisés», l'ouvrier d'usine grille sa cigarette, symbole du cow-boy chevauchant sans souci dans les grands espaces afin d'oublier son travail monotone sur la chaîne de montage. La secrétaire du service général de dactylographie fume le symbole de la femme libérée, émancipée et financièrement indépendante pour tenter de s'émanciper elle-même de son travail abrutissant. Dans une ville glaciale et polluée du Nord, la ménagère qui vit dans un appartement exigu fume la cigarette qui lui promet une balade dans de verts pâturages inondés de soleil en compagnie d'un beau jeune homme.

Et c'est justement là que réside le problème: l'annonce de cigarette constitue, au départ, une imposture. Que l'ouvrier veuille changer de vie, voilà qui est parfaitement légitime. Ce n'est malheureusement pas en «mangeant» la fumée que mange le cow-boy qu'il se rendra semblable à ce travailleur des grands espaces. Si la secrétaire n'aime pas son travail, elle devrait en changer et rapidement, mais ce n'est pas en s'étouffant avec de la nicotine et du goudron, comme la «femme émancipée» de l'annonce, qu'elle s'émancipera véritablement (à moins qu'on appelle «émancipation» un fiche d'admission pour le Pavillon des cancéreux!). On ne peut blâmer la bonne dame qui vit dans une ville polluée de rêver de scènes bucoliques, mais ce n'est pas en inhalant les super-polluants de sa cigarette qu'elle améliora son existence.

Il existe un autre aspect dans le tabagisme, un aspect auquel nous n'avons pas suffisamment pensé. Les êtres humains sont des animaux qui tètent. Ils commencent par un tétin ou une tétine le premier jour de leur vie, puis passent ensuite aux bonbons, aux sucettes, aux boissons gazeuses bues à la bouteille, puis à la bière en canettes mais, d'un point de vue strictement psychologique, c'est encore la cigarette qui demeure la forme de tétée la plus populaire. Pourquoi? Réfléchissons un instant.

Le premier liquide que les êtres humains absorbent est le lait — un liquide blanc qui est en quelque sorte un genre de «premier amour buccal» qu'ils n'oublieront jamais. Lorsqu'ils sont jeunes, les humains boivent du lait en mangeant ou le consomment sous forme de crème glacée ou de chocolat au lait. Même s'ils conservent plus tard certaines de ces habitudes alimentaires, il est certain que le sein ou le biberon ne sont plus décemment à leur portée. Ils se demandent alors *comment pouvoir perpétuer cette habitude sans avoir à régresser au temps de leur tendre enfance et ainsi se ridiculiser.*

Curieusement, c'est dans la cigarette qu'ils trouveront leur bonheur. Une cigarette est blanche — comme du lait; sa forme est tubulaire et sa taille approximativement celle d'un tétin (certaines cigarettes ont même des bouts filtres couleur chair!). Sa résistance à la succion est même semblable à celle de cette protubérance mammaire... Pas de doute: les fabricants de cigarettes ont pensé à tout! La fumée elle-même a été conçue pour être blanche comme le lait et ce n'est pas par accident que le goût de cette fumée laiteuse soit légèrement douceâtre — comme le lait maternel.

Lorsqu'on observe les fumeurs de cigarettes, il existe quelque chose de curieux; on se demande en effet quel est l'élément qui peut les pousser à fumer? Pourquoi un fumeur choisit-il un moment plutôt qu'un autre pour «en griller une»? Découvrons-le ensemble. Si vous êtes fumeur ou fumeuse, la prochaine fois que vous vous apprêtez à prendre une cigarette, demandez-vous à quoi vous pouviez bien penser lorsque vous avez soudainement ressenti cette envie de fumer. Ce n'est pas ce qu'il y a de plus facile parce qu'il est souvent malaisé de se souvenir de toutes les pensées qui peuvent nous effleurer au cours d'une journée, tant elles sont fugaces. Pourtant, je suis persuadé qu'au moment où vous vous apprêtiez à prendre cette cigarette, une pensée a traversé votre esprit comme un éclair. Elle était porteuse d'anxiété, de tension et de peur diffuses. Quelqu'un a peut-être dit quelque chose de peu rassurant ou encore avez-vous entendu quelque nouvelle inquiétante à la radio ou vous apprêtiez-vous à entreprendre un long voyage sur l'autoroute, dans une circulation intense. Il a suffi d'une «gorgée de lait», sous forme de bouffée de fumée laiteuse, pour calmer le bébé qui sommeille dans chaque adulte.

Vous ne me croyez pas? C'est votre droit, mais contentez-vous donc d'observer vos propres réactions lorsque vous ressentirez le besoin impérieux de fumer. Si j'ai raison, vous vous en apercevrez bien. Si je me trompe, vous vous en apercevrez également. D'une manière ou d'une autre cette expérience vaut la peine d'être tentée, n'est-ce pas?

Nous en arrivons maintenant à la minute de vérité. Que faut-il faire si vous avez envie d'arrêter de fumer? Il faut d'abord faire face à la réalité que tous les fumeurs et fumeuses doivent affronter à un moment ou à un autre: *une seule partie de votre être* a véritablement le désir d'arrêter; il s'agit de la partie raisonnante et analytique de votre personne, celle qui reconnaît que fumer ne peut que raccourcir vos jours, vous rendre éventuellement très malade et vous causer toutes sortes de problèmes dont vous pouvez fort bien vous passer. Mais la partie de votre personne qui adore avaler la fumée, boire du lait par procuration et rendre hommage aux drôles de petites divinités que l'on peut voir sur les paquets de cigarettes, cette partie-là tient modicus à ce que vous continuiez à fumer et ce *à n'importe quel prix*. Lorsque la partie qui tient absolument à ce que vous mettiez un terme à votre habitude remporte la victoire, on peut dire que vous avez gagné. Lorsque vous prenez des cachets pour vous empêcher de fumer, que vous assistez à des réunions contre le tabagisme ou que vous vous mettez à réduire votre consommation de cigarettes, vous ne faites que concrétiser la ferme décision que vous avez prise au plus profond de vous. Dès que vous aurez décidé d'arrêter de fumer — et je veux dire *réellement* décidé, vous arrêterez. C'est aussi simple que cela. Pensez-y sérieusement, analysez froidement la situation et prenez votre décision. Après tout, vous êtes la seule personne qui puisse faire *cela*. Non?

25
Les drogues «douces»

Pensez-vous avoir des problèmes avec les drogues dites «douces»? Vous croyez peut-être en avoir mais n'êtes pas certain(e) qu'il peut vraiment s'agir là de problèmes? Prenons une trentaine de secondes pour nous en assurer. Répondez d'abord avec toute l'honnêteté souhaitable à ces six questions et nous serons très rapidement fixés. C'est seulement alors que nous pourrons faire face avec réalisme à la situation. Allons-y.

1. Prenez-vous des tranquillisants comme du Miltown, du Valium, du Librium (ils existent sous une centaine d'autres noms aussi fous que ceux-là!) au moins trois fois par semaine — même s'il ne s'agit que d'une petite pilule quotidienne?

2. Prenez-vous des somnifères plus de quatre fois par mois?

3. Prenez-vous des pilules tranquillisantes pour le simple plaisir d'en prendre (peut-être pour vous sentir mieux ou vous «éclater» plus rapidement)?

4. Vous hâtez-vous d'aller chercher votre flacon de tranquillisants dans la pharmacie dès que vous subissez un coup dur?

5. Avez-vous quelquefois l'impression que vous ne pourrez jamais finir votre journée sans prendre au moins une «petite pilule»?

6. Vous sentez-vous quelquefois coupable de prendre des pilules contre la dépression, l'anxiété, l'insomnie, la nervosité ou toute autre forme de malaise émotionnel?

Je pense que je n'ai pas besoin de vous faire un dessin: si vous avez répondu «oui» à *une seule* de ces questions, vous avez sans nul doute un problème de drogue douce sur les bras. Malheureusement, la vérité est que ces drogues censées être si douces ne le sont pas vraiment car, scientifiquement parlant, elles peuvent se révéler aussi néfastes — sinon plus — que ces drogues «dures» qui nous font si peur. En voulez-vous la preuve? La voici.

Il s'agit d'un extrait de la «Mise en garde à l'intention des médecins» que l'on peut lire dans un prospectus destiné au corps médical. Il a été préparé par les fabricants de l'un des tranquillisants les plus connus et ce texte pourrait s'appliquer à presque tous les autres médicaments psychotropes du genre. Les patients ne prennent jamais connaissance de cette liste cauchemardesque de désastres possibles à moins, bien sûr, qu'ils n'en soient victimes. Voyons ce que nous dit cette compagnie de produits pharmaceutiques.

1. «Les patients devraient s'abstenir de toute activité potentiellement dangereuse comme conduire une voiture ou faire fonctionner des machines.» Cela veut dire que si vous devez prendre des médicaments psychotropes, mieux vaut vendre votre voiture ou acheter un casque protecteur pour motocycliste... et ne pas oublier de le porter en conduisant!

2. «Certains symptômes de retrait, semblables à ceux que l'on relève chez les héroïnomanes et les morphinomanes ont été signalés chez des patients brutalement sevrés de ce médicament. Ces symptômes peuvent comprendre des convulsions, des vomissements et de violentes crampes musculaires.» Votre médecin ne vous en avait pas parlé, n'est-ce pas? Dès que vous devenez un(e) fanatique de ces petites pilules, vous êtes fin prêt(e) à entrer dans les Ligues majeures de la confrérie des drogués.

3. «Les réactions contraires à la santé peuvent prendre les formes suivantes: hallucination, colère, modification de la libido, pertes de mémoire, dépression, jaunisse.» Avez-vous remarqué ce détail, «modification de la libido»? Cela signifie que l'appétit sexuel peut fort bien prendre la clé des champs et ne plus jamais revenir. Signalons qu'il ne se vend pas de pilules pour remédier à cette dernière réaction.

Le vrai problème est que personne ne sait vraiment de quelle manière ces puissants tranquillisants agissent sur votre organisme. La plupart d'entre eux ont été découverts de manière purement accidentelle et personne ne connaît encore les *véritables* dangers auxquels on s'expose en y recourant. Les risques contre lesquels les laboratoires pharmaceutiques nous mettent en garde sont suffisamment effrayants comme cela mais qu'arrive-t-il si, après avoir pris régulièrement vos pilules tranquillisantes pendant deux ans vous vous apercevez soudain que votre cerveau semble devenir déliquescent et que vous n'êtes même plus capable de savoir quel est le côté de votre brosse à dents que vous devez placer dans votre bouche?

Il existe deux raisons très importantes pour lesquelles ces pilules sont mauvaises pour vous. La première est d'ordre physique. Tous ces médicaments psychotropes sont des produits chimiques extrêmement puissants qui modifient le fonctionnement de votre cerveau. Ils perturbent les réactions microchimiques les plus vitales, bloquent les circuits nerveux et déforment la perception du monde qui nous entoure. Malheureusement, nous ne réfléchissons pas suffisamment sur cet aspect de la question. Dans des conditions normales, lorsque notre survie se trouve menacée, instinctivement notre corps et notre esprit se trouvent mobilisés pour nous défendre; ce processus comprend des réactions de peur, d'alerte, de tension, etc. Toutefois, lorsque vous abrutissez ce délicat organe qu'est le cerveau avec toutes sortes de pilules, vous pouvez vous faire écraser par un camion de trente tonnes sans même perdre votre sourire. Et si vous êtes vraiment «tranquillisé», n'importe qui peut faire n'importe quoi de votre personne.

Je ne sais si vous avez déjà vu de ces films hallucinants portant sur des expériences effectuées sur des singes. J'en doute, car ils sont généralement réservés aux membres du corps médical. On y voit de petits singes agressifs munis de crocs impressionnants, desquels les expérimentateurs ne s'approchent qu'avec des gants très épais. On administre une pilule à ces quadrumanes, exactement le genre de tranquillisant qu'on trouve à la pharmacie du coin. Sept minutes plus tard, tel petit démon, qui était prêt à déchirer la main de son dresseur, se retrouve assis dans un coin de sa cage, en train de grimacer d'un air béat. Le dresseur s'approche et le soulève alors par la queue, tandis que l'animal garde son espèce de sourire artificiel. On se demande alors comment ce singe, mentalement castré, pourrait survivre aux dangers de sa jungle natale. On ne peut s'empêcher de faire cette deuxième réflexion: si vous prenez des pilules tranquillisantes, comment survivrez-vous aux dangers de *votre* propre jungle?

La deuxième raison pour laquelle ces pilules sont néfastes est encore plus importante: *elles ne changent rien à votre vie!* Pendant que vous planez gentiment dans les limbes, votre vie s'écoule lentement, comme dans quelque dépotoir moral. Bien au chaud dans votre cocon chimique, vous flottez à la dérive pendant que votre emploi, vos amis, votre avenir basculent lentement dans l'irréalité. Non seulement les drogues psychotropes que vous avez obtenues sur ordonnance modifient-elles *physiquement* le fonctionnement de votre cerveau, mais elles vous dépossèdent graduellement des mécanismes de défenses que vous avez acquis à prix d'or. Chaque fois que vous prenez une pilule ces mécanismes, que vous avez appris à maîtriser au fil des ans, s'envolent en fumée. Soudainement, pour les heures qui viennent, vous voilà aussi dénué(e) de moyens de défense qu'un nouveau-né. Au bout de cinq heures, vous commencez à récupérer, à moins que vous ne preniez une autre pilule. Ce problème est plus important que bien des gens semblent le réaliser. Dès que vous commencez à vivre avec ces médicaments, vous devenez de la pâte à modeler dans les mains des autres. Les maris phallocrates, les femmes dominatrices et les patrons exploiteurs ne peuvent que se réjouir de voir leurs victimes absorber force tranquillisants. C'est pourquoi, si vous désirez vraiment demeurer responsable de votre destin, jetez dans les cabinets ces sales pilules à vous faire exploser le cerveau. Comme nous le verrons plus loin, il faut toutefois choisir son moment et il existe une manière de le faire.

Vous me direz que vous saviez déjà tout cela. D'accord. Mais la grosse question est de savoir *comment* s'arrêter, comme décrocher une fois pour toutes. La première manière *n'est pas la bonne.* N'arrêtez pas soudainement! Tel que les laboratoires pharmaceutiques l'expliquent aux médecins (et tel qu'ils *auraient dû* vous l'expliquer) arrêter de prendre le médicament incriminé de but en blanc peut vous précipiter dans un état de prostration et de «manque» semblable à ce que vous avez peut-être déjà vu au cinéma, mais en pire! Si vous prenez des tranquillisants ou des antidépresseurs, servez-vous de la technique du retrait dite «des huit jours». Voici quel en est le principe.

Si vous avez l'habitude de prendre trois pilules par jour, gardez une dizaine de ces petits monstres et jetez le reste. Aujourd'hui, prenez vos trois pilules, comme d'habitude. Demain, prenez seulement deux pilules et deux pilules la journée suivante. Ensuite, prenez une seule pilule par jour pendant deux jours et, le sixième jour, abstenez-vous d'en prendre. Le septième jour, vous avez droit à une autre pilule et, le huitième, vous serez libéré(e) de votre servage chimique. Voici comment cela se présente sous forme de diagramme.

JOUR

1 2 3 4 5 6 7 8

Pilules

3 2 2 1 1 0 1 0

Si vous preniez quatre pilules par jour, suivez le même genre de programme: quatre pilules la première journée, puis trois, trois, deux, deux, une, une, aucune, une, aucune.

Si vous preniez des somnifères, la technique est légèrement différente. Il existe en effet deux principales sortes de somnifères. Il y a d'abord les barbituriques. Ce sont des poisons chimiques communs qui, littéralement, endorment les parties les plus importantes du cerveau, une par une. Si vous en absorbez à haute dose, ils ne tarderont pas à vous tuer. Ce genre d'accident est suffisamment commun pour que j'insiste. Si vous faites usage de barbituriques, le meilleur moyen est de cesser complètement. La première nuit que vous passerez sans pilules sera peut-être un peu blanche, bien que cela ne soit pas si certain. Dans tous les cas, arrangez-vous pour décrocher à un moment où vous n'avez pas à paraître sous votre meilleur jour le lendemain. La deuxième nuit, vous aurez peut-être la surprise de dormir beaucoup mieux que vous ne le pensiez. Vous pouvez contribuer à vous débarrasser des résidus de barbiturique que vous avez emmagasinés dans votre organisme en buvant beaucoup de liquides et en faisant substantiellement de l'exercice. Marchez, faites de la bicyclette, nagez, courez; tout ce qui activera la circulation de votre sang contribuera à vous faire retrouver votre équilibre.

Si vous prenez un autre genre de somnifère appartenant à la famille des tranquillisants ou à celle des antihistaminiques, une réduction progressive s'impose également afin d'éviter toute mauvaise surprise. Prenez votre dose habituelle le premier soir, la moitié le lendemain soir et la moitié encore le soir suivant. Ensuite, préparez-vous à vous agiter à vous retourner dans votre lit les nuits suivantes (bien que cela puisse ne *jamais* arriver). Ensuite, vous pourrez jeter vos béquilles chimiques.

Une dernière question: comment dormir sans somnifère et fonctionner sans tranquillisants? Les réponses se trouvent aux chapitre 5 (l'Anxiété); 10 (la Dépression mentale); 17 (l'Insomnie); 18 (la Solitude). Avant de relire ces chapitres il convient toutefois d'envisager la situation sous l'aspect suivant. Lorsque vous prenez des tranquillisants et autres drogues psychotropes, vous vous retrouvez en réalité avec deux problèmes. Il y a d'abord celui qui, à l'origine, vous a poussé(e) à prendre des drogues et ensuite l'absorption de celles-ci et les dommages qu'elles causent à votre esprit. Dès que vous envoyez promener vos pilules dans l'égout, vous avez parcouru déjà la moitié du chemin. Pas mal, n'est-ce pas? Il n'y a d'ailleurs aucune raison pour que vous ne laissiez pas tomber ces drogues dites «douces». Je n'ai jamais rencontré de personne normale qui, après avoir cessé d'absorber régulièrement de ces poisons se remettait à en prendre. Ainsi, vous savez ce qui vous reste à faire et je ne peux que vous souhaiter bonne chance!

26
Le suicide

Avez-vous envie de vous tuer? Bien. Cependant, avant de mettre votre projet à exécution, je vous en supplie, prenez quelques minutes pour lire le présent chapitre. Si après l'avoir lu, vous tenez toujours à vous supprimer, ce sera, bien sûr, une question de choix, mais il y a d'abord une ou deux choses que vous devriez prendre en considération.

Pour commencer, je dois vous dire que *vous* n'avez pas véritablement décidé de vous suicider. Cette décision a été prise par des forces incontrôlables qui se trouvent dans votre esprit et dont vous ne soupçonnez même pas l'existence. Dans un certain sens, il s'agit du résultat d'une bataille qui s'est déroulée à votre insu dans votre tête — une bataille que vous avez perdue sans même savoir qu'elle avait lieu! Tout ce que vous avez enregistré, c'est une sorte de télégramme qui pourrait se lire ainsi:

SITUATION IMPOSSIBLE/STOP/ MIEUX VAUT VOUS SUPPRIMER/STOP/ PROCÉDEZ IMMÉDIATEMENT À VOTRE ÉLIMINATION/FIN DU MESSAGE.

Pensez-y pendant quelques instants et vous réaliserez que c'est exactement ce qui se passe. L'impulsion qui vous pousse à l'irréparable prend naissance au moment où toutes les portes émotionnelles se trouvent fermées. Lorsque vous vous trouvez confronté(e) à un problème, dans la vie il y a d'habitude moyen de choisir entre plusieurs solutions. Par exemple, si vous n'aimez pas votre travail, vous pouvez toujours changer d'emploi, déménager dans une autre ville, démarrer votre propre affaire, vous engager dans l'armée ou entrer dans une commune. En somme il est relativement facile de se transporter d'un genre d'existence à une autre. Mais quelquefois, le destin vous laisse avec un jeu de cartes qui vous semble truqué et qui ne comporte qu'une seule main: celle qui vous pousse au suicide. *C'est du moins ainsi que la situation semble se présenter.* En réalité, il s'agit d'un sale tour que votre esprit vous joue. Pourquoi? *Parce que la victime se fait toujours présenter le suicide comme étant la seule porte de sortie possible. Pourtant, dans chaque cas, il existe au moins trois autres solutions que la personne suicidaire a oublié d'envisager!*

En voulez-vous la preuve? Prenons, si vous le voulez bien, l'exemple qui suit.

Chez les femmes, parmi les raisons les plus fréquentes de se suicider on trouve les histoires d'amour qui tournent mal. Donna est un cas type.

Lorsque je fis la connaissance de cette jolie brunette dans la vingtaine avancée, il était difficile de croire qu'elle était passée à un cheveu de se donner la mort.

— Docteur, je ne peux pas croire que voilà seulement trois mois j'étais prête à faire le grand saut. Cela m'apparaît maintenant comme un cauchemar!

— Mais *c'était* un cauchemar! N'est-ce pas, Donna?

— Que voulez-vous dire?

— Je veux dire que vous vous trouviez dans un état de prostration tel que vous aviez perdu tout contact avec la réalité, que vous étiez seule et terrifiée.

— Vous pouvez le dire, dit-elle en soupirant. Je vois que vous connaissez bien les symptômes! Je vivais avec Kent depuis environ deux ans et nous devions nous marier prochainement. J'étais enceinte de deux mois et rêvais déjà à notre vie de famille. Jamais je n'oublierai cette journée pluvieuse de novembre. Je m'étais colletée toute la journée avec une de ces dépressions que connaissent toutes les femmes enceintes et, au travail, ça n'avait pas marché. J'avais fait les courses mais, arrivée à la maison, je m'aperçus que tout avait disparu! Le canapé, le lit, les tapis, la cuisinière, même les serviettes de toilette n'étaient plus là! Ce salopard avait tout vendu, vidé notre compte en banque, puis il avait discrètement pris la poudre d'escampette... Cet après-midi-là, en ouvrant la porte, j'ai cru que le monde entier allait s'écrouler sur moi!

Oui, c'est exactement ainsi que ça se passe. Lorsque la réalité vous met en face du fait accompli, qu'elle pèse sur vous de tout son poids comme un fardier de dix tonnes, une petite voix vous livre un télégramme vous enjoignant de vous suicider. Je vous le dis tout de suite: vous n'avez pas à accepter ce message de mort. Il vous faut d'abord *analyser* la situation, ensuite *la comprendre* et, enfin, *la surmonter*. Voici comment.

Les personnes qui pensent à se suicider sont toujours victimes des mêmes accusations, proférées par leur ennemi intérieur, le fameux Moi négatif dont nous avons déjà parlé. Tous les candidat(e)s au suicide se font dire les mêmes choses. Les voici.

1. *Tu es stupide.* Tu t'es laissé exploiter et maltraiter à haute dose.

2. *Tout le monde se moque de toi.* Tu t'es ridiculisé(e) et tout le monde le sait.

3. *Il n'existe pas d'alternative — Mieux vaut la mort...* Si tu t'acharnes à vivre, ton existence deviendra insupportable.

4. *Quelqu'un a vraiment réussi à te démolir et tu n'as aucun moyen de riposter.* Tu t'es bien fait avoir et tu n'as aucun moyen de te défendre.

Ces accusations, qui pesaient contre Donna, sont, dans la plupart des cas, les mêmes pour tous les désespérés. La dernière accusation est particulièrement intéressante parce que, dans chaque suicide existe toujours un élément de *meurtre.* Toute personne qui se supprime tue quelqu'un d'autre par personne interposée. Dans le cas de Donna, celui qu'elle voulait assassiner de manière symbolique n'était nul autre que Kent, l'ignoble personnage qui avait monopolisé deux ans de sa vie, l'avait mise enceinte et lui avait promis le mariage pour finalement la voler et l'abandonner. Les accusations en série n'ont pas tardé à se faire entendre: *Tu es stupide, ridicule, tu n'as aucune porte de sortie ni aucun moyen de te venger...* De tels mots submergent les défenses émotionnelles de l'organisme humain et sécrètent le «télégramme» suicidaire dont nous avons déjà parlé, Maintenant que vous avez compris cela, que comptez-vous faire?

Vous défendre, bien sûr! Votre première réaction devrait consister à prendre certaines mesures d'urgence. Après tout, c'est votre vie qui est en danger: quelqu'un tente de vous tuer et le fait que vous soyez la victime toute désignée signifie que vous n'avez pas de temps à perdre. Il importe d'abord de transférer tout ce qui vous reste d'énergie de l'intérieur vers l'extérieur, de *l'inconscient au conscient*. Il faut absolument que vous repreniez la situation en mains, mais de manière *consciente*; il faut que vous neutralisiez votre vulnérabilité en prenant le taureau par les cornes, dans les plus brefs délais.

1. *Ne buvez pas! Pas une goutte!* L'alcool renforce l'instinct de mort et affaiblit vos capacités de survie.

2. *Ne prenez pas de «pilules».* Vous n'avez pas besoin de tranquillisants, de drogues ou de tout autre agent d'abrutissement du genre. Pour vous sortir de ce mauvais pas, il vous faut conserver un esprit aussi limpide que possible.

3. *Ne regardez pas la télévision et n'allez pas au cinéma.* Si cela vous semble curieux, arrêtez-vous un instant pour y penser. Dans les deux cas, vous vous trouverez assis dans la pénombre pendant que des scènes de violence et que des conflits émotionnels seront projetés sur votre esprit. Il ne faut pas cacher que la télévision et le cinéma exposent volontiers des drames où la mort, le sadisme, la dépression mentale, la défaite sont montés en épingle. C'est justement le genre de situation que vous tenez à éviter. Vous en souvenez-vous?

4. *Sortez de chez vous!* Si vous vous confinez dans un monde clos vous ne tarderez pas à acquérir l'idée erronée que l'univers entier se referme sur vous, ce qui n'est pas vrai, bien sûr. Il faut cependant que vous vous trouviez à l'extérieur pour le réaliser.

5. *Renouez avec les gens.* Des gens sans prétention, bien disposés à votre égard feront l'affaire. Ne traînez pas dans les bars, n'allez pas dans les endroits qui ont

été les témoins muets de votre défaite ou de votre souffrance. Reprenez contact avec les gens les plus quotidiens que vous puissiez trouver — ne serait-ce que pour répondre à cette vieille accusation intérieure voulant que vous n'ayez personne à qui parler ou qu'il n'y a rien à faire pour améliorer votre situation.

Dès que vous avez pris ces cinq mesures d'urgence, vous pouvez passer à l'étape suivante et *utiliser vos impulsions destructrices pour détruire les forces intérieures qui vous menacent*. Si vous tenez à tuer quelque chose, ne vous tuez pas. Prenez-vous en plutôt à vos vrais ennemis, c'est-à-dire aux éléments négatifs *qui logent dans votre esprit*. Prenez les faits suivants en considération.

1. *Vous n'avez aucune raison de vous jeter vous-même au dépotoir, comme si vous n'étiez qu'un sac d'ordures*. Vous n'avez pas à gâcher votre vie. Donnez-la plutôt! Je m'explique: si votre vie ne vaut plus rien pour vous, elle vaut certainement quelque chose pour les autres. Allez travailler dans un hôpital pour enfants handicapés ou dans un orphelinat. Engagez-vous comme volontaire dans un organisme d'aide aux pays en voie de développement, engagez-vous dans la Légion étrangère ou devenez missionnaire laïc en Afrique ou ailleurs. Étant donné que vous n'accordez aucune importance à ce qui peut vous arriver, arrangez-vous au moins pour que votre vie soit utile à quelqu'un d'autre.

2. *Prenez le large*! Sortez de votre vie quotidienne pendant quelques mois. Placez toute votre existence entre parenthèses. Il existe des moyens très simples de le faire. Vous pouvez, par exemple, entrer dans un monastère ou un couvent, non à titre de moine ou de sœur cloîtrée, mais à titre d'invité(e). Vous y mènerez

une vie simple, paisible et serez en sécurité. Vous aurez également la possibilité d'analyser vos problèmes et, au cours de cette introspection, de vous apercevoir que le suicide est une solution idiote pour personnes idiotes. Quelquefois, vivre quelque temps dans une commune aux idéaux élevés (il s'agit, bien sûr, de la choisir sérieusement en évitant les sectes de fanatiques et les farfelus) peut se révéler tout aussi bénéfique.

3. *Changez de planète*. Transportez-vous dans un monde différent du vôtre, où les problèmes qui vous semblent pour le moment insurmontables n'ont aucune importance pour vos nouveaux voisins. À Sandusky (Ohio), Trois-Pistoles (Québec) ou Brie-Comte-Robert (Seine et Marne) tout le monde connaît peut-être vos petites histoires, mais à Tarpon Springs (Floride), Montréal ou Besançon vous êtes une nouvelle personne. Quelquefois, il vous faudra aller plus loin; en Australie, au Brésil ou dans l'Ouest canadien, dans un pays qui vous donnera l'impression de changer de planète et de replacer les valeurs dans leur perspective réelle. N'hésitez pas à prendre des mesures draconiennes pour sauver votre vie. Elle en vaut la peine!

Il y a un autre aspect auquel nous devons faire face avec réalisme. Aujourd'hui, aux États-Unis comme dans la plupart des grands pays industrialisés, on ne peut pas dire que les conditions de vie soient très favorables aux rapports humains, surtout pour quelqu'un en état de dépression. Il est difficile de rencontrer des gens lorsque vous en avez le plus besoin et, parfois, tout le monde semble n'évoluer que dans un petit cercle d'amis et de connaissances. Lorsque vous vous trouvez au trente-sixième dessous, il devient de plus en plus complexe de trouver votre place au sein de petits groupes, apparemment de plus en plus étanches. Les pays latins comme l'Espagne, le Midi de la France, l'Italie, le Mexique (et autres pays d'Amérique centrale et latine) sont beaucoup plus accueillants que les nôtres et les gens y sont plus ouverts. De plus, lorsqu'il pleut ou qu'il neige dans les pays de l'hémisphère nord, il y a de fortes chances pour qu'il fasse beau sous ces latitudes. Il est beaucoup plus difficile de se sentir déprimé(e) sur une plage où darde le soleil. Quelquefois, un court séjour dans ces pays suffira à vous réconcilier avec la vie. En tout cas, il s'agit là d'une expérience qui vaut la peine d'être tentée.

4. *Dites-vous que le tunnel dans lequel vous semblez vivre actuellement finira bien par déboucher quelque part.* Sur cette terre, tout le monde doit, un jour ou l'autre, passer par de mauvais moments ou subir des situations difficiles, dangereuses ou franchement stressantes. Nous devons tous passer par de noirs tunnels, mais il faut bien se dire que tous les tunnels finissent toujours par déboucher quelque part. Il est bon de se le rappeler pendant que l'on cherche à prendre tous les moyens de se défendre. Ce qui, il y a quelques années, se présentait comme une insurmontable menace à notre survie peut, après quelques années de recul, ne sembler qu'un léger cahot sur notre route. La crise intense que vous vivez à l'heure actuelle vous semblera probablement dérisoire dans quelques mois.

5. *Soyez énergique.* Lorsqu'on y pense bien, nos aptitudes à survivre dépendent de la façon dont nous savons faire face aux difficultés de la vie quotidienne et de la façon dont nous les surmontons. Donna me l'a résumé clairement.

— Vous savez, Docteur, après que Kent m'eut abandonné, ce fut très dur... J'étais seule, malade, désespérée, sans le sou et enceinte par-dessus le marché. Je n'aspirais qu'à une seule chose: me suicider. Eh bien! J'ai fait tout ce que vous m'aviez conseillé et j'ai fini par m'en sortir rapidement. Cependant, il y a une chose que vous m'avez expliquée et qui m'a aidée par-dessus tout. Je vomissais Kent, c'est vrai, et l'une des raisons principales pour lesquelles je n'ai pas mis fin à mes jours était celle-ci: *je ne voulais pas lui donner cette satisfaction*!

Ne vous tuez pas, je vous en prie... Ne donnez pas cette satisfaction *à qui que ce soit*.

27
Le chômage

«En chômage!» «Sans travail!» «Demandeur d'emploi.» «Pas d'embauche.» Ces expressions vous font-elles penser aux foules faméliques de la Grande crise des années trente? Tout cela vous semble-t-il un peu «rétro»? Désolé, mais ces sinistres expressions sont toutes aussi réelles de nos jours qu'après le krach de 1929. Soudainement, sans raison valable, le spectre du chômage tourne comme un vautour au-dessus de millions de travailleurs américains et européens. Pour des millions d'autres, cette menace est même devenue réalité. Écoutons Fred.

— Papa nous parlait souvent de la Grande Dépression des années trente, mais nous ne comprenions pas très bien de quoi il s'agissait. Après tout, je n'ai que quarante ans et je suis né après ces événements... Mais maintenant, je sais ce que c'est...

Fred se gratta la tête.

— Vous savez, Docteur, je pensais que j'avais vraiment fait mon trou. Tout allait pour le mieux il y a encore trois mois. J'étais ingénieur styliste dans l'industrie de l'automobile et spécialiste des pavillons. Vous savez de quoi il s'agit, n'est-ce pas?

Sans attendre ma réponse il continua.

— Il s'agit de la partie supérieure de la carrosserie, ce que nous appelons aussi «la serre»; cela comprend le pare-brise, les fenêtres, les glaces de custode, etc. Au point de vue stylisme, c'est l'élément le plus important de la voiture. C'est là que nous essayons de glisser quelque détail rappelant le travail des grands carrossiers, un peu de Rolls et de Mercedes sport dans les «Ferrarouille» quatre cylindres de série, en somme. Ce n'est pas très objectif comme jugement, mais c'est sans doute parce que je suis vraiment amer. Que voulez-vous... J'ai travaillé pendant quinze ans pour cette foutue boîte et, dès que les affaires ont commencé à ralentir, ils m'ont balancé comme un malpropre...

Fred serra les mâchoires.

— Imaginez-vous: je faisais trente-cinq mille dollars par année. J'avais une lourde hypothèque sur la maison, des traites à payer sur mes deux voitures et quelque chose comme seize mille dollars de dettes. Vous savez, les cartes de crédit et tout ça... C'est comme s'ils m'avaient tiré le tapis sous les pieds...
— Et que comptez-vous faire?
— *Faire? Faire?* Vous voulez rigoler, non? *Je ne peux rien y faire*! J'ai donné quinze ans de ma vie à cette saloperie de constructeur d'autos et, dès que les choses ont commencé à mal tourner, ils m'ont envoyé à la classe! J'ai déjà perdu ma maison et une de mes voitures et, demain, je dois rencontrer mon avocat pour qu'il m'aide à faire une faillite personnelle... Oui, ces salauds ne m'ont pas donné l'ombre d'une chance!
— Avez-vous essayé de vous trouver un autre emploi?

Fred fit mine de se lever.

— Un autre emploi? Combien d'emplois pensez-vous qu'il existe pour des ingénieurs stylistes spécialisés dans les pavillons de bagnoles, hein? Il n'existe pas six constructeurs aux États-Unis et la plupart d'entre eux sont pratiquement acculés à la faillite. Qui peut donc me donner un emploi? Je vous le demande, tiens...

— Et que pouvez-vous faire d'autre?

Fred se laissa retomber sur sa chaise. Il parlait maintenant d'une voix grave mais éteinte.

— Laver des vitres? Faire le pompiste? Vendre de l'assurance-vie? D'abord les gens lavent leur vitres eux-mêmes. S'ils ne peuvent pas vendre des voitures, comment voulez-vous qu'ils vendent de l'essence! Et puis, les gens s'empressent de récupérer l'argent qu'ils ont investi dans de l'assurance-vie en de meilleurs temps... Je ne sais vraiment pas quoi faire, je vous le dis...

Avez-vous l'impression d'avoir déjà entendu cette histoire? C'est possible, mais elle est intéressante à plus d'un titre. En effet, Fred a commis toutes les erreurs qu'il ne faut pas commettre lorsqu'on se trouve confronté au spectre du chômage. Voyons lesquelles.

1. *Notre héros n'a rien compris aux mécanismes économiques qui régissent l'emploi.* En vitupérant la compagnie qui l'a licencié, il ne fait que s'handicaper émotionnellement au départ. Il parle des «quinze années de sa vie» qu'il a consacrées à un employeur de toute évidence ingrat, mais ce que Fred ne réalise pas, c'est que le constructeur qui l'employait n'était rien d'autre qu'une grosse machine semblable à celle qui emboutit les pavillons des voitures qu'il dessinait autrefois. Cette société le rémunérait en autant qu'il

lui rapportait de l'argent. Du moment où notre ingénieur n'a plus été rentable, celle-ci s'en est simplement débarrassé. La grosse machine ne savait rien — et ne voulait rien savoir — de ses ennuis personnels: hypothèque, enfants et traites à payer.

2. *Il a oublié l'entente tacite qu'il a conclue au départ.* En acceptant la présumée sécurité d'un salaire fixe, il s'est automatiquement exposé au risque de se faire licencier selon le bon vouloir de ses patrons. *Dès que vous acceptez un emploi, vous devez accepter le risque de vous le faire reprendre n'importe quand.* Vous n'êtes pas un cas unique d'ailleurs: le président comme le balayeur s'exposent quotidiennement à se faire remercier pour leurs bons et loyaux services.

3. *Il n'a jamais pensé à une solution de rechange* et n'a jamais pris conscience du fait que le marché du travail est une espèce de champ de bataille. Le conflit se déroule entre l'employé, qui désire vendre ses connaissances ou son talent au prix le plus élevé, et l'employeur qui tente de les acheter au tarif le plus bas et ce, pour une somme de travail aussi importante que possible. Fred travaillait dans un secteur hautement spécialité (les pavillons d'automobiles) et ne possédait aucune solution de rechange lorsque son employeur a décidé de se passer de ses services. En l'espace de quelques heures, notre ingénieur est passé d'un emploi bien rémunéré, complexe, sans concurrence, au niveau le plus bas que l'on puisse imaginer dans l'industrie: manœuvre-balai, car son expérience n'était pas *transférable.* En d'autres termes, il n'avait pas prévu l'éventualité d'un recyclage. Pire: il doit maintenant entrer en compétition avec des millions de pauvres diables sans spécialisation. Laver des vitres, servir de l'essence ou

tirer les cordons de sonnette pour vendre de l'assurance sont sans nul doute des emplois peu enthousiasmants et très encombrés.

4. *Il s'est contenté de réagir de façon émotive.* Gagner sa vie constitue une rude lutte pour la survie et convient plutôt mal aux timorés. Le monde de l'entreprise privée est une jungle où il n'y a guère de place pour l'émotion. Si vous vous perdez dans la jungle et qu'un tigre vous poursuit, allez-vous réagir en tentant de sermonner l'animal pour lui expliquer combien il est injuste de dévorer les pauvres petits êtres humains sans défense? Certainement pas. Je pense que vous prenez tous les moyens pour vous soustraire aux griffes et aux crocs de ce prédateur. L'entreprise privée n'a qu'un seul but, *faire de l'argent* et quiconque l'empêche d'atteindre ce but se fait écraser par un véritable rouleau compresseur. Fred n'avait rien fait de répréhensible. Il était simplement devenu un poids mort et, par conséquent, contrecarrait les projets de ses patrons. Il aurait fallu qu'il accepte cette dure réalité, tout comme ses supérieurs l'acceptaient d'ailleurs. Cela vous consolera peut-être d'apprendre que les grands capitaines du commerce et de l'industrie se licencient les uns les autres avec le même détachement et la même froideur. Lorsqu'une compagnie en absorbe une autre, on assiste souvent à des «nuits des longs couteaux» au niveau des vice-présidents et des directeurs généraux. D'ailleurs, le grand patron qui se trouve à la barre du navire peut, lui aussi, soudainement se retrouver... Mais laissons plutôt Roger nous l'expliquer.

— Ce fut toute une matinée, je vous l'assure...
— Que voulez-vous dire, Roger?
— C'est arrivé lorsque la compagnie pour laquelle je travaillais m'a donné un nouveau bureau, Docteur.

Lorsque j'y pense, c'était vraiment très drôle mais, sur le moment, j'avais l'impression de vivre une sorte de film au scénario plutôt malsain... C'est arrivé voilà environ six mois. Un beau matin, vers sept heures trente, j'étais en train de prendre mon petit déjeuner avec ma femme lorsque soudain j'entendis frapper à la porte. Trop absorbé dans mes pensées, je n'avais d'abord rien entendu. En effet, je réfléchissais aux termes d'un gros contrat que je devais négocier cette journée-là au bureau. J'étais alors premier vice-président d'une boîte spécialisée dans la micro-électronique. Mon rendez-vous était à onze heures et j'en profitais pour revoir les derniers détails de cette affaire qui promettait d'être l'une des plus fructueuses de ma carrière. À l'époque je faisais...

Il s'arrêta un instant pour réfléchir.

— Voyons... Quelque chose comme cent soixante mille dollars par année plus mon fonds de retraite, un intéressement aux bénéfices et la possibilité d'acheter des actions de la maison à des conditions avantageuses... En tout, cela faisait quelque chose comme deux cent mille dollars par an. Joyce, ma femme, était allée répondre à la porte. Lorsqu'elle revint, elle était plutôt blême... Elle me raconta que deux messieurs à l'air sinistre m'attendaient à la porte. Pour dire vrai, j'ai tout de suite pensé aux agents du fisc, bien qu'il n'est pas dans leurs habitudes de se présenter si tôt que cela chez les particuliers. J'avalai mon café d'un trait, me dirigeai vers le perron et ce que je vis me sembla plutôt bizarre.

Roger baissa la fermeture éclair de son blouson de nylon et s'installa confortablement sur sa chaise.

— Il y avait là deux hommes: un jeune, gras à
souhait, et un avorton à face de belette âgé d'environ
quarante-cinq ans. Ils avaient tous deux l'air de
membres de la petite pègre. Le paquet de graisse
tenait sous son bras une boîte en carton. Lorsque je
fus près d'eux, la Belette exhiba une plaque sur
laquelle on pouvait lire «détective privé». Il me
demanda de m'identifier et, lorsque ce fut fait,
Monsieur Gras double me poussa littéralement la
boîte de carton dans les bras. Lorsque je l'ouvris, je
vis qu'elle contenait tous les objets que je conservais
au bureau: stylos, calendriers, photos des enfants,
enfin des choses comme ça. Ensuite, ils me remirent
une lettre du Président du Conseil d'administration de
notre merveilleuse compagnie m'expliquant en deux
lignes que j'étais licencié sur réception de ce billet
doux. Un chèque représentant deux semaines de
salaire était épinglé à la lettre. Face de belette me
prévint alors de ne pas essayer de me représenter au
bureau.

Roger se mit à sourire.

— C'est alors que je lui ai demandé s'il ne voyait pas
d'inconvénient à ce que je m'arrête de temps à autre
dans le stationnement de la compagnie pour y faire la
quête. Il n'apprécia guère mon sens de l'humour et fis
deux pas dans ma direction.
— Et qu'avez-vous fait alors?

Roger eut l'air surpris.

Ce que j'ai fait? Je lui ai dit qu'il avait environ deux
secondes pour jouer les courants d'air et débarrasser
mon perron sous peine de recevoir mon poing sur la
figure.
— Et qu'a-t-il fait?

— Qu'auriez-vous fait à sa place? Il n'avait pas le choix: il est sorti de ma propriété.

Roger se remit à rire.

— Mais ne m'aviez-vous pas parlé d'un nouveau bureau?
— Ah! oui... Eh bien! Vous auriez dû voir mon bureau au siège social de la Corporation: quatre-vingts mètres carrés de privilèges; de la moquette où l'on s'enfonçait jusqu'aux genoux; deux fenêtres, un terminal d'ordinateur, un télex et deux peintures à l'huile signées mais... affreuses!... Ils m'ont dépossédé de tout cela, mais maintenant, j'ai un nouveau bureau que j'aime encore mieux. Il est ultra-moderne, avec du verre et du chrome partout, quatre fenêtres panoramiques. Il est tellement bourré d'équipement de télécommunication que j'ai peine à m'asseoir. Cela me permet toutefois de pouvoir me mettre en contact avec presque n'importe quelle partie du globe...
— Que me racontez-vous là, Roger?

Il me fit un clin d'œil.

— D'accord, Docteur... Je vous fais marcher, c'est tout. Oui, je travaille dans une cabine téléphonique! Pour la première fois depuis vingt ans, je suis mon propre patron. Le jour où j'ai été balancé, je me suis assis avec Joyce pour faire le bilan de la situation. N'étant pas précisément un jouvenceau — j'ai cinquante-six ans —, il me fallait bien faire face à la musique. Je savais que ces petits génies des multinationales ne ratissent pas systématiquement les rues pour rechercher des vice-présidents de cinquante-six ans en chômage... J'avais environ dix mille dollars en banque et une maison entièrement payée. Nous avons donc décidé de la louer neuf cents dollars par mois et de déménager dans un appartement qui nous en coûte deux cent soixante-quinze. Je sais, il n'est pas très grand... C'est d'ailleurs pourquoi j'ai décidé de faire mes appels téléphoniques dans une cabine. Au départ, je ne voulais pas que Joyce se fasse du mauvais sang lorsqu'on m'envoyait paître...

— J'en conclus donc que vous avez essuyé de nombreux refus...
— Environ quatre cent... Écoutez-moi: des vice-présidents, on en trouve treize à la douzaine. Ce n'est qu'un titre sur une porte — rien d'autre. J'aime encore mieux le titre qui se trouve sur la porte de mon nouveau bureau. C'est marqué «Téléphone» en grosses lettres bleues. Au moins c'est franc et ça dit bien ce que ça veut dire. C'est comme ça qu'après m'être fait rembarrer pendant trois semaines je me suis, une fois de plus, assis avec Joyce afin de décider ce que nous allions faire.

Roger soupira.

— Je vous le dis, Docteur... Sans cette fille, je ne sais vraiment pas ce que je serais devenu! Bref, nous avons commencé à discuter et, après deux heures, nous en sommes venus à la conclusion que je n'étais pas le seul à souffrir de la situation économique. Un grand nombre d'employés et de cadres travaillant pour de grosses boîtes souffraient de l'inflation et des coupures de budgets. C'est ainsi que l'idée nous est venue.
— Quelle idée?
— Mais «Park-a-Pizza», Docteur! N'y avez-vous jamais goûté? Mais soyons sérieux... Disons que nous avons décidé de confectionner des pizzas miniatures, suffisantes pour une personne, et d'en remplir ma familiale. À environ six pâtés de maisons de chez moi,

non loin de ma cabine téléphonique favorite, il y a un grand complexe à bureaux. Aux alentours de midi, je me suis rendu dans le stationnement de cet édifice et j'y ai vendu six petites pizzas. Ce succès restreint ne m'a toutefois pas occasionné d'ulcères. Elles étaient excellentes et ne coûtaient pas cher, car elles n'étaient garnies qu'avec du fromage et du piment. Les jours suivants, mes premiers clients m'avaient déjà fait de la publicité et je réussis à en écouler deux douzaines. Aujourd'hui, dans ce même stationnement, je vends régulièrement mes deux cents pizzas et commence à servir la clientèle de cinq autres complexes à bureaux du genre. Je fabrique également mes mini pizzas pour des réceptions et, la semaine prochaine, nous allons ouvrir un comptoir pour les gens qui désirent en emporter chez eux. Il ne faudra guère longtemps pour que nous puissions récupérer notre ancienne maison et, vous savez quoi?

Je vis comme une lueur espiègle dans les yeux de mon interlocuteur et je pouvais presque deviner ce qu'il allait me dire.

— D'accord. Racontez-moi ça, Roger...
— Le plus amusant, c'est que le dernier stationnement où j'arrête avant de revenir à la maison est précisément celui de la compagnie pour laquelle je travaillais! Oui, c'est vraiment drôle de vendre des pizzas à mes anciens collègues. Je m'assieds sur le hayon de ma familiale et... Passez la monnaie! Ces pauvres gars, avec leurs cravates de soie italiennes de la comtesse Mara et leurs mocassins de chez Gucci me regardent un peu médusés, moi qui ne porte que des pantalons de velours à 12,95 $ importés de Formose et des chaussures de tennis coréennes. Eh bien! Vous ne me croirez peut-être pas, mais je perçois une lueur

d'envie dans leurs yeux! Ils croquent leur pizza et réintègrent tristement leur bureau, tandis que moi, je remonte dans ma pizzeria mobile et m'en vais libre comme l'air.

Et qu'y a-t-il de si positif dans l'aventure de notre cadre supérieur devenu fabricant de pizzas? Je dirais presque tout. Dressons une autre liste.

1. *Il a réagi sans faire de crise émotionnelle.* À l'exception du choc qu'il a subi pour s'être fait licencier de manière aussi répugnante, il a gardé son sang-froid. Au terme de plusieurs années passées dans le désert des grandes corporations, il savait qu'il n'avait rien à espérer de plus de ses anciens patrons. Il a ensuite soigneusement dressé son bilan et entrepris de tirer le maximum d'une situation précaire.

2. *Il a immédiatement essayé de se recycler dans le domaine qu'il connaissait le mieux.* C'est ce qui l'a poussé à placer quatre cents appels téléphoniques. Il a fait le tour de tous les employeurs susceptibles de lui donner du travail et leur a offert ses services. Il a fait parvenir son curriculum vitae à un maximum de compagnies et pris le parti de faire ses appels téléphoniques à l'extérieur, afin de ne pas démoraliser sa famille (son histoire de cabine téléphonique est rigoureusement exacte).

3. *Il n'a pas eu peur d'abaisser son standard de vie.* Il est certain qu'il n'a pas dû trouver très amusant de quitter sa grande maison, sise dans un quartier résidentiel, pour aller se ramasser dans un petit appartement situé aux confins d'un quartier commercial. Ce qu'il n'a pas raconté tout de suite, c'est qu'il a vendu sa Volvo toute neuve et que sa femme a également bazardé sa voiture. Il a arrêté de

jouer au golf et Joyce a cessé de sortir dans les salons de thé avec ses amies. Tous deux ont d'ailleurs mis un terme à toutes leurs sorties. En outre, Joyce a commencé à faire ses propres robes. Ne sachant vraiment quand et comment il allait à nouveau pouvoir gagner sa vie, Roger a en somme décidé de pratiquer la plus stricte économie et de sabrer au maximum dans les dépenses.

4. *Il a conservé son sens de l'humour.* Perdre un emploi ne constitue pas la fin du monde, à moins que vous ne décidiez le contraire. Roger s'est contenté de plier comme le roseau dans la tempête. Dès qu'il a réalisé qu'il ne serait jamais capable de se remettre en selle à titre de cadre supérieur d'une grosse compagnie, il a trouvé une nouvelle idée, s'est retroussé les manches et s'est mis au travail sans tarder.

5. *Il n'a pas eu peur de travailler très dur.* Il lui a fallu se lever à trois heures du matin pour préparer sa pâte et cuire ses pizzas miniatures. À six heures, il était déjà chez les grossistes pour se procurer des matières premières. Il passait ensuite une partie de la matinée à mettre au point ses circuits de distribution et s'arranger avec les traiteurs pour prendre des commandes. Ensuite, il faisait le tour de ses revendeurs et se plongeait dans sa comptabilité jusqu'à 15 h 30. Il s'est mis à travailler avec plus d'acharnement qu'il n'avait jamais travaillé pour ses anciens patrons et était très fier de la nouvelle liberté qu'il avait acquise, même s'il gagnait moins d'argent qu'auparavant.

Tout le monde peut suivre l'exemple de Roger. Il est certain que tout le monde ne peut pas se mettre à vendre des pizzas dans les stationnements, mais *vous êtes certainement capable de faire quelque chose pour gagner votre vie,* peu importent les circonstances et peu importe où vous vous trouvez.

Je sais... Il est beaucoup plus facile de suivre l'exemple de Fred. Il existe des milliers de personnes effondrées devant leur écran de télévision, qui se contentent de pointer au chômage et de pleurer sur leur triste sort. La différence qui existe entre elles et quelqu'un de la trempe de Roger est qu'elles choisissent une solution de facilité à courte vue. C'est exactement ce que Fred faisait en demeurant passif et en s'apitoyant sur sa petite personne. Cette route est la plus facile à suivre dans l'immédiat, mais elle devient très cahoteuse par la suite. La route que Roger a choisie était ardue pour commencer, mais s'est considérablement aplanie depuis. Quelle route avez-vous l'intention de prendre? Comme d'habitude, c'est vous qui décidez...

28
Les histoires d'amour malheureuses

Tout le monde connaît le dicton populaire voulant que si l'on est heureux au jeu, on doit être, par contre, malheureux en amour. Eh bien! il doit y avoir des millions de personnes qui doivent être bougrement chanceuses au jeu, du moins si l'on en juge par toutes celles qui semblent être non seulement malheureuses en amour, mais carrément candidates au martyrologe des cœurs meurtris. Et si vous ne pouvez pas toutes les voir, vous pouvez au moins les entendre. Il suffit de regarder ces grands miroirs des sentiments de nos contemporains que sont la télévision, le cinéma et les chansons populaires pour réaliser que ces moyens d'expression ne semblent refléter qu'une seule sorte de sentiment: *les amours malheureux*. Chaque histoire d'amour semble débuter en trois dimensions, en «3-D» comme on dit en langage cinématographique: «Désappointement, Désillusion, Détresse». Même si les histoires d'amour se terminent «bien», c'est-à-dire par un mariage, on trouve toujours quelqu'un prêt à vous affirmer, comme le faisait Nietzsche, que «les amourettes sont de brèves folies auxquelles le mariage met fin par une longue sottise...»

Mais trêve de cynisme. J'ai dans mon bureau une cliente type qui semble vraiment souffrir de ces «brèves folies». Elle a vingt-cinq ans, est jolie et élancée, bien que ces attributs ne semblent guère apporter le bonheur auquel elle aspire.

— Docteur, je suis tombée amoureuse au moins trois fois cette année et nous ne sommes qu'au mois d'août! Cela ne veut pas dire que j'en sache beaucoup plus sur l'amour que j'en savais l'an dernier à la même époque...

Elle secoua sa blonde crinière.

— Docteur, au lieu de pouvoir vous fournir une réponse, je me retrouve une fois de plus avec une question: «Si l'amour est si bon qu'on le raconte, comment se fait-il qu'il me fasse tant souffrir?»
— Je crois être en mesure de vous répondre, Suzanne, mais permettez-moi d'abord de vous poser une ou deux questions. Comment vos histoires d'amour commencent-elles?

Elle me gratifia d'un sourire qui me permit d'admirer sa parfaite dentition.

— C'est très simple: je suis, une fois de plus, tombée amoureuse le mois dernier! Je ne sais trop comment vous expliquer. Je rencontre un homme et c'est le coup de foudre. Nous commençons à discuter et, de toute évidence, il semble apprécier ma compagnie autant que j'apprécie la sienne. C'est un garçon intéressant, plein de sex-appeal et il a le don de me rendre toute chose... Il m'emmène généralement dans un endroit original, vous savez, un petit restaurant intime et plein d'atmosphère, une boîte à la mode, et je marche littéralement sur les nuages. Nous parlons beaucoup. Je lui raconte ma vie; il me raconte la sienne et, bien sûr, tout ça finit au dodo...

— Et à ce chapitre... Comment ça marche?

— Comme tout le reste: merveilleusement!

Rectification: merveilleusement au début mais, comme le reste, ça ne tarde pas à tourner au vinaigre. Ce que je veux dire c'est qu'au début nous avons des conversations drôlement intéressantes, nous passons des week-ends idylliques, nous avons des orgasmes sensationnels mais, peu après nous retombons tous deux sur terre...

Suzanne se contenta de plisser son nez mutin.

— Eh bien! Vous savez, chacun de mes petits amis n'a qu'un certain nombre d'histoires à me raconter. Je pourrais presque en dresser la liste. Il y a d'abord les souvenirs de guerre ou de régiment, les histoires de beuveries avec les copains, les histoires à propos de ce qu'ils veulent vraiment faire dans la vie...

Suzanne frissonna.

— Ensuite il y a la rengaine où ils vous racontent qu'ils n'ont jamais rencontré une fille telle que moi. Parfois, j'ai l'impression d'avoir entendu ces histoires-là des dizaines de fois. Lorsqu'ils en arrivent à vous confier que «personne ne les comprend», moi j'ai envie de tout plaquer là. On dirait d'ailleurs que ça se termine toujours de la même façon! Au début, je ne peux me passer d'eux mais, à la fin, j'ai hâte d'en finir! Mais, au moins, je suis plus maligne que mes amies...

— Et pourquoi?

— Parce que moi, je n'épouse pas ces types. Je découvre très vite qu'ils ne sont pas faits pour moi avant de brûler mes ponts...

— Ne seriez-vous pas un peu trop cynique dans toute cette affaire, Suzanne? Je m'excuse de vous dire cela, mais on dirait que vous vous amusez à mépriser vos anciens amoureux. On dirait qu'ils s'ingéniaient tous à vous faire sciemment du mal...

Suzanne secoua vigoureusement la tête.

— Loin de moi cette idée, Docteur. Vous savez, je ne suis plus une petite fille. J'ai une maîtrise en sociologie et une spécialisation en Ressources humaines. N'ayez crainte: je suis très au courant des limitations de l'être humain... Malgré toutes mes belles connaissances théoriques, je n'arrive pas à trouver le bonheur. Je suis peut-être attirante, mais je ne suis pas bête pour autant...

— Vous avez parfaitement raison sur ces deux points-là! Pourquoi ne me raconteriez-vous pas ce qui n'a pas marché la dernière fois que vous êtes tombée amoureuse?

— Certainement. C'était avec Kim, un garçon que j'avais rencontré au cours d'un séminaire de sociologie. Il possède sa propre clinique, il a trente-quatre ans, il a déjà été marié, il est divorcé et conduit une Aston-Martin. Il ressemble au Clark Gable de la belle époque, fait du jogging, de la photo et suit un régime macrobiotique. Il vit dans l'un de ces appartements chic qui donnent directement sur la plage et possède son propre voilier.

— Que pouvez-vous me dire de plus sur lui, Suzanne?

— Qu'il s'habille chic, en suivant la mode sans excentricité, qu'il a une moto extra, une BMW R-65, si vous savez ce que c'est...

— Oui, j'en ai entendu parler... Mais dites-moi, comment donc est Kim? Je veux dire en tant que personne?

— Eh bien! il a de drôles d'idées quand il s'agit de sexe. C'est un amateur de nitrite d'amyle et autres «poppers» de ce genre-là. En ce qui me concerne, je n'aime pas beaucoup ça... Quand j'ai des relations sexuelles, je suis une fille plutôt «nature» si vous voyez ce que je veux dire...

— Je vois. Maintenant, êtes-vous prête à ce que je réponde à votre question?

Elle me fit impatiemment signe que oui.

— C'est pour cela que je suis ici, n'est-ce pas?
— D'accord. Je vous ai demandé de me décrire Kim, mais vous ne l'avez pas fait. Ce que vous m'avez décrit à la place ressemble à une série de pleines pages en quadrichromies extraites de quelque magazine pour «machos». Il est très amusant de savoir qu'il est propriétaire d'une BMW R-65, qu'il a un appartement chic donnant sur la plage, qu'il conduit une Aston-Martin, mange des trucs macrobiotiques, fait du jogging, de la photo et qu'il renifle du nitrite d'amyle, mais vous ne m'avez pas dit comment il était *en tant qu'être humain.*

Suzanne se garda de répondre pendant au moins trente secondes.

— Savez-vous, Docteur... Vous tenez peut-être un filon...
— Possible... Et de quoi discutez-vous avec lui?
— Vous voulez dire de quoi *je discutais,* car j'ai rompu la semaine dernière. En ce qui me concerne, je parlais principalement de moi et de ce que je voulais faire dans la vie. Quant à lui... Eh bien! Il parlait principalement de lui. Il me racontait comment personne ne le comprenait, comment ses clients n'appréciaient pas tout le mal qu'il se donnait pour

eux. Je pense qu'à la fin, nous nous tapions mutuellement sur les nerfs. C'est tout...

— Très bien, Suzanne. Revenons aux concepts de base. La raison pour laquelle deux personnes tombent amoureuses l'une de l'autre au départ a un rapport très étroit avec la charge émotive considérable qui fait partie de la personnalité de chacun. Toute cette énergie, qui se trouve emmagasinée dans votre corps et dans votre esprit peut en quelque sorte se trouver canalisée vers quelqu'un d'autre. C'est un peu comme si vous faisiez passer toute l'énergie de votre personnalité dans la personnalité de l'Autre. Votre énergie le submerge et la réciproque est vraie. Voilà pourquoi tout semble si bien fonctionner lorsque vous faites la connaissance d'un nouveau petit ami. Cette énergie débordante circule de l'un à l'autre avec une force irrésistible. Son énergie vous envahit et la vôtre l'envahit également, avec la puissance de la foudre. Les pulsions sexuelles sont loin d'être étrangères à ce phénomène et c'est pourquoi, sur ce plan, tout va pour le mieux dans le meilleur des mondes. Au début, bien sûr... Me suivez-vous jusque-là?

— Vous suivre? Je suis même légèrement en avance! C'est effectivement passionnant.

— Parfait. Patientez, car cela devient encore plus intéressant. De toute évidence, vous ne pouvez pas ainsi brancher votre énergie, votre personnalité sur le premier bonhomme qui passe près de chez vous. Il vous faut quelqu'un avec qui vous soyez en mesure *de vous identifier.* Cela signifie qu'il doit posséder certaines caractéristiques correspondant à votre personnalité. Par exemple, je doute que vous tombiez amoureuse d'un sexagénaire d'un mètre cinquante-deux ne parlant que le hongrois, propriétaire d'un magasin de bric-à-brac à Cleveland...

Suzanne se mit à rire nerveusement.

— Je suis d'accord avec vous... Cleveland... Surtout Cleveland...

— Voyez-vous, c'est justement là que réside le problème. Je n'ai pas choisi ces caractéristiques au hasard. De toutes les particularités de ce prétendant imaginaire, je dirais que celle qui joue encore *le moins* contre lui est encore la ville où il réside; c'est pourtant ce qui semble vous affecter le plus. En réalité, ce qui chiffonne réellement la jeune anglophone de vingt-cinq ans que vous êtes, c'est encore son âge — pensez donc, dans la soixantaine! — le fait qu'il soit unilingue (rares sont les gens qui parlent le hongrois) et peut-être aussi son métier — brocanteur. Le fait qu'il vive à Cleveland, n'a aucune importance.

Suzanne sembla avoir comme une révélation.

— Appliquons, si vous le voulez bien, tout cela à Kim. Vous vous êtes branchée sur lui en vous basant simplement sur ses *qualités superficielles,* des qualités que vous n'avez pas tardé a identifier dès le début.

Suzanne m'interrompit.

— Vous voulez dire l'Aston-Martin, son appartement sur la plage et son régime macrobiotique?

— Exactement. Son métier aussi: psychologue. Et sa manière de s'habiller «à la mode mais sans excentricité». Il ne pouvait, après tout, n'être qu'une sorte d'homme bionique, plastique, fabriqué selon vos spécifications. Vous voyez le genre: «Envoyez-moi donc un psychologue divorcé ressemblant à Clark Gable, jogger, tout équipé avec appartement sur plage, voilier et moto. Je me contenterai d'un modèle de construction légère. Après tout, il ne devrait guère durer plus d'un mois...»

— Mais comment aurais-je pu savoir toutes ces choses d'avance, Docteur?

— Écoutez-moi bien: il existe un phénomène psychologique intéressant que l'on appelle «l'impression». Vous devez le connaître, n'est-ce pas?

— Bien sûr, il s'agit de l'ensemble des états physiologiques engendrés par le monde extérieur, qui provoquent dans la conscience l'apparition des sensations, n'est-ce pas?

— Précisément. Que vous soyez ou non d'accord, Suzanne, vous avez été «impressionnée». Après avoir, pendant des années, regardé la télévision ou des films, après avoir feuilleté une foule de magazines et de journaux, une certaine image de «l'homme idéal» est restée gravée dans votre cerveau. Il y a beaucoup de réflexes inconscients dans ce processus, mais beaucoup de réflexes conscients aussi. Laissez-moi vous décrire cet oiseau rare et dites-moi si je me trompe. D'accord?

— Allez-y!

— Voici. Notre homme idéal doit être grand. Courts sur pattes s'abstenir! Il doit être mince. Les gros lards, au vestiaire! Son nez doit être petit, sa mâchoire énergique, ses yeux nettement séparés, ses épaules larges. Il ne doit pas porter de lunettes et être musclé. Ses habits seront ajustés mais pas trop; son teint bronzé mais non basané. Il ne doit pas appartenir à un groupe ethnique un peu trop spécifique; cela signifie automatiquement qu'il ne doit être ni Noir ni Asiatique. S'il est d'origine italienne ou mexicaine, il ne doit pas être trop typé. Suis-je sur la bonne voie?

— Un peu trop... Docteur.

— Poursuivons. Il est à l'aise sans être riche. Ce n'est pas un ouvrier. Idéalement, il exerce une profession

346

libérale: psychologue, médecin, architecte, etc. Il suit la mode. Si la mode est au jogging, il en fait; si la voile est «in», il possède un voilier. Il est intelligent mais pas trop intellectuel. Il s'achète tous les jouets que doivent avoir les jeunes garçons montés en graine: moto, voilier, voiture de sport, enregistreuse vidéo et le reste. Ce portrait de votre ami Kim est-il fidèle?

— De Kim? Mais c'est le portrait de tous les hommes avec lesquels je suis sortie! Mais qu'y a-t-il de si répréhensible à fréquenter des types comme ça?

— Il n'y a absolument rien de répréhensible si vous n'avez pas d'objection à changer de modèle tous les deux mois. Vous l'aurez peut-être remarqué, Suzanne: *aucune des «qualités» ou plus précisément des caractéristiques que je viens d'énumérer n'avait quoi que ce soit à voir avec le fait d'être un homme digne de recevoir quelque amour.* La mâchoire énergique? Le pli du pantalon? Le bronzage? Ce que vous recherchiez — et ce que vous avez trouvé — ce n'était pas une personne, mais *un écran.*

— Comment, un écran? coupa Suzanne en haussant le ton.

— C'est bien ce que j'ai dit: vous cherchiez un être bidimensionnel, une surface en somme, comme un écran de cinéma, afin de pouvoir y projeter votre propre personnalité. Et vous ne teniez pas spécialement à ce que de véritables qualités humaines viennent rompre le charme. Par exemple, la partie de votre personnalité que vous tentiez de projeter consiste en un certain retrait de soi, une sorte de détachement dénué d'émotion.

— Une absence d'émotion? Là je ne suis plus d'accord...

— Je savais que vous réagiriez ainsi, mais contentez-vous d'analyser la manière glaciale, pleine d'acrimonie, avec laquelle vous m'avez décrit vos anciens soupirants. Ces histoires, «toujours les mêmes», qu'ils vous racontaient; cette liste «que vous seriez capable de dresser»... Le vrai problème se trouve là, bien sûr. Toute cette énergie émotionnelle que vous devriez en quelque sorte faire passer dans votre ami glisse sur lui comme l'eau sur un canard. Elle ne pénètre jamais la surface et vous savez pourquoi? Parce qu'il n'y a rien à pénétrer! Cela fonctionne de manière réciproque, d'ailleurs. Advenant qu'il veuille faire passer son énergie en vous, il ne pourra qu'essuyer un échec, car vous vous arrangez pour être aussi superficielle dans vos relations qu'il peut l'être avec vous. Tous deux, vous passez votre temps à jouer un rôle que vous avez appris en regardant des films ou la télévision. Seulement voilà, ces histoires d'amour électroniques ne font qu'effleurer la surface et vous n'avez jamais appris à faire ce qui venait ensuite, dès que l'on a cessé de projeter le film...

Son joli front se plissa.

— Pouvez-vous être un peu plus explicite, Docteur?
— Certainement. Ces centaines de films que vous avez vus vous ont montré tous les préliminaires: le garçon rencontre la fille, ils se parlent, ils couchent ensemble, ils sortent du lit. *Fin*! La lumière se rallume dans la salle de cinéma et la réclame pour le désodorisant apparaît sur l'écran de télé. Vous ne savez pas ce qui arrive après et, peut-être, ne tenez-vous pas du tout à le savoir...
— Et pourquoi devrais-je tant tenir à le savoir?
— Parce que vous avez probablement peur de le découvrir...
— Mettons. Poursuivez...

— On pourrait dire que vous êtes comme une sorte d'écran plat, tout comme votre petit ami d'ailleurs. Vous projetez votre gentil petit film sur lui et il projette son gentil petit film sur vous, mais rien ne pénètre. Vous *n'absorbez rien* de lui et il *n'absorbe rien* de vous. Voilà pourquoi il a besoin de drogues quand vous faites ce qu'il est convenu d'appeler l'amour. C'est pourquoi vous aussi en avez besoin — du moins quelquefois... Non?

— Je n'admets rien du tout...

— Vous n'avez rien à admettre, mais vous ne le niez pas non plus, n'est-ce pas?

Elle se mit à rosir.

— Non, je n'infirme rien non plus mais, que voulez-vous... Moi aussi je veux ressentir quelque chose! Alors...

— C'est exactement ce que je vous disais. En passant, c'est la raison pour laquelle la plupart des gens prennent des drogues. Ils sont si désespérés qu'ils feraient n'importe quoi pour «ressentir» quelque chose. Je suis certain que vous commencez à comprendre pourquoi vous tombez si souvent amoureuse et pourquoi vos aventures sont si brèves. Les hommes qui traversent votre vie sont si dénués de profondeur que vous ne risquez pas de tomber de très haut. Après tout, un film ne dure jamais que quatre-vingt-dix minutes en moyenne...

— Oui, mais toutes ces scènes lamentables...

— Des scènes? Que voulez-vous dire?

— Vous savez, avant de rompre, comme avec Kim, la semaine dernière... Il m'a dit que je n'étais qu'une fillette superficielle, m'a accusée d'être immature, matérialiste et égoïste. Il a ajouté que tout ce qui m'intéressait c'était la dernière coiffure à la mode et rien d'autre...

— Et que lui avez-vous répondu?

— J'avais peur que vous me posiez cette question, Docteur. Je lui ai dit qu'il était avant tout amoureux de sa petite personne et qu'il utilisait des gens comme des serviettes en papier: que dès qu'il les avait utilisés, il les jetait. Je lui ai fait également remarquer que même s'il possédait un cerveau, il ferait mieux de le vendre à une banque d'organes. J'ai ajouté qu'il pourrait en demander un bon prix vu qu'il était neuf, puisqu'il n'avait jamais servi... Ce fut une scène lamentable... Mais pourquoi?

— C'est très simple. Cette scène fut pitoyable parce que vous disiez tous deux la stricte vérité, mais pas de la façon dont vous espériez la dire. En pensant étaler *vos* défauts, Kim ne faisait en réalité qu'étaler *les siens*. Jugez-en plutôt: Ne vous a-t-il pas dit que vous étiez «immature, matérialiste et égoïste»? N'est-ce pas Kim tout craché?

— Effrayant, en effet... Mais oui, ça le décrit bien... Et on peut même dire qu'il ne s'intéresse qu'à la dernière coiffure à la mode. Vous devriez le voir dépenser une trentaine de dollars toutes les deux semaines chez son coiffeur qu'il appelle son «capilliculteur styliste»! Et que pensez-vous de ce que j'ai dit à Kim?

— Là encore, vous êtes seule juge. Rappelez-vous vos paroles: «Avant tout, amoureux de sa petite personne... Un garçon qui utilisait les gens comme des serviettes en papier... Un cerveau qui n'avait jamais servi...» Ces critiques vous disent-elles quelque chose, Suzanne?

Elle se mit à soupirer profondément.

— Des mots un peu trop familiers peut-être... Vraiment trop familiers. Cela m'écorche littéralement que de l'admettre, mais c'est bien moi. D'accord, tout ce que vous m'avez dit jusqu'à maintenant était exact, mais que faire pour corriger une telle situation?

— C'est simple. À partir de maintenant, il suffit de vivre comme un être humain...

Voici quelques grands principes de base.

1. *Pour découvrir de l'or, il faut se donner la peine de creuser.* Quelquefois, les gens les plus intéressants ne fréquentent pas les discothèques. Il existe une foule de gens valables et attentionnés dans notre entourage. Ils ne portent pas de vêtements dernier cri, ne sont ni des publicitaires pleins de bagout ni de hardis astronautes. Il peut s'agir de gens aussi prosaïques que des bibliothécaires, des employé(e)s de compagnies d'assurance et de banques, etc. On ne peut malheureusement pas mesurer la valeur de ces personnes d'après leur métier, la lotion qu'elles utilisent ou le genre de montre qu'elles portent au poignet.

2. *Recherchez les qualités véritables.* Les belles paroles, les talents de société et les bonnes blagues faites aux dépens des autres ne peuvent remplacer la véritable chaleur humaine. Recherchez plutôt la compagnie de gens qui affichent de véritables sentiments. L'amie qui vous aide à faire votre ménage lorsque vous êtes malade ou le copain qui vous donne un coup de main pour déménager valent cent fois mieux que les garçons et que les filles plastiques qui se disent «sophistiqués» mais ne sont qu'amoureux d'eux-mêmes. Souvenez-vous du vieux dicton voulant que ce sont les actes qui comptent et non les paroles. Kim était sans nul doute le type même du beau parleur mais du petit faiseur. Au lieu de se préoccuper des besoins sexuels de Suzanne, il prenait des «poppers» pour intensifier son propre plaisir. Ne

prêtez pas tant attention à ce que les gens *disent* qu'à ce qu'ils *font* — ou *ne font pas.*

3. *Soyez le premier ou la première à donner l'exemple.* Vous trouverez souvent que les gens sont non seulement aussi bons mais aussi mauvais que vous l'êtes. Transformez-vous en une personne attentionnée et humaine et, soudainement, vous découvrirez une foule de vos semblables autour de vous. Purgez-vous l'esprit de tous ces clichés de feuilletons télévisés vous montrant des personnages censés représenter votre compagne ou votre compagnon idéal. Ces poupées de cire électroniques n'ont jamais existé et n'existeront jamais. Ce ne sont que des comédiens et des comédiennes faisant leur métier. Rien de plus et rien de moins.

4. *N'ayez pas peur d'extérioriser vos sentiments.* L'un des aspects les plus préoccupants du problème de Suzanne résidait dans son hésitation à exposer ses sentiments à des hommes qui en étaient totalement dénués. Elle ne s'en formalisait pas pour autant, étant donné qu'elle n'avait rien à perdre. Si elle avait vraiment essayé de canaliser son énergie émotionnelle vers une autre personne et supposant que cette dernière l'aurait rejetée, ce n'est pas Suzanne qui aurait perdu au change car, tôt ou tard, elle aurait bien fini par découvrir quelqu'un prêt à lui rendre la pareille, prêt à canaliser son énergie vers elle comme elle la canalisait vers lui. Au fond, c'est ce qu'il faut réussir à faire. Pas vrai?

29
Au-delà du secourisme psychologique

Le meilleur moyen de ne pas avoir à subir les souffrances et les malheurs occasionnés par les problèmes les plus lancinants de l'existence est très simple: il suffit simplement d'*éviter* ces problèmes. «Simpliste!» direz-vous. Envisageons froidement la question. Lorsque vous marchez dans la rue un jour de pluie, il se trouve des dizaines de flaques d'eau sur votre chemin. Deux choix s'offrent à vous: ou bien vous les contournez; ou bien vous marchez dedans. On serait porté à croire que tout le monde choisit automatiquement de contourner ces flaques. Après tout, qui pourrait bien avoir l'idée saugrenue de se mouiller les pieds, d'abîmer ses chaussures ou d'attraper une pneumonie? Et pourtant, beaucoup de gens choisissent de barboter dans les flaques, avec de l'eau jusqu'aux chevilles.

En parcourant le chemin de la vie, les flaques *émotionnelles* ne manquent pas. Il n'en tient qu'à vous de les contourner ou de marcher dedans. Ces flaques émotionnelles peuvent porter plusieurs noms: alcoolisme, tabagisme, stupéfiants, dépenses au-dessus de nos moyens, jeu, tricherie, etc. Posez le pied dans une de ces flaques et vous obtenez non point une solution instantanée mais un problème exprès. De plus, il existe une autre complication: lorsque vous posez le pied dans une de ces flaques, vous n'avez aucune idée de sa profondeur. Vous pouvez vous enfoncer jusqu'aux chevilles comme jusqu'au cou et même davantage. Mais laissons Bill nous raconter son histoire.

Il s'agit d'un homme d'un mètre quatre-vingt-deux, mince, brun, frisé, le visage orné d'un sourire un peu forcé mais néanmoins communicatif. Lorsque je le vis pour la première fois, je lui donnais quarante ans, peut-être un peu plus. Il portait une chemise de toile écrue façon western à boutons de nacre et des pantalons brun foncé de même style. Son col ouvert me permettait de voir qu'il portait au cou un étrange bijou. Il s'agissait d'une chaînette d'or au bout de laquelle pendait une sorte de breloque faite de lettres dorées formant ces mots: «Un coup de chance».

— En ce qui vous concerne, diriez-vous que cette phrase s'applique à votre vie? lui demandai-je en montrant le bijou du doigt.
— Rien de plus exact, Docteur, répondit-il en grimaçant, mais certainement pas dans le sens que vous croyez...
— Voulez-vous me raconter ça?
— D'accord. C'est d'ailleurs pour ça que je suis venu vous voir. Commençons par le commencement. J'ai actuellement vingt-neuf ans et cela fait déjà plus d'un an que j'ai acheté cette babiole.

Il fit une pause et me regarda

— Ça vous surprend?
— Hum... Disons doublement, parce que je prenais pour acquis que quelqu'un vous en avait fait cadeau...

Bill fit une autre pause.

— Vous avez dit «doublement». Pourquoi?
— J'espère que vous ne vous en formaliserez pas
mais...
— C'est parce que je parais avoir entre cinq et dix
années de plus que mon âge réel, n'est-ce pas?
— Enfin, c'est vous qui le dites... Est-ce que ces deux
«surprises» ont quelque rapport entre elles?

Bill étouffa un rire.

— Il n'y a pas moyen de vous cacher grand-chose à
vous, les psychiatres. Voici... Il y a deux ans, j'étais
réellement au sommet de la pyramide. Je faisais
fonctionner une maison de courtage à Los Angeles,
une petite boîte avec sept vendeurs qui poussaient
vraiment à la consommation. Oui, ça pétait le feu!
Nous avions dans notre clientèle une foule d'artistes
de groupes rock: des musiciens, des chanteurs, des
compositeurs qui faisaient de l'argent à la pelle et
voulaient le placer de la manière la plus profitable
possible. Avec mes associés, on se débrouillait bien et
les affaires allèrent très fort pendant un certain temps.
— Et qu'appelez-vous «très fort»?
— Oh! Je faisais quelque chose comme trois cent
cinquante mille dollars par an en commissions. J'avais
une Lotus pour les jours de semaine et une
Lamborghini pour les dimanches et jours de fête. La
Lotus était noire avec une sellerie de cuir blanc et un
tableau de bord incrusté de nacre — rien de voyant
toutefois! La Lamborghini était blanche, moins
officielle, avec une sellerie de cuir noir et un tableau
de bord en ébène et autre bois précieux. J'avais une
petite garçonnière au-dessus de Franklin Canyon, en
banlieue de Los Angeles. Onze chambres, dix salles de
bain et une salle à orgies — c'est du moins ainsi que

nous la surnommions. Il s'agissait d'une grande pièce avec une super baignoire, un bain tourbillon et quelque chose comme dix mille dollars de fougères et de plantes tropicales. Quelques orchidées aussi, mais pas trop. Il y avait également une petite chute d'eau de trois mètres cinquante de haut pour humidifier les fougères...

Bill secouait la tête en arborant son éternel sourire de commande.

— Ça a l'air si dingue, maintenant que tout ça appartient au passé...
— Que voulez-vous dire par «passé»?
— Je pensais que vous auriez tout deviné, Docteur...
— J'aime mieux que vous me racontiez cela dans vos propres termes...
— Bon, alors ce que je viens de vous raconter, c'est pour le folklore, la couleur locale. Le moins drôle, c'était le reste: la cocaïne, l'héroïne, l'alcool, la mari, le hash et deux ou trois autres trucs que nous avions l'habitude de fumer ou de «sniffer» et dont, à ce jour, je ne connais pas encore la composition ou la provenance. Et puis il y avait les poulettes. Nous avions la plus belle collection de filles complètement siphonnées du cerveau que l'on puisse trouver. Nous en avions deux dont le plaisir consistait à se mettre entièrement à poil pour aller répondre à la porte. Lorsque, par exemple, le facteur sonnait, elles se précipitaient à sa rencontre en tenue d'Ève, juste pour voir la tête que le pauvre gars ferait. Complètement givrées, je vous dis...

Bill fit une pause, comme pour tenter de se souvenir de quelque chose, puis poursuivit.

— Oui, j'avais vingt-sept ans. J'étais riche, je vivais à Los Angeles, plongé jusqu'au cou dans les bagnoles, la drogue, les championnes du matelas à ressorts. Je travaillais quatorze heures par jour, faisais la bringue toutes les nuits et, le lendemain matin, je tâchais de me retrouver frais et dispos pour affronter la Bourse. Puis les cours se sont mis à fléchir sérieusement. J'étais déjà à moitié défoncé par l'alcool et les stupéfiants; alors j'ai commencé à prendre des tranquillisants pour tenir le coup jusqu'à ce que je puisse rentrer à la maison. Je commençais le matin avec des Valium, puis je passais aux amphétamines. Au déjeuner, je descendais trois martinis avec un peu d'Acapulco Gold, puis, l'après-midi, je reniflais un peu de coco. De retour chez moi, je carburais au cognac trois étoiles avec des Valium et, quelquefois un peu de hash...

Bill secoua vigoureusement la tête.

— Je ne sais pas... J'étais de plus en plus fou. J'ai perdu les pédales une ou deux fois et il a fallu que je suive des séances de désintoxication, qui n'ont d'ailleurs donné aucun résultat. Vous voyez ce que cette vie de barreau de chaise a pu m'apporter... Cinq — pardon dix années d'usure supplémentaire pour mon organisme. Imaginez-vous: un jeune homme de vingt-neuf ans dans le corps d'un homme de trente-neuf ans... Ça aussi c'est dingue...

Il se mit à rire.

— Je savais bien qu'un jour je finirais par vendre mon affaire. La seule chose qui me faisait continuer c'était encore Joni, une hôtesse de l'air qui avait quitté son emploi pour devenir ma secrétaire... Enfin, pas véritablement, même si je la payais cinq mille dollars par mois. Nous vivions ensemble. C'était la plus belle fille qu'il m'ait été donné de rencontrer.

Elle était faite au tour, infatigable au lit et... Mais ce qui comptait vraiment, c'est qu'elle s'occupait de moi avec grande gentillesse. J'étais un pauvre écervelé en train de lâcher lentement prise et la seule personne au monde qui me donnait encore le courage de vivre était cette petite sainte blonde. Oh! elle prenait bien un peu de drogue, mais c'était seulement pour m'accompagner.

Bill devint pensif.

— Peut-être aussi que ce n'était pas seulement pour moi... Peu importe. Nous étions un 23 décembre. Je n'oublierai jamais cette date. J'avais assisté à une surprise-party de bureau, j'étais pas mal défoncé et je prenais un bain chaud afin de récupérer mes esprits, car j'avais vraiment trop fumé de hash. Il devait être deux heures du matin. Joni se trouvait dans la cuisine en train de mijoter quelque chose. Non, elle ne faisait pas véritablement la cuisine, mais les maniaques de la drogue ont de bien curieuses recettes. Elle faisait dissoudre de la blanche — de la cocaïne quoi — dans de l'éther. Nous devions recevoir le lendemain et elle préparait environ un gallon de ce petit mélange. Je sais que ça a l'air idiot, mais c'est ce que nous faisions. Lorsque la cocaïne est bien dissoute, vous faites macérer des feuilles de mari là-dedans et vous les laissez sécher. Ça vous donne un sacré coup de pied au derrière, je vous le dis! C'est inimaginable. Je ne sais pas au juste les dommages que ça occasionne, mais les drogués ne s'en aperçoivent que lorsqu'il est trop tard...

Bill fit une pause et son regard sembla se vider.

— Mais où donc en étais-je?
— À la cocaïne dans l'éther?

— Ah! oui... Ainsi, j'étais donc écroulé dans mon bain lorsque j'entendis comme une sorte de puissant sifflement, un sssshhhhhhh! monumental, accompagné d'un atroce hurlement qui me hante encore toutes les nuits, à m'en donner des cauchemars. Je suis sorti de mon bain pour me précipiter vers la cuisine où je vis Joni. Le gallon d'éther avait explosé et cela l'avait placée au milieu d'un véritable brasier. Elle était horriblement brûlée. Je ne tardai pas à me dégriser, puis j'appelai l'ambulance et tout ça...

Bill porta sa main à sa bouche.

— Pouvez-vous m'accorder une minute? D'accord?
— Mais certainement, Bill.

Après quelques instants il reprit son récit.

— Peu importe. La dernière fois que je la vis, ce fut trois heures plus tard, à l'unité de soins intensifs de l'hôpital. Elle était entourée de bandelettes, comme une momie, y compris sa tête, où l'on n'apercevait que deux splendides yeux pervenche brillant au fond de deux trous sinistres, comme pratiqués dans un masque. Je ne savais pas trop quoi lui dire et je me sentais idiot. Alors, j'ai balbutié: «Dis-moi, Joni? Comment as tu fait ton compte?»

De toute évidence, Bill avait de la peine à poursuivre, mais fit un réel effort.

— Et savez-vous ce qu'elle m'a répondu, Docteur? Elle m'a fixé de ses yeux superbes et s'est mise à chuchoter: «Un coup de chance, je suppose... Un coup de chance...» Ce furent ses derniers mots. Une heure plus tard, elle était morte.

Bill se mit à tripoter sa breloque.

— Quand je suis sorti de l'hôpital, je me suis empressé d'arrêter chez un joaillier pour lui faire faire ce bijou afin qu'il me rappelle jusqu'à la fin de mes jours ce que j'ai perdu et *pourquoi*. Ensuite, je suis rentré à la maison et j'ai jeté pour au moins cent mille dollars de drogue de première qualité dans les cabinets: de l'opium, de la cocaïne, de l'héroïne, de la mari jamaïcaine. Puis j'ai cassé toutes les bouteilles d'alcool, j'ai pris les pilules et je les ai mises dans le broyeur à déchets. Cette semaine-là j'ai vendu la maison et les voitures, payé mes dettes, liquidé mon affaire puis pris un congé sabbatique de deux mois, afin de mettre de l'ordre dans mes idées, de penser un peu...

— Et justement... À quoi avez-vous donc pensé?

— J'ai pensé combien j'avais failli avoir un «coup de chance» à la manière de mon amie Joni. Je m'étais réellement fourré dans une foule de pétrins. Théoriquement, j'aurais dû être heureux, car j'avais tout ce que je pouvais désirer mais, en réalité, je n'avais *rien du tout*. La suite devait quand même prouver que je n'étais pas entièrement dépourvu de veine. Quelques mois plus tard, il y eut une enquête sur les agissements de mon ancienne compagnie et deux de mes associés se retrouvèrent pour dix ans chacun dans un pénitencier fédéral. J'étais vraiment un expert pour bousiller ma vie. Alors j'ai décidé de filer droit, droit comme un i. Je ne bois pas, je ne fume pas, je ne prends même pas d'aspirine! Je me suis arrêté de fréquenter les tordus et les malsains. Maintenant, je travaille pour une grosse boîte de courtage et je gagne honorablement ma vie. Ça me suffit. Je fais mes huit heures et le reste du temps m'appartient. Je fais beaucoup de vélo et, l'automne dernier, ma fiancée et moi avons construit un petit voilier. Elle est encore plus conventionnelle que je ne le suis actuellement et, au moins, je ne risque pas de la voir périr dans le même genre d'accident que... Enfin, ce n'est pas la peine de revenir là-dessus... Je ne sais vraiment... Mais je pense que j'ai découvert le secret du bonheur, Docteur. Du moins, moi ça me convient. Si vous voulez vous sentir *bien* dans votre peau, il faut que vous soyez un type *bien*. On ne rase gratis et on ne boit véritablement à l'œil que dans les contes de fées modernes...

Bill a raison. Le meilleur moyen d'éviter les problèmes les plus lancinants de l'existence est encore de *les éviter*. Je sais que cela va à l'encontre de ce qu'il est convenu d'appeler les croyances populaires, mais c'est le seul moyen d'en sortir. Si vous ne voulez pas risquer de devenir alcoolique, ne buvez pas. C'est aussi bête que cela! Et puis c'est une technique qui vous évite de vous empêtrer dans des explications boiteuses du genre: «Il faut apprendre à boire» et «L'alcool permet de me relaxer» et qui vous permet d'éviter l'une des grosses flaques d'eau sur votre chemin. Ce même principe s'applique au tabagisme. La cigarette cause le cancer du poumon. C'est prouvé. Point final. Si vous ne fumez pas, vous ne risquez pas d'attraper un tel cancer, sauf dans des cas très rares. À ce jour, aux États-Unis, plus de vingt pour cent des décès attribuables au cancer sont occasionnés par la cigarette et ce pourcentage augmente chaque année. Si vous ne voulez pas avoir un jour à faire face à ce monstre qu'est le cancer du poumon, ne fumez pas. C'est simple. Non? Peut-être un peu trop d'ailleurs et c'est pourquoi si peu de gens s'abstiennent d'inhaler leur chère herbe à Nicot.

Vous ne pouvez pas vous payer le luxe de jeter l'argent par les fenêtres (et qui peut donc se le permettre?). Là aussi c'est simple: ne pariez pas. Les pertes financières, les souffrances et les tragédies occasionnées par le jeu peuvent être évitées en s'abstenant de jouer. Est-ce un peu trop simplifier la question? Alors simplifions-la davantage: si vous ne voulez pas perdre d'argent, ne jouez pas! À la campagne, lorsque vous allez, par exemple, faire un pique-nique, comme vous ne voulez pas attraper d'irritation de la peau, vous n'allez pas vous rouler dans les orties ou le sumac vénéneux, n'est-ce pas, même si leurs fleurs sont belles? Mais vous connaissiez certainement cela...

Vers 1880, un certain Joel Chandler Harris publiait un livre d'histoires enfantines célèbres intitulé *Chansons et Proverbes de l'Oncle Remus*. L'histoire la plus intéressante est, à mon avis, celle d'un petit lapin nommé Brer et d'un curieux personnage nommé Bébé Goudron. Ce dernier est une espèce de statue faite de bitume, que quelqu'un dépose au bord de la route une chaude journée d'été. Brer, le lapin, se promenait lorsqu'il vit Bébé Goudron. Sachant très bien ce qu'il risquait, mais ne pouvant résister à la tentation, il posa une de ses pattes sur la statue où elle resta collée. Voulant se libérer le lapin poussa avec son autre patte sur Bébé Goudron et se trouva irrémédiablement pris au piège. La suite se devine facilement.

Le monde où nous vivons fourmille de Bébés Goudron! Boire, fumer, prendre des drogues, parier, vivre au-dessus de ses moyens, avoir des relations sexuelles pouvant nous attirer des ennuis, manger de façon inconsidérée sont autant de Bébés Goudron sur notre route. Chaque fois que nous tentons de nous libérer, nous risquons de nous faire piéger encore davantage. La prochaine fois que vous verrez l'un de

362

ces Bébés Goudron, ne vous contentez pas de faire un détour: courez dans la direction opposée! Ginnie sait très bien ce que tout cela signifie.

Grande, le teint olivâtre, Ginnie semble sortie tout droit d'une affiche de l'Office italien de tourisme. Ses yeux noirs et expressifs pétillent d'intelligence.

— Docteur, vous ne me croirez peut-être pas, mais j'ai déjà été Miss Rome...
— Viviez-vous en Italie?
— En Italie? Pas du tout! Je parlais de Rome, dans l'État de New York. Mais soyons sérieux... C'est ainsi que tout a commencé. Je viens d'une excellente famille d'origine italienne, c'est vrai. Mon père est médecin, professeur de chirurgie, s'il vous plaît. Avant de se marier, ma mère enseignait l'histoire. Je ne sais trop comment je me suis retrouvée emberlificotée dans ces concours de beauté, mais je pense que j'ai contracté le virus alors que je me trouvais encore au cours secondaire. En terminale, je m'étais débrouillée pour être élue «Miss Pommiers en fleur»! Du vrai Marcel Proust...

Elle se mit à rire.

— Tout ça avait l'air très drôle à l'époque... mais quelle était encore cette histoire que vous m'avez racontée la dernière fois? Vous savez, ce petit lapin qui restait collé sur une statue?
— Bébé Goudron?
— C'est ça. Vous voyez, je suis un vrai Bébé Goudron à l'italienne... Je veux plutôt dire que mon histoire est semblable à celle du petit lapin. Dès que j'eus terminé mes études secondaires, j'ai commencé par travailler dans une agence de publicité en tant que de réceptionniste. En même temps, je suivais des

cours de théâtre. J'avais d'ambitieux projets à cette époque. Je pensais que j'allais devenir star de cinéma ou quelque chose d'analogue. Dans le fond, je ne savais trop quoi penser. Ensuite, j'ai eu la chance de faire des annonces de cigarettes — des annonces locales, rien de plus. Ce que je pouvais être bête! Et puis, je me suis imaginé que fumer avait quelque chose de «sophistiqué»; alors je suis devenue fumeuse. Ensuite, lorsque mon patron emmenait ses clients dans les grands restaurants et les boîtes de nuits, je l'accompagnais. Je rehaussais en somme l'image de la maison. Vous devinez la suite, n'est-ce pas?

Sans attendre ma réaction, elle poursuivit.

— Alors j'ai commencé à boire. Rien de bien sérieux. Un martini par ci, par là, puis un autre. Cela ne signifie peut-être pas grand-chose pour des non-Latins, mais une jeune femme issue d'une bonne famille italienne ne doit pas traîner, boire ou fumer dans les bars. Total: je me suis brouillée avec ma famille et, finalement, j'ai décidé d'être indépendante et de prendre un appartement. C'est là que Bébé Goudron a commencé à faire des siennes. Voyez-vous, moi qui avais l'habitude de vivre dans une grande maison avec quatre frères et sœurs, mes parents et deux vieilles tantes, je n'ai pas tardé à me sentir seule dans ce petit appartement et j'ai recherché de la compagnie. Ça n'a pas tardé...
— Que voulez-vous dire par «Ça n'a pas tardé»?

Ginnie commença à fouiller dans son sac mais changea brusquement d'idée.

— Voyez-vous... Je cherchais une cigarette, même si je ne fume plus! En tout cas... Après quelque temps, je devins si avide de compagnie que je me mis à sortir tous les soirs, histoire de ne pas rester seule. J'ai commencé à sortir avec une foule de gens plutôt louches, vous savez, des personnages aux activités indéterminées... D'ailleurs, mieux valait probablement ne pas savoir ce qu'ils faisaient. Je me mis à faire le mannequin et tout s'enchaîna. Je rencontrai finalement cet agent que je ne tardai pas à épouser.

— Et combien de temps avez-vous été mariée?

Ginnie fit la moue.

— Quatre mois. Assez longtemps pour tomber enceinte, mais pas suffisamment pour avoir un enfant...

— Que voulez-vous dire par là?

Ses yeux s'emplirent soudainement de larmes.

— Écoutez: j'avais vingt-deux ans, je me trouvais en mauvais termes avec ma famille. Je buvais, je sortais avec une bande de drôles de citoyens, j'avais été mariée à un Suédois pendant quatre mois, j'étais divorcée et enceinte pour la bonne mesure... Que pouvais-je faire d'autre?

— Étiez-vous vraiment obligée de vous faire avorter?

Ginnie se mit à pâlir.

— Non, avec le recul, je ne pense pas, mais il faut se souvenir de tout ce qui me tombait dessus en même temps. Chaque fois que j'essayais de m'en sortir, je m'enfonçais un peu plus. S'il n'y avait pas eu ce que j'appelle «le Malentendu», je ne sais vraiment pas où j'aurais fini. Non, ce n'est pas vrai. Je sais comment j'aurais probablement fini: je serais en train de porter une robe de toile grossière avec un beau numéro au pochoir sur le sein gauche. En d'autres termes, je serais en taule!

Elle frissonna.

— Quand j'y pense...

— Et qu'est-il arrivé ensuite?

— Un soir où je me sentais vraiment déprimée (c'était environ trois semaines après mon avortement), je me trouvais seule dans mon petit appartement lorsqu'un de mes copains m'appela et me demanda si je voulais bien faire un tour de voiture. Dans l'état d'esprit où je me trouvais alors, j'aurais été me promener avec Quasimodo, le Bossu de Notre-Dame en personne! C'est comme ça qu'il est venu me prendre avec sa nouvelle Mercedes 450. Nous nous sommes baladés pendant environ deux heures quand il décida de s'arrêter dans un magasin dépanneur encore ouvert afin d'acheter des aliments pour chien. Il possédait, en effet, un doberman atteint de boulimie. Il posa les sacs dans le coffre et c'est ce que j'appelle «le Malentendu». Mon copain était en train de me ramener chez moi lorsqu'il est passé sur un feu à peine ambré. Nous avons entendu une sirène et une voiture de police nous a barré la route. Soudain, deux autres voitures banalisées sont sorties de je ne sais où... Je n'aimais guère la tournure que prenaient les événements et me suis dit: «Ginnie, tu t'enfonces de plus en plus... Que va-t-il t'arriver maintenant?» Si cela survenait à l'heure actuelle, je dirais les choses autrement.

— Et comment les diriez-vous?

— Je dirais: «Bébé Goudron, me voici!» Vous comprenez, Frank avait passé au feu ambré et, techniquement, cela leur donnait le droit de fouiller la voiture. C'est tout ce que les policiers attendaient. Quand j'y pense, je suis persuadée qu'ils nous suivaient depuis notre départ, n'attendant que l'occasion de nous mettre la main au collet. Savez-vous ce qu'ils ont trouvé dans le coffre?

— Je ne le sais pas, mais je peux vous parier que ce n'était pas de la pâtée pour chiens...

— On ne peut rien vous cacher... Il s'agissait simplement de quinze livres de cocaïne. Imaginez un peu ce crétin qui se promenait depuis une heure avec quinze livres de blanche dans son coffre et la police aux trousses pendant tout ce temps! J'ai donc passé environ six heures en taule, avec un intéressant assortiment de filles: des prostituées, des alcooliques, des droguées, des bourreaux d'enfants, de petites voleuses, une belle brochette de perdantes en somme, mais elles avaient toute une chose effrayante en commun...

— Et quoi au juste?

— Elles jouaient toutes au jeu du bébé Goudron. Dès qu'elles avaient des histoires, au lieu de se dégager une fois pour toutes, elles allaient en redemander. L'une des prostituées qui se trouvaient là était une ancienne copine de classe du secondaire. J'aurais pu fort bien me trouver à sa place! Je me suis débrouillée pour appeler mon père qui a pris environ six minutes pour venir me tirer de là. Il m'a sortie du pétrin en cinq-sec en expliquant que je n'avais été que le dindon de la farce dans toute cette histoire — la dinde plutôt! Il s'occupa de me sortir de mon appartement et me ramena à la maison le jour suivant. Maintenant, je suis retournée à l'université et je pense que je vais être prof d'histoire comme ma mère. Dans deux mois, je vais me fiancer. Cette fois-ci, c'est avec un Italo-Américain, un garçon très gentil. Ça fait drôle de dire cela, mais je me sens à l'aise avec lui. Je crois que nous nous sommes compris dès le début...

Les souffrances que Bill et Ginnie ont subies illustrent un état de faits qui transcende très largement leurs cas particuliers. En effet, ces maux concernent un problème beaucoup plus fondamental, celui du *style de vie*. Il y a une centaine d'années, aux États-Unis comme en Europe ou en Amérique latine, la vie se déroulait de façon relativement simple. Les gens faisaient des sacrifices pour obtenir la meilleure éducation possible, puis travaillaient dur pour se faire une petite place au soleil. Leur objectif second était d'épouser quelqu'un de travailleur et d'élever une famille. Le mari, la femme, les enfants travaillaient tous ensemble, et finalement, les enfants procréaient à leur tour et le cycle recommençait. Dans la plupart des cas, les parents et les enfants devenus adultes continuaient à vivre dans la même ville et parfois dans le même quartier. Ils ne se perdaient jamais de vue et travaillaient généralement dans la même branche ou du moins dans une occupation connexe. Si l'un des membres de la famille éprouvait des difficultés, il pouvait immédiatement compter sur l'aide de ses proches. L'argent, l'influence, les conseils, la sécurité étaient des choses qui, toutes proportions gardées, se trouvaient en abondance au sein du clan familial.

Les mariages étaient plus faciles. La plupart des gens se mariaient dans le cadre de leur groupe social ou ethnique. Vous saviez qui vous épousiez, car vos parents connaissaient les parents de votre future conjointe ou de votre futur conjoint ou, du moins, connaissaient-ils quelqu'un qui les connaissait. Vous saviez quoi attendre de votre mari ou de votre femme, car les rôles étaient clairement définis. Si vos parents étaient d'ascendance grecque, vous saviez quelles étaient vos responsabilités dans votre mariage et connaissiez ce que votre mari ou votre femme attendaient de vous. Si vos parents étaient norvégiens, les normes culturelles norvégiennes régissant le mariage vous étaient familières. À condition d'épouser quelqu'un de votre groupe culturel, vous aviez d'excellentes chances de faire un mariage heureux et stable.

Mais les choses ont graduellement commencé à changer. De façon subtile d'abord, plus moins subtilement, le courant matérialiste à commencé à éroder les schèmes traditionnels. L'objectif principal de la vie devint *d'obtenir,* de s'approprier le maximum de biens et de service. Il fallait à toute fin obtenir un emploi important, une éducation dans des établissements prestigieux (ce qui ne veut pas toujours dire *bons*). Vous deviez épouser une jolie femme, symbole de propriétaire. Alors les gens se sont mis à obtenir, à acquérir, à s'approprier tout ce qu'ils voulaient. Ils ont acheté des voitures, des chaînes stéréo, des télévisions couleurs, des voitures-camping, des enregistreuses vidéo, des bagues constellées de diamants, des manteaux de fourrure, des vêtements de grande classe, des emplois avec des titres ronflants. Ils se faisaient également une idée nettement plus grande de leur propre importance. En prime ils obtinrent les ulcères, les dépressions mentales, les divorces, les avortements, les maladies vénériennes, la drogue, l'alcoolisme. Comme jamais avant dans l'histoire du monde, en tout une cinquantaine des pires problèmes accablèrent les honnêtes citoyennes et citoyens dont ils auraient fort bien pu se passer; des problèmes qui, autrefois, n'appartenaient qu'aux héros des romans et du cinéma, et dont le sort nous faisait pleurer.

Si vous ne me croyez pas, demandez à vos parents ou à vos grands-parents combien ils connaissaient de gens qui fumaient de la marijuana ou étaient divorcés, combien de leurs amis recouraient à l'avortement. Demandez-leur s'ils connaissaient seulement *une personne* ayant fait l'objet d'une arrestation par la police. Maintenant, demandez-vous combien de personnes vous connaissez dans ces quatre catégories. Cela vous donnera une idée de la détérioration de la société depuis les cinquante dernières années.

Cette illusion relativement nouvelle consistant à accumuler un maximum des biens n'est rien d'autre qu'une tentative de substituer des valeurs matérialistes aux valeurs humaines. Je n'oublierai jamais ce patient très riche qui me confiait le plus sérieusement du monde: «Si vous avez une excellente enregistreuse vidéo et une très bonne stéréo, vous pouvez fort bien vous passer d'amis...»

Il y a un autre endroit où le bât blesse. Afin d'acquérir des biens matériels, il faut travailler. Toutefois, étant donné que la liste des biens matériels est pratiquement infinie, votre travail doit l'être également et vous vous trouvez condamné(e) à passer le plu clair de votre temps à essayer de gagner de l'argent. Ensuite, vous pouvez payer pour des choses dont vous n'avez pas réellement besoin, afin de vous distraire pendant les quelques heures de loisirs fébriles que vous parvenez à arracher à vos heures de travail non moins fébriles. Bien sûr, vous n'avez jamais de temps pour ces luxes que sont les amis et la famille et, pendant toutes les heures où vous regardez la télévision, vos enregistrements magnétoscopiques ou vos films, vous ne voyez sur l'écran que des gens qui passent leur temps à courir après des choses matérielles pour tenter de rattraper et *d'acheter* un bonheur qui n'est d'ailleurs jamais à vendre.

Regardons froidement comment se déroule la vie moderne. La plupart des enfants grandissent dans des foyers où les parents travaillent si ardemment pour pouvoir se procurer des choses matérielles qu'ils n'ont guère le temps d'éduquer leur progéniture. Quand je parle d'éducation, je l'emploie dans le vrai sens du terme. Il n'est pas de prime importance que les enfants sachent que Gaborone (33 000 habitants) est la capitale du Bostwana. Ils pourront toujours consulter un dictionnaire lorsqu'ils auront besoin de cette information. Il est plus important, par compte, que les parents leur enseignent quels sont les méfaits de l'alcool et de la cigarette, mais la plupart des parents ne le font pas. Il est également important que les parents fassent l'éducation sexuelle de leurs enfants et qu'ils leur apprennent les dangers des maladies vénériennes. La plupart du temps, ils ne le font pas non plus. On laisse cela à l'école, à des étrangers qui ne portent qu'un intérêt très limité à leurs élèves. Ce que les enfants apprennent par contre à l'école, c'est comment rouler un joint de marijuana, quelle est la clinique d'avortement la plus proche et autres connaissances présumément essentielles dans le monde actuel.

Une autre chose que les parents oublient, c'est d'apprendre à leurs enfants ce qu'est l'existence humaine. Ils oublient de leur dire que tuer d'autres personnes est une mauvaise chose, même lorsque cet acte s'appelle «la guerre». Ils oublient de leur apprendre que la gentillesse et le respect des gens rendent notre vie plus harmonieuse. Ils oublient de leur faire valoir que l'éducation et l'étude sont les clés qui nous permettent de devenir de meilleures personnes. Ils oublient de leur donner l'exemple lorsqu'il s'agit d'honnêteté et d'équité envers leur prochain.

Lorsque ces enfants grandissent, ils s'empressent de quitter leurs parents le plus rapidement possible. Ils s'en vont à l'université, puis trouvent un emploi dans quelque ville lointaine. Si les parents vivent à Dallas, ils se rendront peut-être à New York. Si papa-maman vivent à New York, ils s'établiront peut-être à San Francisco. Dès qu'ils arrivent dans une ville étrangère en compagnie d'étrangers, les choses ne tardent pas à se précipiter. Comme Ginnie, ils se sentent isolés et seuls. C'est le genre de solitude qui engendre la recherche d'amitiés futiles, le recours aux drogues et aux boissons alcoolisées, les mariages-exprès et les divorces-éclair. Les parents souffrent, les enfants souffrent et la seule entité commerciale qui bénéficie de cet état de choses est la compagnie de téléphone quand, le jour de Noël, des gens isolés et seuls échangent des platitudes sur les lignes interurbaines.

Le tableau que je vous ai brossé vous semble-t-il trop sinistre? Je ne le pense pas. C'est navrant mais, regardez un peu autour de vous et vous verrez que j'ai frappé en plein dans le mille. En effet, la courbe d'insatisfaction personnelle augmente chaque année. Il suffit de consulter les statistiques. Chaque année nous avons plus de divorces, d'avortements, de suicides, d'alcoolisme, d'usage de drogues, de dépressions. Quelle est alors la solution? Je pense qu'elle se trouve devant nos yeux. Il suffit de les ouvrir et si nous ouvrons notre esprit de la même manière, nous serons en mesure de l'appliquer.

Il existe actuellement dans le monde deux modes de vie principaux: le mode de vie *traditionnel* et le mode de vie soi-disant *moderne* (je dis «soi-disant» parce que, dans le fond, il n'a rien de réellement moderne, comme nous le verrons dans quelques lignes).

Actuellement, nous sommes pris par le mode de vie dit «*moderne*», dont les grands principes peuvent s'énoncer comme suit.

1. Le bonheur vient de l'argent, de ce que l'argent peut acheter et rien d'autre.

2. Les comportements autodestructeurs comme l'usage de drogues, l'alcoolisme, la paranoïa, les perversions sexuelles, le vol et tout ce qui va avec se justifient par un critère plutôt nébuleux que l'on appelle par euphémisme «la liberté de choix».

3. Il n'existe aucun standard de comportement ou de valeurs sinon l'impulsion du moment.

4. Les liens émotionnels comme l'amour entre maris et femmes et entre parents et enfants ne constituent que des obstacles à la liberté.

5. Le mariage est dénué de signification.

6. La vie est dénuée de signification.

Le mode de vie *traditionnel* envisage la situation de manière différente.

1. Le bonheur naît de relations personnelles empreintes de chaleur et d'amour.

2. Un comportement autodestructeur n'a aucun sens et l'on devrait éviter les gens qui s'y complaisent.

3. Les standards de comportement doivent se baser sur l'honnêteté, l'équité, la décence et, par-dessus tout, le respect de la personne humaine.

4. La clé du bonheur personnel réside dans *l'amour* — amour entre parents et enfants, entre mari et femme.

5. Un mariage heureux, où prime l'amour partagé, constitue l'une des meilleures recettes de la réalisation personnelle.

6. Vivre signifie donner beaucoup d'amour à ceux qui vous aiment et tenter de faire de ce monde un monde meilleur, parce que nous avons apporté notre modeste pierre à son édification.

Le choix est vôtre: préférez-vous la vie «*moderne*» ou la vie «*traditionnelle*». Je tiens à signaler en passant que le mot «moderne» vient de la même racine que le mot latin «modo» c'est-à-dire «récemment» et qu'il se rattache aussi au mot «mode» (modus = manière) qui décrit des manières passagères de vivre. Cela vous rappelle-t-il quelque chose? Pensez-y bien. De plus, dites-vous chaque fois que vous lisez ou que vous entendez le mot «moderne», c'est presque toujours parce que *quelqu'un tente de vous vendre quelque chose*. «Moderne» est synonyme d'«achetez», de «procurez-vous» et de «dépassez». «Moderne» veut dire qu'il vous faut dépenser deux fois plus pour un nouveau modèle qui dure deux fois moins longtemps. N'avez-vous pas déjà entendu cela quelque part?

Nous connaissons tous ce vieux dicton paysan concernant l'argent: «Si vos revenus sont de mille dollars et que vous n'en dépensez que neuf cent quatre-vingt-dix-neuf, vous êtes un homme heureux ou une femme heureuse, mais si vos revenus sont de mille dollars et que vous en dépensez mille un, le loup est dans la bergerie!»

C'est un peu dans cet esprit qu'il faut traiter les problèmes les plus courants et les crises les plus aiguës de l'existence. Si notre intelligence et notre gros bon sens parviennent à nous faire surmonter ces problèmes, ne serait-ce que d'une fraction, le bonheur nous est acquis. Par contre, si les problèmes semblent toujours avoir le dessus sur nous, c'est la misère morale et physique qui nous guette. Il s'agit d'une dure réalité de la vie à laquelle nous devons courageusement faire face, car il nous est impossible de l'éluder.

Il existe une autre réalité, inéluctable elle aussi: le bonheur ne pousse pas dans les branches des arbres et ne nous tombe pas tout rôti dans le bec. Il est le résultat direct de nos choix personnels. *Si nous voulons bien nous sentir dans notre peau, nous devons nous comporter en conséquence.* Notre vie n'est que le résultat direct des milliers de petites décisions que nous prenons chaque jour.

Chacun des graves problèmes de la vie quotidienne que nous avons traités dans ce livre peut être évité si vous faites un juste choix. Maintenant que vous savez quels sont ces choix et que vous en connaissez les conséquences, tout le reste ne dépend que de vous!

Lithographié au Canada
sur les presses de
Métropole Litho Inc.

Ouvrages parus chez

 le jour,
éditeur

COLLECTION BEST-SELLERS

* **Comment aimer vivre seul,** Lynn Shahan
* **Comment faire l'amour à une femme,** Michael Morgenstern
* **Comment faire l'amour à un homme,** Alexandra Penney

* **Grand livre des horoscopes chinois, Le,** Theodora Lau
Maîtriser la douleur, Meg Bogin
Personne n'est parfait, Dr H. Weisinger, N.M. Lobsenz

COLLECTION ACTUALISATION

* **Agressivité créatrice, L',** Dr G.R. Bach, Dr H. Goldberg
* **Aider les jeunes à choisir,** Dr S.B. Simon, S. Wendkos Olds
Au centre de soi, Dr Eugene T. Gendlin
Clefs de la confiance, Les, Dr Jack Gibb
* **Enseignants efficaces,** Dr Thomas Gordon
États d'esprit, Dr William Glasser

* **Être homme,** Dr Herb Goldberg
* **Jouer le tout pour le tout,** Carl Frederick
* **Mangez ce qui vous chante,** Dr L. Pearson, Dr L. Dangott, K. Saekel
* **Parents efficaces,** Dr Thomas Gordon
* **Partenaires,** Dr G.R. Bach, R.M. Deutsch
Secrets de la communication, Les, R. Bandler, J. Grinder

COLLECTION VIVRE

* **Auto-hypnose, L',** Leslie M. LeCron
Chemin infaillible du succès, Le, W. Clement Stone
* **Comment dominer et influencer les autres,** H.W. Gabriel
Contrôle de soi par la relaxation, Le, Claude Marcotte
Découvrez l'inconscient par la parapsychologie, Milan Ryzl
Espaces intérieurs, Les, Dr Howard Eisenberg

Être efficace, Marc Hanot
Fabriquer sa chance, Bernard Gittelson
Harmonie, une poursuite du succès, L', Raymond Vincent
* **Miracle de votre esprit, Le,** Dr Joseph Murphy
* **Négocier, entre vaincre et convaincre,** Dr Tessa Albert Warschaw

* On n'a rien pour rien, Raymond Vincent
Parlez pour qu'on vous écoute, Michèle Brien
Pensée constructive et le bon sens, La, Raymond Vincent
* Principe du plaisir, Le, Dr Jack Birnbaum
* Puissance de votre subconscient, La, Dr Joseph Murphy
Reconquête de soi, La, Dr James Paupst, Toni Robinson
* Réfléchissez et devenez riche, Napoleon Hill
Règles d'or de la vente, Les, George N. Kahn

Réussir, Marc Hanot
* Rythmes de votre corps, Les, Lee Weston
* Se connaître et connaître les autres, Hanns Kurth
* Succès par la pensée constructive, Le, N. Hill, W.C. Stone
Triomphez de vous-même et des autres, Dr Joseph Murphy
Vaincre la dépression par la volonté et l'action, Claude Marcotte
* Vivre, c'est vendre, Jean-Marc Chaput
Votre perception extra-sensorielle, Dr Milan Ryzl

COLLECTION VIVRE SON CORPS

Drogues, extases et dangers, Les, Bruno Boutot
* Massage en profondeur, Le, Jack Painter, Michel Bélair
* Massage pour tous, Le, Gilles Morand
* Orgasme au féminin, L', Christine L'Heureux
* Orgasme au masculin, L', sous la direction de Bruno Boutot

* Orgasme au pluriel, L', Yves Boudreau
Pornographie, La, Collectif
Première fois, La, Christine L'Heureux
Sexualité expliquée aux adolescents, La, Yves Boudreau

COLLECTION IDÉELLES

Femme expliquée, La, Dominique Brunet

Femmes et politique, sous la direction de Yolande Cohen

HORS-COLLECTION

1500 prénoms et leur signification, Jeanne Grisé-Allard

Bien s'assurer, Carole Boudreault et André Lafrance

Autres ouvrages parus aux Éditions du Jour

ALIMENTATION ET SANTÉ

ART CULINAIRE

DOCUMENTS ET BIOGRAPHIES

ENFANCE ET MATERNITÉ

Enfants du divorce se racontent, Les, Bonnie Robson

Famille moderne et son avenir, La, Lynn Richards

ENTREPRISE ET CORPORATISME

Administration et la prise, L', P. Filiatrault, Y.G. Perreault

Administration, développement, M. Laflamme, A. Roy

Assemblées délibérantes, Claude Béland

Assoiffés du crédit, Les, Fédération des A.C.E.F. du Québec

Coopératives d'habitation, Les, Murielle Leduc

Mouvement coopératif québécois, Gaston Deschênes

Stratégie et organisation, J.G. Desforges, C. Vianney

Vers un monde coopératif, Georges Davidovic

GUIDES PRATIQUES

550 métiers et professions, Françoise Charneux Helmy

Astrologie et vous, L', André-Pierre Boucher

Backgammon, Denis Lesage

Bridge, notions de base, Denis Lesage

Choisir sa carrière, Françoise Charneux Helmy

Croyances et pratiques populaires, Pierre Desruisseaux

Décoration, La, D. Carrier, N. Houle

Des mots et des phrases, T. I, Gérard Dagenais

Des mots et des phrases, T. II, Gérard Dagenais

Diagrammes de courtepointes, Lucille Faucher

Dis papa, c'est encore loin?, Francis Corpatnauy

Douze cents nouveaux trucs, Jeanne Grisé-Allard

Encore des trucs, Jeanne Grisé-Allard

Graphologie, La, Anne-Marie Cobbaert

Greffe des cheveux vivants, La, Dr Guy, Dr B. Blanchard

Guide de l'aventure, N. et D. Bertolino

Guide du chat et de son maître, Dr L. Laliberté-Robert, Dr J.P. Robert

Guide du chien et de son maître, Dr L. Laliberté-Robert, Dr J.P. Robert

Macramé-patrons, Paulette Hervieux

Mille trucs, madame, Jeanne Grisé-Allard

Monsieur Bricole, André Daveluy

Petite encyclopédie du bricoleur, André Daveluy

Parapsychologie, La, Dr Milan Ryzl

Poissons de nos eaux, Les, Claude Melançon

Psychologie de l'adolescent, La, Françoise Cholette-Pérusse

Psychologie du suicide chez l'adolescent, La, Brenda Rapkin

Qui êtes-vous? L'astrologie répond, Tiphaine

Régulation naturelle des naissances, La, Art Rosenblum

Sexualité expliquée aux enfants, La, Françoise Cholette-Pérusse

Techniques du macramé, Paulette Hervieux

Toujours des trucs, Jeanne Grisé-Allard

Toutes les races de chats, Dr Louise Laliberté-Robert

Vivre en amour, Isabelle Lapierre-Delisle

LITTÉRATURE

À la mort de mes vingt ans, P.O. Gagnon

Ah! mes aïeux, Jacques Hébert

Bois brûlé, Jean-Louis Roux

C't'a ton tour, Laura Cadieux, Michel Tremblay

Coeur de la baleine bleue, (poche), Jacques Poulin

Coffret Petit Jour, Abbé J. Martucci, P. Baillargeon, J. Poulin, M. Tremblay

Colin-maillard, Louis Hémon

Contes pour buveurs attardés, Michel Tremblay

Contes érotiques indiens, Herbert T. Schwartz

De Z à A, Serge Losique

Deux millième étage, Roch Carrier

Le dragon d'eau, R.F. Holland

Éternellement vôtre, Claude Péloquin

Femme qu'il aimait, La, Martin Ralph

Filles de joie et filles du roi, Gustave Lanctôt

Floralie, où es-tu?, Roch Carrier

Fou, Le, Pierre Châtillon

Il est par là le soleil, Roch Carrier

J'ai le goût de vivre, Isabelle Delisle

J'avais oublié que l'amour fût si beau, Yvette Doré-Joyal

Jean-Paul ou les hasards de la vie, Marcel Bellier

Jérémie et Barabas, F. Gertel

Johnny Bungalow, Paul Villeneuve

Jolis deuils, Roch Carrier

Lapokalipso, Raoul Duguay

Lettre à un Français qui veut émigrer au Québec, Carl Dubuc

Lettres d'amour, Maurice Champagne

Une lune de trop, Alphonse Gagnon

Ma chienne de vie, Jean-Guy Labrosse

Manifeste de l'infonie, Raoul Duguay

Marche du bonheur, La, Gilbert Normand

Meilleurs d'entre nous, Les, Henri Lamoureux

Mémoires d'un Esquimau, Maurice Métayer

Mon cheval pour un royaume, Jacques Poulin

N'Tsuk, Yves Thériault

Neige et le feu, La, (poche), Pierre Baillargeon

Obscénité et liberté, Jacques Hébert
Oslovik fait la bombe, Oslovik
Parlez-moi d'humour, Normand Hudon
Scandale est nécessaire, Le, Pierre Baillargeon

Trois jours en prison, Jacques Hébert
Voyage à Terre-Neuve, Comte de Gébineau

SPORTS

Baseball-Montréal, Bertrand B. Leblanc
Chasse au Québec, La, Serge Deyglun
Exercices physiques pour tous, Guy Bohémier
Grande forme, Brigitte Baer
Guide des sentiers de raquette, Guy Côté
Guide des rivières du Québec, F.W.C.C.
Hébertisme au Québec, L', Daniel A. Bellemare
Lecture de cartes et orientation en forêt, Serge Godin
Nutrition de l'athlète, La, Jean-Marc Brunet
Offensive rouge, L', G. Bonhomme, J. Caron, C. Pelchat

Pêche sportive au Québec, La, Serge Deyglun
Raquette, La, Gérard Lortie
Ski de randonnée — Cantons de l'Est, Guy Côté
Ski de randonnée — Lanaudière, Guy Côté
Ski de randonnée — Laurentides, Guy Côté
Ski de randonnée — Montréal, Guy Côté
Ski nordique de randonnée et ski de fond, Michael Brady
Technique canadienne de ski, Lorne Oakie O'Connor
Truite, la pêche à la mouche, Jeannot Ruel
La voile, un jeu d'enfant, Mario Brunet

Imprimé au Canada/Printed in Canada